师者，传道授业解惑也。

万卷诗书宜子弟
十年樹木长風雲

语文教育家口述实录 贺
柳斌

著名教育家、教育部原总督学、原国家教委副主任柳斌题词

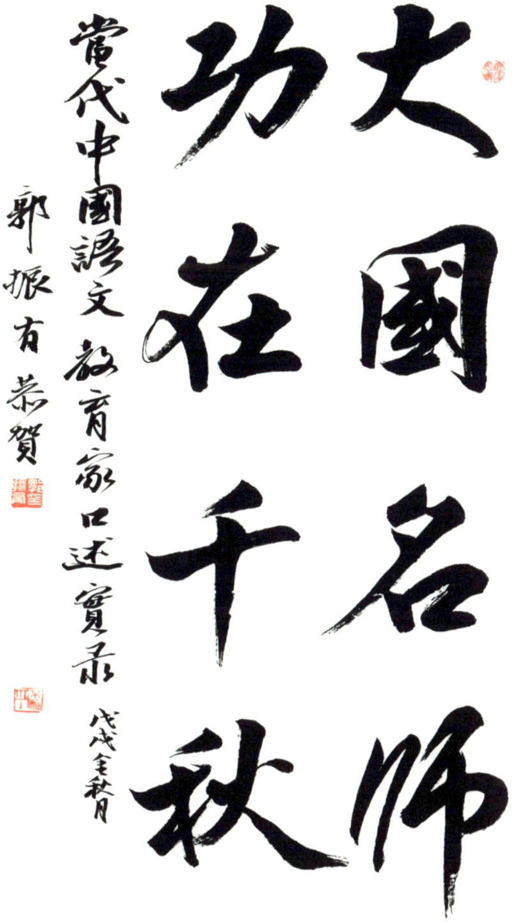

教育部原副总督学、中国教育学会原常务副会长郭振有题词

丛书编委会

王尚文口述

守望语文的星空

王尚文 口述 童志斌 整理

广西教育出版社
中国·南宁

当代中国语文教育家口述实录（第一辑）

主编 任彦钧 刘 远

王尚文先生

总序

数学大师华罗庚先生有一句名言:“语文天生重要。”关于语文这种天然的重要性，本丛书编委会主任顾之川教授曾从三个层面进行精准阐述。

1. 对个人来说，语文关乎个人全面发展。一个人的修养、气质、精神的形成，离不开语文，所谓“腹有诗书气自华”；其学识、思维、思想，更要靠语言文字的应用能力、文学审美能力和深厚的文化积淀。

2. 对社会来说，语文直接影响到人与人之间的交流与沟通，是个人参与社会的重要手段。无论是与别人的沟通合作，还是参与社会活动、承担社会责任，都需要较强的表达交流能力。

3. 对国家来说，语文关乎国家安全与国家尊严，也往往代表着国家形象。……基础教育中的语文教育是国家语言战略的重要内容，体现着国家的文化软实力。语文固然是中小学阶段的一门学科，是中考、高考的必考科目，但语文更是我们的民族之魂、文化之根、精神之源，是实现国家认同、国际理解的基础。①

20世纪80年代以来，随着真正具有现代意义的语文学科地位、性质、特点、功能、作用的日渐厘清，在我国，无论是在中小学语文教学第一线，还是在高等院校语文教育研究领域，抑或是在语文教材研制、语文报刊出版、语文考试改革等方面，都涌现了一批贡献非凡、令人敬仰的语文教育家。他们深悉语文教育之于个人发展、社会发展和国家发展的重要性，一直抱持着神圣的使命感、崇高的责任心、源源不断的爱和激情，并为之孜孜矻矻，上下求索，谱写教改新篇，播撒智慧火种，培育时代英才。

遗憾的是，迄今业界虽然从不同维度对这批语文教育家的业绩、学说等进行了多元研究，却几乎没有人系统地观照或发掘他们作为当代中国语文教育发展的见证者、观察者、思考者、探索者的心灵史、生活史和学术史，从而导致我们不但对他们丰富多彩的生命历程缺乏动态把握，而且对当代语文教育波澜壮阔的改革潮流缺乏深度体认。更遗憾的是近年来，他们中不少人已驾鹤西去，健在者也都进入古稀乃至耄耋之年。当此之际，以口述实录的形式，对这些生命之树常青的语文教育大家的所见所闻、所思所想进行盘点、梳理、总结，既可弥补当代中国语文教育史料的不足和缺憾，也可让当代中国语文教育研究变得更具现场感和厚重感。

基于以上认识，2018年9月，根据广西教育出版社的提议和部署，我们正式启动“当代中国语文教育家口述实录”丛书的策划和编写工作，并在北京邀请部分专家、作者代表和国家级媒体记者，隆重举行了本丛书编写研讨会。

会上，我们初步确定了入选本丛书的首批语文教育家名单，遴选标准如下：

1. 入选者在语文教育界有着卓越建树和广泛影响力。

① 顾之川：《顾之川语文教育新论》，陕西师范大学出版总社，2016，第4—5页。

2. 入选者以中小学名师为主体，适当兼顾高校学者、出版家、考试命题专家等。

3. 入选者年龄为70周岁以上，且目前依然保持良好的记忆力、表达力和身体状态，能配合口述实录工作，能提供较为完备的相关资料。

4. 入选者可以物色到得力人士，承担口述实录任务。

与此同时，我们也对口述实录任务承担者的资质等提出具体要求：

1. 热爱语文教育事业，熟悉当代中国语文教育发展历程。

2. 能近距离接触入选本丛书的语文教育家，并能与其愉快交流和深度沟通。

3. 具备对笔录、录音、录影等所得史料进行整理、加工、核对、增补的能力。

为确保本丛书的权威性和专业性，我们郑重邀请著名教育家、教育部原总督学、原国家教委副主任柳斌先生担任总顾问，邀请教育部原副总督学、中国教育学会原常务副会长郭振有先生担任学术顾问。他们不仅亲临本丛书研讨会，而且欣然命笔为本丛书题词。此外，我们邀请哥伦比亚大学口述历史专业硕士、口述实录畅销书作家范海涛女士担任技术顾问，并在本丛书研讨会上对首批作者进行了专业培训。在此一并表示衷心的感谢！

我们还需要真诚感谢各位入选的语文教育家、口述实录任务承担者、编委会成员以及广西出版传媒集团、广西教育出版社有关领导和工作人员，正是大家齐心协力、精益求精，才有了本丛书的高品位、高质量和成功问世。

当今，语文教育已经大踏步跨入新时代。愿入选本丛书的语文教育家的心灵史、生活史和学术史，能在当代中国语文教育界继续发挥先导和鞭策作用，果如此，本丛书的出版便有了启迪智慧、激励人心的意义，也有了登高望远、继往开来的意义。

由于本丛书的编辑出版是一项具有抢救历史、填补空白特点的浩大工程，任务重、难度大，尤其是预先遴选的语文教育家年事已高，有的不得不中途延后，有的甚至溘然长逝，因此，我们只好一再调整计划，工作中也难免存在种种疏漏和失误，敬祈读者充分谅解并不吝指正。

“当代中国语文教育家口述实录”编委会

2019年9月

序言

李海林

王尚文先生首先是作为一个大写的“人”立于跨世纪语文界的。王尚文先生是一位推动现代语文教育实现历史性跨越的学者。这是我对王尚文先生的两个基本评价。

一、王尚文先生是一位典型的“语文人”

“语文人”跟其他人是有些不一样的。“语文人”都曾有一个决定他终生热爱语文的“文学季”。哪一位“语文人”在青年时代没有一段痴迷文学的岁月？从王尚文先生的自述中我们可以看到，他在初中亲近文学，但真正痴迷文学是在衢县师范学校读书期间。下面的一段叙述，相信有过相同经历的人都不陌生：

……图书馆里的一本本小说犹如一阵阵春风吹过我稚嫩而敏感的心田。20世纪50年代初人民文学出版社出版的一套“新文学选集”，将现代文学不少优秀作家的好作品收罗其中，成了我的最爱，就是这套丛书带我开始走进生活的原野、人心的星空。每当下午有自习课，我就带着书来到附近田间地头的褐色巨石间，忘情于文学的世界。

当然，真正让王尚文先生走入文学殿堂的，是考入杭州大学，用王先生的话说，就是“走进巍峨瑰丽的文学殿堂”：

……自一年级的下学期开始，我给自己开了一个约五十几位大家的名单，对每一位作家，都是先读他的传记，再读他的一两部代表作，最后读有关这位作家的评论。列夫·托尔斯泰是我最为崇敬的作家之一，他的三大长篇我全都读了，还有几个中篇。安德烈负伤躺在战场上仰望天空的人生感悟也深深触动了我，至今记忆犹新。莎士比亚，除了几部历史剧，也全都读了……

在大学期间，我也曾雄心勃勃地列过这样的一个名单，所以看到这里，心有戚戚焉。

因为热爱文学，所以选择了当语文老师。因职业的选择，而最后走入研究的行列。这其实是大部分语文教育研究者走过的心路历程。

“语文人”还有一个特点，即对自身和人类的苦难有一种极强的敏感和慈悲。我看过许多“语文人”写的“语文人生”，似乎总是有着几点斑驳的色彩：或者在儿童时期的生活艰难，或者是在社会动乱中的种种遭际，或者是人生的不幸遭遇。我开始有些不解，后来才有所顿悟。这些“语文人”，他们从自身的种种不幸中，体验到人类内在的痛苦。这种痛苦的记忆，帮助他们理解文学对人的描述，对文学的情感描写特别容易引起共鸣，并形成一种表达的欲望。这其实是他们爱上语文、爱上文学的内在动因。

王先生的自述，让我感慨的倒不是他幼时的家道困顿，而是关于饿的记述。“工作之初，另一个抹不去的记忆是我常常感到肚子饿，相当难熬。”下面这段关于吃馒头的叙述，很符合王先生的口气：

两个很快下肚。我空前地体验到了吃的快感，幸福感！这是人生最大的快乐！天下第一的幸福！世上无双的高峰体验！淤积多时的饥饿感、屈辱感、窝囊感一下子全都像豺狼虎豹向我报复性地猛扑过来，我崩溃了，我胜利了，我疯了！我真的发了疯了，不管不顾，居然一连吃了十四个！十四个哪！根本未曾想过，寅吃卯粮，往后的日子怎么办？

看到这里的时候，我一个人笑了好久，笑了好久，而后是莫名的伤感。

我估计，说王尚文先生生活的这些片段是一种不幸，先生并不认可。我可以想象得到，他会淡然地说：“也没感觉到是一种不幸，只是留有这种记忆。”可我以为，不幸之所以是不幸，恐怕就在这种“不以为不幸”之不幸。人的一生中曾经历的这些刻骨的记忆，会在人的心灵上留下伤痕。这些伤痕，决定了人的内心的一种底色。而人的心理一旦被抹上这种底色，看什么都会有些变形。当然，这种底色，倒可以让“语文人”更贴近文学世界，更看透人生的一些表象。如果从这个意义上来说这种种不幸也算是“不幸之幸”，也说得过去。但人总还是少一点这样的不幸好。

“语文人”的第三个特点，是对人与人之间的友谊、关爱和欣赏持有一种特别的感激。我读“语文人”的文章，每读到这方面的叙述，总是有一种沉醉其中的感觉。作为语文中人，我也很享受同人们之间的惺惺相惜。似乎搞语文的人，特别容易互相欣赏、互相仰慕。这种同道之间的相互欣赏、尊重与爱，似乎与人们常说的文人相轻相悖。在王尚文先生的叙述中，既有对童年好友的追述，又有对长辈学者的景仰，但更多的，是同人之间的相互仰慕与肯定。感动我的，是王尚文先生对所有帮助过自己、肯定过自己、欣赏过自己的人所持有的那种没齿不忘的感念。王尚文先生就是这样一个人，他对人与人之间的温情特别敏感，记得也特别深。

在语文教育界，王尚文先生也有很多头衔，但他显然不是“官方的”。不知道我这样说，王先生是不是认可。但以我的标准来看，王先生的知名度，更多来自语文老师，来自语文教育研究的同行。王先生与语文同道中人的真诚的友谊、情分，在他的笔下，总是闪耀着动人的光辉。

二、现代语文教育的两个岔路口

当然，王尚文先生主要是作为一位学者立于语文教育之林的。关于王尚文先生语文教育思想的历史地位，我曾做过以下论述：

王尚文语文教育思想的意义与价值，必须放到20世纪语文教育发展史这样的大背景下，才能透彻地予以揭示。王尚文语文教育思想的核心价值，是在现代语文教育从“语文经义教育”向“语文本体教育”发展的过程中，实现了由“语言要素教育”向“语言功能教育”的转变。

近十年过去了[①]，我对王尚文先生语文教育研究的历史价值的认识，更为坚定和清晰。

1. 现代语文教育的第一个岔路口。

现代语文教育发展了一百多年。一百多年的语文教育，我们能不

---

① 李海林：《20世纪语文教育的两个岔路口——兼论王尚文语文教育思想的意义与特征》，《中学语文教学》2010年第7期。此处“近十年过去了”指2010年至2019年。

能理清一个头绪，找出一条线索来呢？

中国古代教育实际上只有一门课，那就是语文。它既包含语言文字，也包含文史哲理、道德礼教，乃至人情世故、草木虫鱼。学语文，是学语言文字，也是学伦理、历史、哲学、科学，乃至常识。受历史环境的影响，这种“内容泛化”又集中在儒家经义名理上。于是语文教学变成了经义名理的探究，而语言本身却常常淹没在义理的演绎和考证中。刘国正先生称这种“一身而数任”的语文教学为“总体性教学”，顾黄初先生称之为“混合式教学”。

这种情况到了清代末年发生了变化。随着现代学校教育取代古代私塾教育，完整的课程体系取代了综合的、泛化的经义教育，语文教学从传统的经史哲理的教学中分化出来，语言文字教学独立为一门课程的主体。我把这种趋势称为“语言专门化”。

从传统的“混合式的教学”走向“语言专门化”，从以经义为本体的教育，走向以语言为本体的教育，我把它称为现代语文教育的第一个岔路口。历史做出的抉择是：弃“混合式教学”，选“语言专门化”道路。图示如下：

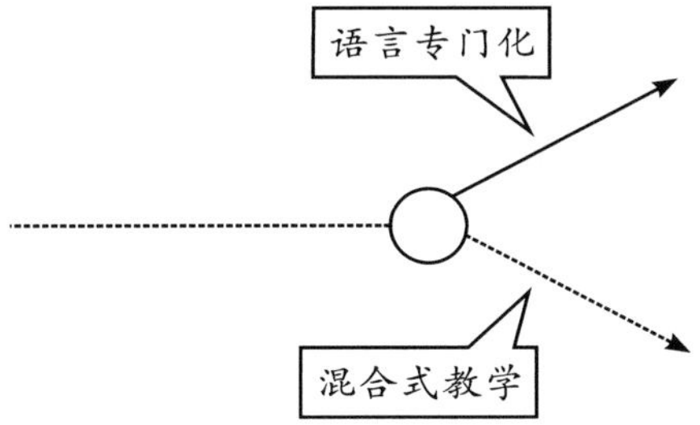

这个历史发展的“主推手”毫无疑问是叶圣陶先生。叶圣陶先生的历史贡献在于构建一个语言本位的现代语文教育体系。叶圣陶先生的理论探讨、教材建设、语文知识体系开发及教师培养等工作，都是围绕这一点来展开的。一部《叶圣陶语文教育论集》，主要是从正面阐述:“学习国文就是学习本国的语言文字。”① 或从反面批判:“五四以来的国文科的教学，特别在中学里，专重精神或思想一面，忽视了技术的训练，使一般的学生了解文字和运用文字的能力没有得到适量的发展，未免失掉了平衡。”② 叶圣陶先生的研究，是语言的觉醒，也是语文课程的觉醒。叶圣陶先生是从“人生的需要”这个角度来推进此项工作的，因此也可以称为“人生的觉醒”。

2. 现代语文教育的第二个岔路口。

“语言专门化”起源于20世纪20年代的反八股文教学，成形于1935年夏丏尊、叶圣陶的《国文百八课》的出版。1956年—1957年的分科实验和1963年《语文教学大纲》的颁布，标志着这样一个教学体系的基本完成，在20世纪80年代的拨乱反正中得到了强化。

历史同样也向我们呈现，伴随着这个历史过程的，是语文教学逐步走向“工具主义”“技术主义”，并在20世纪末被无情批判。

问题出在哪儿呢？换一句话说，这是一个什么性质的问题呢？让我们回到前文的那张示意图上。

我的判断是：这是一个未完成的图。现代语文教育才走完了自己的第一个岔路口，才完成了第一次岔路口上的抉择。这一次历史的抉择，使现代语文教育实现了“语言专门化”。问题集中到了“语言”这个概念上。

所谓语言，有两个本质。索绪尔在《普通语言学教程》里说:“不管我们采用哪一种看法，语言现象总有两个方面，这两个方面是互相对应的，而且其中的一个要有另外一个才能有它的价值……这就是语

---

① 叶圣陶:《叶圣陶语文教育论集》，教育科学出版社，1980，第2页。
② 同上书，第51页。

言的语言学与言语的语言学。”[1]所谓“语言的语言学”，它着眼于语言各要素的描述与分析，它把语言理解为一套知识系统；所谓“言语的语言学”，它着眼于语言的功用，它把语言看作一个功能体。对语言的第一个本质，大家的认识比较充分，对语言的第二个本质，大家的认识并不那么明确。英国应用语言学家皮特·科德在《应用语言学导论》里说：“传统法认为，语言是一个‘语言的’语言学概念。它似乎很少关心‘适合性’这一概念，也不考虑语言行为对不同社会环境做出反应的方式。而现代语言教学的一个很大的优点是，它较多地从社会的角度来对待语言，并且重视语言在不同社会环境中的交际功能问题。”[2]那么我们的语文教学，是要教这套知识给学生，还是把语言的功能教给学生？这就是我所说的“第二个岔路口”。图示如下：

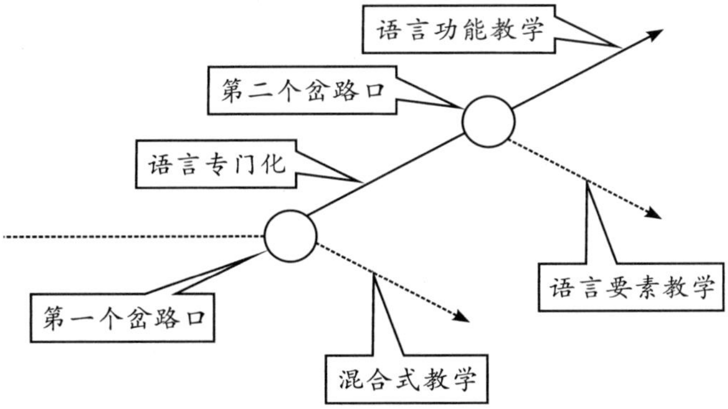

百年语文教学，主要是把语文课当作一门知识课来教，其主要的思路是：语言由哪些要素构成，它们各自有哪些特征，如何辨析它们。于是我们有了文字、语音、词汇、语义、语法、修辞等的教学。这种知识教学被不断扩大化，泛化到文章知识、逻辑知识、文学知识、文化常识等，于是形成了所谓“字词句篇语修逻文”的“八字宪法”。

① 索绪尔：《普通语言学教程》，商务印书馆，1981，第28页。
② 皮特·科德：《应用语言学导论》，上海外语教育出版社，1983，第12页。

因为这种语文教学把注意力放在语言的要素上，我把这种语文教学称为“语言要素教学”。

“语言要素教学”把语言当作一套知识系统和技术系统来教，出现了一系列严重的问题。这些问题的严重程度，由《北京文学》在1997 年发起的语文教育大讨论，已经予以了充分的揭示。概括起来，主要有以下情况：

——知识泛化：不需要知识化的内容也知识化。

——知识绝对化：每一个知识都要求标准答案。

——技术性教学取向：将“语文能力”理解为技术性的操练。

——知识性教学方式的选择：主要表现为“满堂灌”。

——单一僵化的评价方式：标准化考试。

我们可以将这种语文教学称为“技术主义”或“工具主义”。

从 20 世纪末开始，教育界、学术界一直在讨论现代语文教育向何处走的问题。总的来看，实际上存在两种主张和取向。一是沿着工具主义、技术主义的道路继续走下去，顶多需要做一些小的调整就可以了。这种取向现在越来越没有市场了，但在中小学课堂里，它一直存在，只是上课的人也不一定知道。另一种主张是退回去，退回到“混合式教学”的道路上去。最典型的理论表现，就是所谓“工具性与人文性的统一”，最糟糕的实践表现，就是“泛语文”“泛人文”。

3. 王尚文开创的第三条道路。

依我看来，现代语文教育改革现在面临的，就是这样一个两难选择：沿着“语言要素教学”继续走下去？——这是“技术主义”的路子，已经被历史证明是一条死路。追着“语言要素教学”的源头退回去，退回到“混合式教学”的老路上去？——这是反历史的，是走回头路，是死路一条。我把现代语文教育的这一两难选择，称为“现代语文教育的历史之谜与理论之谜”。

问题的复杂性在于：由叶圣陶先生开创的“语言专门化”，是现代语文教育的正确方向，但它是相对现代语文教育的第一个岔路口而言的，在现代语文教育发展史上，它是一个未完成的过程。现代语文教育应该在第一个岔路口做出正确抉择的基础上，及时在第二个岔路口做出另一个正确抉择。

这个抉择，是由王尚文先生等一批当代语文教育家完成的。王尚文先生既反对“技术主义”的语文教学，也反对回到“混合式教学”的老路上去。它着眼于语言的运用，我称之为“语言功能教学观”。我们看王尚文先生以下的表述：

> 培养学生正确理解和运用祖国语言文字的能力，提高学生母语的听说读写水平，是语文教育的原点、基准，是语文教育的“独当之任”。但几十年来关于语文课程性质的争论，很大程度上转移了我们对语文教育这一根本任务所应有的关注，与如何提高学生正确理解与运用祖国语言文字的能力直接相关的重要课题未能得到深入的研究，这是造成目前不少学生语文水平不太理想的主要因素之一。语文课程性质之争当然可以而且应该继续下去，但不应该由此而淡化、模糊语文教育的原点、基准，更不应该将它凌驾于对原点、基准的关注之上。基于当前的现状，每个语文教育工作者都应求语文教育原点、基准认识之同，存课程性质之异，暂时搁置课程性质之争，致力于提高学生的语文素养。①

王尚文先生从两个方面进一步阐释了自己的主张。在《语文课是

① 《王尚文〈求同存异，致力于提高学生语文素养〉》，《语文学习》2006 年第 9 期。

语文实践活动课》中，王先生说：

“理解”不能笼统地指向语言（汉语）文字（汉字），应当明确化为理解如何运用语言文字。也就是说，我们不能把“正确理解和运用祖国的语言文字”解读为：正确理解祖国的语言文字＋正确运用祖国的语言文字。除语文课程外，所有课程都有一个正确理解所学教科书的语言文字的任务。如果不突出“运用”的特殊重要性，就不能突出语文内在的质的规定性。一方面，若将“理解”跟“运用”割裂开来，将其对应于阅读教学，那么，就会自然而然地仅仅指向语言文字所表达的意思。过去，我们曾将语文课上成政治课，现在又出现了“非语文”“泛语文”的倾向，这种片面的解读似乎难脱干系。①

在这段话里，王尚文先生反对回到“混合式教学”，反对“仅仅指向语言文字所表达的意思”的教学。

抓住了“运用”，也就抓住了语文教学的牛鼻子。语文教学的奥秘，几乎全在“运用”二字。明乎此，语文课程中的阅读才能和其他课程中的阅读真正区别开来，语文教学才能真正走在语文的路上，从而真正达到提高学生语文能力的目的。而如何运用语言文字，既是一个运用的技术、技能、技巧问题，也和运用者的立场、观念、思想、情感等密不可分，它们是一张纸的两面。我们不能只看到前者，而忽视了后者；也不能只看到后者，而不理会前者：两者均非语文教学的

① 王尚文、王诗客：《语文课是语文实践活动课》，《课程·教材·教法》2009 年第 4 期。

正道。[①]

在这段话里，王尚文先生坚持了反对“技术主义”的一贯立场。

所谓“语言功能教学”，它着眼于以下问题：谁、在什么情况下、对谁、以什么方式、说什么、期待什么样的效果。一方面，它与“字词句篇语修逻文”的教学相区别，大大超越了“字词句篇语修逻文”的范围，堵死了通向“技术主义”“工具主义”的通道；另一方面，它将自己的教学内容指向“言语主体”“语境”“言语实践”“生活世界”“生活化”，为语文教学的人文内涵寻找到“落地基础”。语言功能教学既避免了空洞的、抽象的“人文追求”，也避免了死板的、僵化的“字词句篇语修逻文”，既没有走“技术主义”“工具主义”的道路，也没有走回到“混合式教学”的老路。它开辟了第三条道路。

什么是语文？最朴素的表达就是“语言的运用”。既然是“语言的运用”，就直接跟语言相联系，所以语文课必须教语言知识。但是，语言知识只是语文课最基本的东西，它是语文的起点，但绝不是语文的终点，也不是语文的主体。语文的终点、语文的主体是“运用”。既然是运用，那就马上涉及运用的环境，涉及语言运用者，即言语主体，包括言语发出者和接受者，就涉及他们之间的关系，他们的思想、情感。然后，这一切，都是围绕“语言运用”、关联着“语言运用”而被纳入语文学科的范畴的。如果与“语言运用”没有关系，则应严格地把“语言运用”从语文学科的范畴剔除。立足于“运用”，王尚文先生坚决反对以“语言”为中心的工具主义教学观；立足于“语言”，王尚文先生坚决抵制“泛人文”“泛语文”的经义教育复辟思潮。以

① 王尚文、王诗客：《语文课是语文实践活动课》，《课程·教材·教法》2009 年第 4 期。

王尚文先生为思想领袖的“语言功能教学观”，就是“现代语文教育历史之谜与理论之谜”的解答。

三、王尚文语文教育思想的形成与发展

王尚文先生近30年的语文教育研究，主要由以下一些著作构成：

	论著	时间	主题	意义
1	《语文教改的第三浪潮》	1990年	在对工具论的批判中提出人文论	对语言知识教学的反思
2	《语文教学的错位现象》	1991年	从人文论转向语感论	语言功能教学思想的萌芽
3	《语文教育学导论》 《语感论》	1994年 1995年	语感中心说	语言功能教学思想体系的提出
4	“语文意识”系列研究论文	2003年—2009年	在对人文论的纠偏中坚守了语言专门化的进步意义	语言功能教学的学理研究之一
5	“语文对话教学”系列研究论文 《语文教学对话论》	2004年—2009年	从语言功能教学思想的角度阐释人文论的具体内涵	语言功能教学的学理研究之二
6	《走进语文教学之门》	2007年	语文课程要素与教学内容阐释	语言功能教学思想的课程与教学论构建
7	《语文品质谈》	2018年	语文品质的内涵与外延	语文课程与教学论的核心概念

1. 批判性阶段。

这一阶段王尚文先生所做的主要工作是对工具论的批判，其实质是对语言要素教学的一种反思，代表作是《语文教改的第三浪潮》(广西师范大学出版社1990年出版)。最典型的表述是:“语文课学的主要不是语言学，而是语言，目的不是把学生培养成为语言学家，而是为了提高学生的语言水平，培养他们的语言能力。”其意义是使语文教学从技术主义、工具主义退回到第二个岔路口上。

2. 主题转换。

王尚文先生的语文教育研究从人文论转向语感论，代表作是《语文教学的错位现象》(《教育研究》1991 年第 10 期)，这是非常重要的转向。如果王先生 1990 年继续在人文论的路子走下去，没有创立自己的语感中心说，就没有后面整个的“语言功能教学思想体系”的构建，甚至有可能退回到“混合式教学”的路子上去。文中最典型的表述是:“语文教学的目标，大纲规定得清清楚楚：培养读、写、听、说的语言能力。语言能力是一个多侧面多层次的系统，我认为其中最基本最重要的核心因素是语感能力。”语感教学论的实质，是“语言功能教学”。着眼于语言的功能，着眼于“语用”，就必然指向“语感”。“语感”这个概念本身就是语用观的产物。

3. 核心理论环节构建。

王尚文提出“语感中心说”，强调语文教学以语感培养为最终目的，代表作是《语文教育学导论》(湖北教育出版社 1994 年出版）和《语感论》(上海教育出版社 1995 年出版，2000 年再版，2005 年三版)。主要理论依据如下：

第一，知识化的教学和技术化的教学不能培养学生正确运用语言文字的能力。

第二，语文教育的最终目标是培养学生运用语言文字的能力，而语感是最基础、最核心的能力。

语感中心说，既坚持了“语言专门化”的方向，又没有重走知识化、技术化的歧路；既坚持了人文论的正确大方向，又避免了一般化地停留在抽象的人文教育的层次上；既坚持了对工具论的批判，又避免了重回“混合式教学”的老路。

现代语文教育有两个岔路口，有两次性命攸关的抉择。语感中心说在现代语文教育第一个岔路口的正确抉择的基础上，实现了在第二个岔路口的正确抉择。

4. 对语言功能教学观的深度辩护。

这一阶段，王尚文先生的代表作包括“语文意识”系列论文（2003年—2009年）和“语文对话教学”系列论文（2004年—2009年）。语感中心说，与人文论，与工具论，与知识教学，与“混合式教学”纠缠在一起，稍有不慎，就会出现偏差。王尚文先生在语感中心说构建以后的工作，主要是从两个不同的方向，驳斥技术主义和“混合式教学”的主张，坚守语言功能教学观，并不断深化自己的研究。

“语文意识”系列论文在对人文论的纠偏中坚守了“语言专门化”的进步意义；强调语文教学要沿着“语言专门化”的道路，走向语言功能教学的方向；抵制了“混合式教学”对他的迷惑与冲击。

“语文对话教学”系列论文从语言功能教学思想的角度阐释人文论的具体内涵，强调语文人文教育的核心是“言语实践”过程中“言语主体”之间的“对话”，抵制了“技术主义”对他的呼唤与挑战。

最典型的表述是2004年的《语文教学要走在“语文”的路上》的一段话：

在基础教育中，语文课程区别于其他所有课程的特质在于它以培养学生正确理解和运用祖国语言文字的能力为根本宗旨。语文的本体就是语言文字的理解和运用，语文教育必须走在“语文”的路上，才能达到自己的目的，否则就会走向自我消亡的悬崖。理解和运用语言文字既关涉理解和运用语言，也关涉理解和运用的人。如果离开所运用的语言文字，缺乏相关的知识技能，语文就会失去自己的立脚之地；如果看不到人在理解与运用语言文字实践中的作用，仅仅把语言当成可以脱离人而存在的工具，来个“金鸡独立”，势必也寸步难行。言为心声，语文与人文具有深刻的相关性，因其“深刻”，绝不能离开人文来讲语文；因其“相关”而非相同，也绝不能以人文取代语文。①

5. 从思想走向学理。

这一阶段，王尚文先生的代表作是《走进语文教学之门》（上海教育出版社 2007 年出版）。这部著作不管是内容体系还是叙述风格都与王尚文先生以前的著作大不相同。如果说王先生之前的著作主要是思想的阐发，那么这部著作则主要是学理的构建；如果说王先生之前的著作主要是核心思想的辩护，那么这部著作则主要是理论的正面阐释。在这部著作中，一方面，着眼于“文学”和“实用”两种不同语言功能，从课程论层次提出了“复合论”的新观点；另一方面，系统地阐述了自己的人文论、语感中心说、语文对话教学论的语文教育思想，从语言功能教学思想出发，全面、稳妥地将上述诸种观点与思想做了来龙去脉的梳理。至此，王尚文语言功能教学观的理论体系基本形成。

6.“语文品质”：课程论的意识。

这一阶段，王尚文先生的代表作是《语文品质谈》（华东师范大学出版社 2018 年出版）。关于语文品质的具体内涵，王尚文先生有简明通俗的解释：衡量一篇语言作品的“语文品质”，可以有两个相互密切关联的角度。一个是从表层看，着眼于字词、语句、段落之间以及它们与整个文本之间的内部关系，例如是否通顺、明白、畅达，等等。写了错字别字、标点符号使用错误、词语使用不当、语句不

① 王尚文：《语文教学要走在“语文”的路上》，《中学语文教学参考》2004 年第 10 期。

通、表达不清，等等，都是语文品质不好的表现。表层的语文品质问题看得见、摸得着，只要胸中有“语文品质”这一标尺，态度认真，往往比较容易发现。另一个是从深层看，指的是文章的遣词造句、谋篇布局与写作的目的、意图以及作者对文章读者的预设的匹配程度。古今中外任何一个文本，其实都是一种语言行为，文本的作者必然有他的目的、意图，必然有对文本读者的预设，否则，就简直不可思议。“语文品质”这个概念与“语感”“语言意识”等概念不同的地方是:“语感”“语言意识”是主观的，“语文品质”是客观的。它与“言语实践”“对话”等概念不同的地方是:“言语实践”“对话”是行为性活动，是一个过程;“语文品质”是活动的结果，是过程中所表现出来的品位和档次。正如王尚文先生对自己的反思:“语感”“语言意识”是对语文能力、语文素养的核心揭示，它们可以帮助我们认识语文的实质，但却很难直接运用于教学实践。“言语实践”“对话”指认了教学过程中的一些现象，但它们本身是一种过程，因此很难把它们归于教学内容的范畴。但是“语文品质”却不是这样，它是“语感”“语言意识”的外化，它体现在“言语实践”“对话”的成果中，是可观察、可重复的对象化存在。这样，“语文品质”为王尚文先生的语文教学观寻找到了一种客体化、对象化的教学承载，因此进入了课程论的范畴。

王尚文先生的语文教学探寻，从批判入手，到正面建构；从哲学的、心理学的研究，到教学论的论述，最后进入课程论的立论；从思辨的、感悟的研究，到学理的梳理。应该说，这格外艰难，但有着非常清晰的历程。其中体现出来的王尚文先生的语文信念，则是始终如一的。那就是：语文学科的“独当之任”，就是教学生学会语言的运用。

我将以上的论述过程概述如下：

——现代语文教育的第一个岔路口，是以叶圣陶先生为代表的研究者正确地实现了从“混合式教学”向“语言专门化”的转型。

——现代语文教育的第二个岔路口，是在“语言专门化”的基础上，选择到底是走向语言要素教育，还是走向语言功能教育。

——半个世纪的语文教育，所有的悲欢离合就在于由“语言专门化”走向了知识化和技术化教学，这是一条“死路”。有的人坚持要走这条路，终于被历史所抛弃。

——因此而退回到“混合式教学”，则更是“死路”一条。有许多同志实际上在走这条路，使语文教育思想陷于混乱。

——以王尚文先生为代表的研究者既坚守“语言专门化”的正确方向，又使语文教育摆脱知识化和技术化的困境，将语文教学向语言功能教学推进，从而在现代语文教育的两难选择中蹚出了第三条道路：语言的运用。立足于“运用”，王尚文先生坚决反对以“语言”为中心的工具主义教学观；立足于“语言”，王尚文先生坚决抵制“泛人文”“泛语文”的经义教育复辟思潮。

——以王尚文先生为代表的语言功能教学观，实现了现代语文教育在第二个岔路口的正确选择。① 这就是现代语文教育发展背景下王尚文先生语文教育思想的价值精髓，也是现代语文教育唯一正确的抉择。

我曾在我的一篇文章里说过这么一段话：

关于王尚文语文教育思想的意义与价值，现在还没有很多人深刻地、充分地认识到。王尚文语文教育思想研究，对深刻认识语文教育的规律，对解决当前语文课程改革的瓶颈问题，都有实实在在的意义。

在《王尚文口述——守望语文的星空》即将出版的时候，我想

① 李海林：《20世纪语文教育的两个岔路口——兼论王尚文语文教育思想的意义与特征》，《中学语文教学》2010年第7期。

再一次强调：历史常是这样，极端的观点更容易成为流行的观点，而细密持正的观点，更容易被人忽视、误解和歪曲。王尚文先生一生的语文追求，就是在历史的重重迷雾中，分剥出中国语文教育这一条持正的道路。

2019 年 3 月于上海

（李海林，上海新纪元双语学校校长。曾任浙江师范大学人文学院教授，上海师范大学教育学院教授，上海市洋泾中学校长）

前言

王尚文

和往年一样，夏天我又去老家的大山里住了些日子。月色朦胧的晚上，我常到山道上散步，左右群山蜿蜒，天上群星如沸，此时此景，我往往能够最真切地感受到最真实的自己，孤单，渺小，无知，短暂而又美好，不免又沉浸于对人生片段的回忆和对人生意义的探寻。宇宙间，银河里，地球上，连一粒微尘都算不上的我，为何活着，有何意义？这是一个几乎纠缠了我一生的谜。

今我已年届八十，目前勉强尚能思考、写作，这也许是上天和命运的眷顾。回首过往岁月，由于种种因缘，我一生大部分时间都在从事语文教育及相关工作。我虽愚钝，尚不至于有意去干没有意义的蠢事、傻事、错事，但语文教育并不能够保证我之所作所为就一定有意义。自觉努力为之付出了时间、心力的，就一定值吗？特别是书中多有与流行看法不同，也有与语文教育前辈相左的观点，我所发现、坚持和追求的究竟是有益还是无用甚或有害？只能由读者鉴别、实践验证。我乐意通过这本小书说出事情的原委，交代有关情况，以供有兴趣的读者参看。就我个人的主观感受而言，我必须说，这个持续几十年的学习、思考过程曾经给了我快乐，给了我活着的充实感。

感谢刘远先生代表编委会约写这本口述实录。感谢童志斌先生答应与我合作。他的提问，让我有机会打开自己未曾顾及的记忆角落，重温许多故人故事，重新思考许多新老问题。感谢李海林先生应允为本书写序。我曾多次对他说起，他比我更了解语文教师王尚文——当然在他笔下，我许多地方曾经被宽以待人的他美化了。

2019 年元旦

目录

我们的对话又将开始了。他，王尚文先生，我的老师和同事，21岁投身语文教育，整整六十年，心无旁骛，从中学到大学，从实践到理论，从专著到教材，从少年到白头，从退休到今天，耕作不已，一脸阳光。他曾对我说，看来还是近十年中的《后唐宋体诗话》《语文品质谈》《漫话文学语言》相对成熟一点。让我印象最为深刻的是，就在这“口述实录”进行时，他还对自己有关语感的论述做了进一步完善。记得那天我进门坐下以后，他笑得特别灿烂，说：“昨晚后半夜醒来后，我脑子特别清醒，于是完成了语言语感与言语语感的明确区分，这也许有点意思。我们今天就谈这个，好吗？”他调到大学时立志“学术立己，教育报国”，备尝艰辛而不动摇，历尽坎坷而志益坚，常说“教学、科研本身所带来的快乐‘虽南面王不与易也’”！

下面让我们翻开王尚文先生的生命之“书”，聆听这一路的风景吧。

王尚文先生与童志斌（左）合影

第一章　读书时代

从留级到“连中四元”

童志斌（以下简称“**童**”）：王老师，您好！听您说起过，20世纪50年代您在杭大（杭州大学）读书时，您的老师夏承焘先生曾经这样向人介绍您：“这位同学是浙江遂昌人，汤显祖曾在他的家乡当过五年县令。”——所谓地灵人杰，一方水土养一方人，您能不能跟我们说说您的家乡遂昌，说说您老家的生活情况呢？

王尚文（以下简称“**王**”）：遂昌是个山区县，跟你们龙游[①]不好比，从前非常贫穷落后，唯一可以拿出来说说的似乎就是汤显祖曾在遂昌当过五年县令这回事，毕竟他是与莎士比亚相伯仲的伟大剧作家，据说《牡丹亭》就是他在遂昌创作的[②]。汤显祖爱遂昌，留下许多让人称道的政绩，如元宵节“纵囚观灯”等，就是至今仍在口口相传的佳话美谈。遂昌山川秀丽，民风淳朴，汤显祖誉之为“仙县”。

我是1939年生人。我家在高祖时，家境也算殷实。高祖是秀才，我小时候曾见过他自己手写的诗集，字很特别，像是用铁丝折成，祖父说这就是所谓铁线体。我自然没见过高祖，但“字，心画也”，想必他的个性也一定是有棱有角的。如果问他从事什么职业，用今天的话来说就是律师，当时叫讼师。传统观念里，这不是一个好行当，有的人常常会为

① 龙游县，隶属于浙江省衢州市。
② 对此，学界有不同意见。

了金钱而不问是非曲直。有一年正月初一，我的曾祖（我也没能见到）突然跪在高祖面前，陈情说，做状（就是写讼书）有损“阴功积德”，请求高祖从此金盆洗手。高祖说，我当然愿意，只是我“乌烟”（即鸦片）是戒不掉的，不写状纸，只有卖田，你不要怪我。曾祖当即表态，这，我已经想到，决不怪你。父子相拥而泣。从此家道开始败落，到曾祖手上，只剩三四亩薄田，一块山。曾祖就到乡下去教私塾，包吃包住，工资却少得可怜，但他无怨无悔。后来县城里办了女学堂，要物色一位品行端正、老实可靠的老师，大家一致推选了他，认为是不二人选。

童：可以说，您曾祖这么一跪就把你们家给跪成了穷人。

王：是的，但这未必是坏事。1956 年，命运给了我特殊的眷顾——中师毕业生可以报考高师院校！这机会可谓空前，就这么一年，以前从未有过，此后也再未出现。我考上了！我考上的是浙江师范学院①，不收学费，伙食免费，每月还有几元助学金可供零用。家里人说，一定是我曾祖当年在高祖面前一跪的福报，大家别提有多高兴了。

童：从小学到大学，您的生活应该是比较顺利的吧？

王：表面上看波澜不惊，可实际上由于贫困，我的求学之路并不平顺。由于初小（即初等小学，有四个年级；与之对应的高等小学简称高小，有五、六两个年级。当年我家乡从一年级到六年级完整的所谓“完全小学”不多）离我家很近很近，只有三四十米路吧，我五虚岁时就被塞到学校去了。记得第三册还留了一级——我把成绩单拿回家时，家里人一看，只说了一句：“留级了。”大人没有骂我，我也没有什么耻辱的感觉。不知怎的，这一场景我至今记忆犹新，也许是由于当年我“处变不惊”的潇洒吧。不过，后来我就创出了“连中四元”的佳绩：初小毕业第一，考入

① 浙江师范学院，1958 年更名为杭州大学，后并入浙江大学。

高小第一，高小毕业第一，考入初中第一。我伯父当年就在这所初中教书，他告诉我：为了防止个人英雄主义，学校决定发榜时不按考试名次排列——即便如此，我还是去认认真真看了看张贴在学校门口墙上的榜单，找到了自己的名字，的确不是排在最前面，心中不免有失落之感，初小第三册时的潇洒已经不见踪影。这“连中四元”，并非完全由于当年争强好胜的少年意气，也不是因为我有什么不凡的天分，而是源自我的格外用功——我生下来就有相当严重的疝气，稍稍吃力一点就会发作，痛苦不堪，又没有什么药可吃——也许有人会说，到医院动手术呀，而且是普普通通的小手术。我不知道当年家里人知不知道“手术”这回事，可以肯定的是，即便知道也出不起这个钱。我明白，自己今后难以从事体力劳动为生，唯有拼命读书，或许会有别的活路。

记得上高小时，有一次新学期开学，家里没有钱给我交书费，我没有发到新书，回到家，哭了，还因我的“哭”被狠狠地骂了一顿。当时我感到很委屈，现在想想大人的心情一定比我更不好受，骂几句，发泄一下也没什么不可理解的。上高小时，我还失学过一段时间，原因是家里想把我送到一个同族的太公那里去学中医，他是家乡的著名中医，也给我看过病，我也认识。而我却总哭闹着要回学校去继续上学，家里最终也就妥协了。——如果真的去学中医了，会怎么样呢？我想：悬壶行医，治病救人，起码也没什么不好。但连小学都未毕业，博大精深的中医我学得了吗？

在初中，除了英语和语文，其他课本都是和我一位嫡堂兄弟同用的。虽然我单独享有一本英语课本，可我的英语成绩却不怎么样，虽已尽了最大努力，成绩却总是只有七八十分。数学我一般能考 90 分以上，但这是勤奋的结果，心里总是发憷。我真正感兴趣的是语文。我对体力劳作虽然不感兴趣，但寒暑假到田间干些轻微的农活还是非常愿意的，因为家里人都劳动去了，我一人在家看书总会有一种负罪感。大人们给我安排的当然是最轻的活儿，例如播放豆种，给番薯翻藤（以免藤叶在地里另生细根而减产），等等。

王尚文祖父遗照

童：几个月前，浙江电视台《书香浙江》栏目播出了对您的采访，反响很好。后来我有机会读到您的一位老朋友、作家朱荣生先生送给您的一首四言诗："神也清清，气也爽爽。为人师表，道德文章。山也高高，水也长长。月洞家风，浙江书香。"——我很喜欢这首诗，只是"月洞家风"，我不太明白。

王：过誉过誉，这首诗让我脸红。但他提到"月洞家风"，我觉得是可以在我祖父身上看到影子的。

我的祖父是我的启蒙老师。他做过小学老师，后来还当了校长。他身材魁梧，眉清目秀，真是一表人才，谈吐也很风趣。有一次，他对我说："等到狗呀猫呀会说话了，我就辞职不干了。"我虽然不认为小学读童话有何不妥，但却敬服他能够忠于自己的教育理念。真诚，是教育的底线；谎话，是教育的毒药。在家里，他除了看书，就是干些力所能及的农活。我家有一个不小的菜园，被他整治得井井有条，几乎"寸草不生"。

在邻里乡亲眼里，他可是一个说话有分量的人物。他的威望来自他的善良和正直。那时我们王家祠堂和别的许多祠堂一样，对在学校读书者有经济奖励的做法，凭毕业证书领取，每年由祠堂的一个专门机构开会发放一次。我祖父也是这个机构的成员之一。有一年有个财主说他的儿子从某法政学堂毕业了，要领取相应的奖金，但拿不出相应的文凭。

大家当然认为要按规矩办事，却没人吭声。眼看就要通过了，这时我祖父突然从座位上站起来，对这财主说：我相信令郎已从学堂毕业，但这凭文凭领奖金的规矩不能破，光靠嘴巴说说就拿钱的先例一开，以后就会乱套，是对不起列祖列宗的。大部分与会者连忙点头称是。这时我祖父又特别向财主拱手说道："今天多有得罪。改天等令郎真正拿到文凭，由我做东为令郎祝贺。"此事一经传开，大家对我祖父都特别佩服、敬重。

他劳动之余喜欢看《聊斋》和清人笔记。读小学时，我最大的享受就是听他讲故事。他口才极好，讲时又很投入，讲到动情处，往往为之哽咽。我印象最深的是《聊斋》里《河间生》的故事。河间某生，因一由狐变成的老翁和他交友，一次携他飞往千里之外某城一酒肆，登楼上，翁自下楼任意取案上酒果供生。后生命其取一朱衣人前食物，翁曰："此正人，不可近。"由此生反省自己必非正人，决心"自今以往，我必正"。于是身不自主，眩堕楼下。生仰视，竟非楼，乃梁间耳！——几年前我把它编进了《人之初：现代蒙学四十六课》。祖父常对我说，做人之正，首先是存心要正要善，存心才是根本。要为别人的好而高兴，为别人之难而同情，能帮则帮，即使帮不上，也要在心里希望他能够渡过难关；见到别人的不好就高兴，见到别人的好就不爽，就是存心不正。存心不正，就是作恶的开始。他反复对我说的一句话是：让人不是痴汉，痴汉不肯让人。有一年，我哥哥从田里耕作回来，脚上突然红肿起来，痒得难熬。这在我们农村是一种常见病（病名我用方言叫得出，却不能译成普通话），有一种树的叶子，捣烂外敷，是特效药。祖父就带我到城西一位农民家去讨这种树叶。树挺高的，要用梯子爬上去才采得到。不料那位叔叔特别客气，自己主动搬来梯子，自己爬上去为我们采了不少。在回家的路上，祖父语重心长地教育我："己所不欲，勿施于人。你一定要牢牢记住——待人如待己。"于是故事就来了。多少年前，我祖父有一次在临街的剃头店里理发，不经意间发现一个人脸上流着血由西向东踉跄而去。一看，原来是认识的人，就让剃头师傅暂时停下，祖父站起身出去，硬是把那人拉进店里坐下。原来是他儿子和他打架，他要到县衙门去告儿子忤逆。——按当时法律，告什么事都得有递状、控辩、审判等程序，唯独老子告儿子忤逆，一告就准，拖来就打屁股，没有二话。我祖父让剃头师傅动作快一点，草草剃完后，把那人请到家里，好言相劝：毕竟是自己儿子，一时糊涂犯下大错，说不定现在正后悔呢；总是一家人，我们以后老了，还得靠他；到了衙门一顿打，你也不忍心，名声也不好听；等等。最后说："我送你回去，我去说他，让他向你赔不是，保证再也不敢了。"——这天帮我们采摘树叶的就是当年那儿子。

祖父没有教我背《唐诗三百首》，却教我读王镃的诗——王镃是我们遂昌月山王家宋末祖先，曾在江西任县尉，宋亡即归隐遂昌老家。汤显祖曾给我们祠堂送"林下一人"的匾额称颂他——因前人有"相逢都说休官好，林下何曾见一人"的名句。他是一位颇有成就的诗人，著有诗集《月洞吟》。这"月洞"，是他的号。汤显祖认为其诗意"孤炯独绝"，清编入《四库全书》，现在的《宋诗鉴赏辞典》《千首宋人绝句》等书也都选有他的作品，只是作者简介都写得不够准确。我至今犹能背出"青松秦世事，黄菊晋人心。尘外烟萝客，相寻入远林""山河隔今古，天地老英雄。局败棋难着，愁多酒易中""自写自诗黏壁上，何须古画与名碑。隔墙风落闲花片，日日飞来入砚池"等诗句。记得小时候有一次祖父问我长大以后想做什么，我说想做官，他说教书行医也不错，隐居也很好，令我印象深刻，至今难忘。我小学时能辨"平上去入"，也是他教的结果。我家曾种有一棵瑞香花，有一年花开季节，祖父写了两句七言贴在花旁，劝人不要摘花；伯父让我续上两句，我果真就续了两句："不为怕惹花神怒，明年招得阳春来。"大得祖父和伯父的表扬。表扬、鼓励是青少年上进的“万灵仙丹”，至今我还时不时胡诌几句，乐在其中。

童： 真个是月洞家风，绵延芬芳！

王： 读初中后，祖父就不怎么过问我的课业了。但我非常自觉，十分用功，晚上自然是最佳学习时间。那时候，晚上点得最多的是灯草，叫青油灯；也点过煤油灯。有一段时间，我点的是火篾。

火篾，如今知道的人可能不多，竟或极少。它由毛竹制成——先把竹子锯成三四尺长的一段段，再破成一根根薄薄的篾片，晒干后浸入水中，浸透了再晒干，如是三次即可——市日街上有卖。我们山区多的是毛竹，便宜，比点煤油省钱多了。不过，还得配上相应的灯具。灯具也是毛竹制成的，挑较为粗大的竹子，取下三四节，约一尺半长的样子，以一节为底座，上面几节仅留与底座相连的宽宽的一条，其余弃去。那留下的一条，从上面往下劈出四五寸长的裂缝，把火篾夹在裂缝间，就可以点了。当然也可以用手拿着，但这样人就不能做其他事情。据说，篾片未经浸晒也同样点得着，只是点过结成的炭仍然红着，火不会很快熄灭，掉到地上很不安全；如法浸晒过的，只要结成了炭，火也就随着灭了。

特别要交代的一点是，火篾燃烧的时间并不长，点时如果有炭结着，亮光就小些，若是把炭及时折断，顿时就会亮很多。用什么折断滚烫的竹炭？我是用手，用右手，用右手的大拇指和食指。我当年右手的大拇指和食指上的老茧结实，光滑，指纹总是黑黑的，因为晚上我在火篾灯下读书写字，时间长了，用手指去折篾炭的频率自然就高，不知什么时候竟结成了茧，厚厚的。现在回想起来，似乎颇富诗意：火篾灯前一少年。不是吗？火蔑灯下，我也背过我伯父教我的《陋室铭》等短文短诗。火篾为我照出了现实之外的一个精神存在，可能太窄小了，太贫瘠了，但毕竟是我的精神起点。如此，火篾之于我，可谓恩重如山矣！

童： 听了您的介绍，我除了感慨“人生不易”，同时也更加信服高尔基“苦难是最好的大学”这句话的正确。——我还有一个疑问：记得您在文章中说起过，在少年时期，您就已有做一个“不平凡的人”的思想萌芽。我很想知道，关于做一个“不平凡的人”的想法，您是一直保有着，还是在成长过程当中有过变化呢？

王：哈哈，当年我确实有做一个“不平凡的人”的想法，这一方面固然是由于幼稚所带来的狂妄，但另一方面，我也因此而格外努力，虽然收效为零——就是说得满一些，我从来都没有过自己是个不平凡的人的感觉，真的很失败。直到数十年后，我才逐渐明白过来，必须努力去争取的是做一个平凡的人，若能真正做到这一点，人生也就无愧无悔了。这一变化的实质是，前一段，重点落在“不平凡”上，说白了就是要出人头地。由于实际上难以做到“不平凡”，常常会灰心丧气，跳到另一个极端。假使侥幸取得了一点点成绩，就会以不凡自诩，自以为了不起，自我膨胀，夜郎自大，见笑于大方之家。而“平凡的人”重点落在这个“人”字上。古今中外，当然有许许多多的人不平凡，很不平凡，极不平凡，但我发现他们之所以不平凡首先是由于他们的人不平凡；再者，我也慢慢清醒过来，发现自己万难“不平凡”，其根本原因就是自己的“人”实在太平凡了，甚至许许多多方面还远远不及平凡的人。因此，我意识到，做一个平凡的人，不是可以一蹴而就的，我还要付出持续不断的努力，甚至是毕生的努力。显而易见的是：一旦你觉得自己已经够了，这“觉得够了”本身就已证明你还不够，甚至差得远了去了！即使真的在某一领域的某一方面的某一点上做了什么，也会意识到这仅仅是一个平凡的人所该做的一点点而已，根本没有什么值得夸耀的；平凡的人就是做该做的事的人，尽该尽的义务、责任的人，而该做的事、该尽的义务多了去了，你已经做了的或正在做的只是其中的一小部分而已，根本没有夸耀的心情和余裕（的时间或精力）。这样，往往任何时候自己都能够比较心平气和地去做自己力所能及的事。我不能说我已经完成了这一转变，我只是在努力的路上。

童：是否可以说，您认为做事其实就是为做人“积分”？

王：你说得太好了，就是这个意思。做人的“积分”是永远不可能“满”的，因为一满立刻就减分了。这样在世界面前，在事业面前，在别人面前就会自然而然地处于谦卑状态；如果提醒自己要谦卑，多半已经不谦卑，甚至离谦卑颇远了。自然而然的谦卑才是真谦卑。不知志斌以为然否？

童：争取做一个平凡的人，这道理您从自己的体验得来，确实具有说服力，我也深受启发。

感恩中师

童：我知道您曾经就读于中师（浙江省衢县师范学校，后更名衢州师范学校），您对中师一直满怀感恩之情。

王：是的。由初中而中师，是我思想的一大转折。小学、初中时期，在我潜意识里不断出现的是“如何活下去”的问题。14 岁初中毕业，想得较多的是“活着有何意义”的问题。我初中毕业虽不是第一名，却也是名列前茅的。同学们大多高高兴兴到衢州郊区的衢二中（衢州第二中学）读高中去了，我由于家贫只能就读于衢州乡下的衢县师范。失落，沮丧，与城郊、乡下无关。所关者何？一生前途也！读高中，就有可能上大学，前途无量；上师范，只能去当个“孩子王”，万一派到只有一个老师的学校去，体育课怎么办？我没有“为赋新词强说愁”的奢侈享受，面对向我初露真容的大千世界，我感到迷茫、困惑、无奈，但没有消沉。母亲期盼的眼神，使我不敢消沉。

童：请道其详，我们都很想听听。

王：世上最爱我的是母亲。1969 年，她 63 岁，走了。由此而生的孤独感，甚至现在还不时向我袭来。我小时候，每逢大年初一，她就会带着我经过河边的一条路到西隅的外婆家去拜年。出发前，妈妈再三嘱咐我路上碰到任何人都要拱手说“拜年拜年”。开始我不敢，试了几次发现对方也都很客气，我就习惯了。妈妈对我说，拜年也就是祝福，你给人家拜年，就有可能给人家带来好运。“做人就是要希望别人好，这样菩萨就会保佑你，菩萨总是保佑好人惩罚坏人的。”这是儿时的故事，这老例也记不起什么时候就自然而然地消失了。家乡旧时五月都要在城隍庙连续演十几天的戏，我们小孩就像过节般高兴。一次看戏，遇见一个在乡下的不常来往的亲戚，给我包了一个红包，我知道名义上是包给我的，实际上都理所当然地被大人给悉数“没收”了。这次我大着胆子求妈妈给我一点钱去买零食，妈妈居然破天荒答应了，给了我一张钞票。我买回零食边吃边把找回的零钱交还妈妈。妈妈一数，问我这零食卖多少钱，我说了多少的数目，妈妈说“摆摊的多找了”，就让我把多找的钱交还人家，我略一犹豫，妈妈顿时拉下了脸：“赶快去还给人家！”结果是摆摊的大大夸了我一番。妈妈说：“别人的钱绝对不能多要一分。人家也不容易。你还回去了就是好孩子，菩萨一定会保佑你的。”烧菜，可以没有油，总不能没有盐，可我家有时连盐也没钱买，只得临时向人家去借。妈妈不但有借必还，而且数量总是要比借的稍多一点，譬如去借时用的是小杯，还时用的就必是稍大一点的杯子。我说人家未必在意，妈妈回答说就图个心安。我妈是童养媳，苦命人，不识字，却是我立身处世的好老师。她那么早就走了，连一张照片也没有留下。当年糊口是最要紧的，拍照片是颇为奢侈的事，不是我们轻易能办到的，更可能的是根本想不到这上头。虽然没有照片，但母亲留在我心里的影像一定更逼真、更亲切。我在《语感论》初版后记（写于 1993 年 2 月 20 日）中回忆道：每当夜深人静操笔在格子上爬行之时，我便觉得早已去世的母亲在陪伴着我，她深情的目光给了我战胜懦弱懒惰的力量。妈妈，妈妈，您听到我的呼唤了吗？

去衢县汪村（当时衢县师范所在地）上学，当年要花两天时间在路上，先是乘木炭车[①]从遂昌到龙游，宿一夜，次日乘火车到衢州，再步行约十里（五千米），途中还要渡过衢江，到学校已是傍晚时分了。每次启程，妈妈都会烧一大碗面给我吃，天麻麻亮在床上被叫醒时，我就会闻到一股炒洋葱的浓浓香味，那是面的“浇头”。洋葱，由于我们地里没有，得买，所以难得吃到——我现在仿佛又闻到了妈妈油炒洋葱的香味。

童：看来中师确实是您人生的重要转折点。

王：是的。当年我虽不太情愿上中师，但我至今仍深深怀念中师，感恩中师，假若没有中师，我就永远只是个初中生，是中师救了我，让我今天还能就“守望语文的星空”饶舌。中师的何英鹍、周之挺等语文老师课外给了我不少指导、帮助、鼓励，教音乐的潘志馨老师曾教我弹钢琴，而图书馆里的一本本小说犹如一阵阵春风吹过我稚嫩而敏感的心田。20 世纪 50 年代初人民文学出版社出版的一套“新文学选集”，将现代文学不少优秀作家的好作品收罗其中，成了我的最爱，就是这套丛书带我开始走进生活的原野、人心的星空。每当下午有自习课，我就带着书来到附近田间地头的褐色巨石间，忘情于文学的世界。

童：我记得 20 世纪 90 年代《中华读书报》曾经发表过一篇您回忆中师时一次朗诵会的文章。

---

① 用木炭代替汽油作动力的汽车。

王：是的。这次朗诵会是我们的班主任薛世华老师组织的，我是语文课代表，成了主角之一。文章是应《中华读书报》之约而写，我还能在电脑里找到。

我还记得那是1955年的下半年，一个深秋初冬的夜晚，遥远天边的一角嵌着数点星星，寒意甚浓，然而在我们不大的班级教室里却是春意盎然、热情高涨，那是我们在班主任薛世华老师指导下举行的一次朗诵会。

朗诵的是方志敏的《可爱的中国》，挨段轮流念着。“朋友！中国是生育我们的母亲。你们觉得这位母亲可爱吗？”文章开头一声真挚而热切的“朋友”，好似有一种神奇的魔力，一下子把我点燃了，身体里流的好像不是血液而是酒精，“腾”地就蹿出了火苗，升高了温度。那时我正念着衢县师范，只有15岁，明快积极、爱激动的时代已经开始。同学们一样激情澎湃，大声地念着：“……咳！母亲！美丽的母亲，可爱的母亲……”每当文章开始呼告、直抒胸臆的时候，我就激动得不能自已，在底下跟着一字一字地默念，那些滚烫的语言、炽热的文字冲击着我，裹挟着我，激荡翻腾，那种高尚狂热、来势汹涌的情感甚至对我造成了某种威逼，让我眼圈发烫、喉咙发紧，产生出一把推开同学由自己大声朗诵的冲动来……轮到我的时候已是最后一段。我深吸一口气，用有点儿颤抖的声音大声念着：“难道我四万万的孩子，都是白生了吗？难道他们真像着了魔的狮子，一天到晚的睡不醒吗？难道他们不知道自己伟大的团结力量，去与残害母亲、剥削母亲的敌人斗争吗？难道他们不想将母亲从敌人手里救出来，把母亲也装饰起来，成为世界上一个最出色、最美丽、最令人尊敬的母亲吗？……”时隔近50年了，我却还记得当时血液沸腾，一直冲向头顶，被不可抗拒的激情所吞没的感觉，当时同学们因激动而涨红的脸，因兴奋而拍红的掌，也都一直历历在目。

……正是这篇激情澎湃的文章在我的心田上播下了好的种子。我自问一生还做过少许于人有益的事情，在做的时候心里总会升腾起一种异样的情感与力量，总有一个不容置疑的声音说“向前走！”，我听命于这力量、服从于这声音，直面困难、承受挫折，走到了现在。现在回想起来，这最初的精神发源竟是15岁时念的《可爱的中国》。让中国“成为世界上一个最出色、最美丽、最令人尊敬的母亲”这一美好祈愿已深深植根于我的血液骨髓。

童：最重要的可能还是深化了您关于人生意义的思考。

王：是的。此前我从来没有想过人为什么活着、活着有什么意义，是现实的苦闷促使我不断去思考这样的问题。后来我发现，思考人生的意义不能离开“是否有益于别人、是否有益于社会”这个根本点，并且坚信：如果不努力，一定没有意义可言。假若在力所能及的范围内挣扎、拼搏，意义也许就真的出现了。我常常是走出消极、消沉再拼搏，或是边消极、消沉边努力，就这样蹒跚而进，逡巡而前，从少年到白头。

中师让我爱上了文学。看了小说，我自己就想尝试写写看。记得在二年级时，我就写了一本小说模样的东西，题目记得是“生活的脚步声”，有两三万字吧，还不知天高地厚地寄给了当时浙江省文联主席宋云彬。不想过了一些时间居然还得到他用毛笔写的一满张回信，向我解释没有及时回复的原因。这件事让我深受感动，难以忘怀。

20世纪90年代，听说中师正在逐渐消失，我急在心里，曾专门去找省人大代表，请求向有关方面反映：中师万不可撤！理由是我们还有穷孩子，中师不收学费，而且还供伙食——这和考进学校以后再申请助学金、奖学金完全是两个概念——这就为他们开出一条继续求学之路。但终于撤了，都撤了，撤光了，千条万条理由消除不了我心中的无比遗憾。中师，在我国现代教育史上曾经书写出辉煌的篇章，像我省的湘湖师范、乐清师范、锦堂师范、金华师范等都曾培养出不少杰出的人才，历史当不会忘记中师的贡献。

走进巍峨瑰丽的文学殿堂

童：王老师好！中师毕业之后，您又来到杭州求学，这里一定也有很有意思的故事吧？

王：是的，说起来，这里面有很多机缘。前面我也讲了，1956 年，命运给了我特殊的眷顾——中师毕业生可以报考高师院校！我考上了，我当然考上了！这机会的出现，自是偶然。但有的中师同学没能考上，足见其中也有必然。不过，考上就一定好，考不上就一定不好？怕也未必。此中得失，谁又能说得清楚呢？

童：嗯，虽说有“偶然”成分，其实正是“天道酬勤”之必然啦。考上浙江师范学院，对您日后的专业发展影响一定很大吧？

王：没错！如果说是中师让我走进了文学之门，浙江师范学院中文系则让我望见了文学殿堂的巍峨瑰丽，美不胜收。那图书馆，让你情不自禁地感到自己的浅薄、狭窄、渺小！怎么办？读吧！——我曾在图书馆偶然发现了我伯父馨一先生在 1936 年由商务印书馆出版的《刘伯温年谱》，只是开头的几页——陈立夫等人的题词被撕去了。我将此事写信告诉伯父，他回信也感叹杭州大学图书馆收藏之宏富。大一所开功课以文学、语言为主，我偏文学而疏语言，文学阅读可以说是进入了疯狂状态。

我由此接触到了外国文学，于是情不自禁地痴迷其中。自一年级的下学期开始，我给自己开了一个有五十几位大家的名单，对每一位作家，都是先读他的传记，再读他的一两部代表作，最后读有关这位作家的评论。列夫·托尔斯泰是我最为崇敬的作家之一，他的三大长篇[①]我全都读了，还有几个中篇。安德烈负伤躺在战场上仰望天空的人生感悟深深触动了我，至今记忆犹新。莎士比亚，除了几部历史剧，我也全都读了。但丁的《神曲》，当年只有散文体的竖排版，我几乎完全懵懂，仅仅由于它是世界名著而去读，毫无乐趣可言，但毕竟一行一行读下来了。后来有段时间我曾醉心于巴尔扎克的小说，曾口出狂言：凡已译成中文的，我都读了。平心而论，巴尔扎克的小说，确实让我对人性有了较为深入的了解：倘若一个人被情欲的魔爪紧紧抓住，他有时就会很“过分”。巴尔扎克就从这“过分”里，让我们看到一种可怕的力量。

不过，我最喜欢的还是俄罗斯文学，曾发誓做一个研究者，于是拼命学俄文，在两年必修之后，还选修了一年。但我终究没能跨过语言这一关，于是逐渐把方向转向了我国古代文学。我小时候接受的是所谓新式教育，学的是白话文，没有背过《千家诗》《唐诗三百首》，更没有系统地读过《古文观止》等。怎么办？说来羞愧，我是到大三才背《唐诗三百首》的，后来还背过《李白诗选》，记得是现已几乎绝迹的舒芜的选本，只是都没有真正背熟。在古典文学领域，

王尚文杭州大学毕业照

① 即《战争与和平》《安娜·卡列尼娜》《复活》。

也是东张张、西望望，并没有设定一个专攻的目标。

童：在杭大期间，您曾经发表了一篇重要的论文，而且是发在《光明日报》“文学遗产”栏目，这可是一件相当了不起的事情。您能不能具体说说？

王：呵呵，惭愧惭愧，其实是“瞎猫碰到死老鼠”。我写的《试谈李白诗中的一些艺术形象》一文，有八千多字，于1960年1月在《光明日报》发表了。——大三暑假过后我从老家回到学校，接到该报寄来的一封信，催问前些天让我修改的文章改好没有。我就问暑假留校的同学见到另一封信否，一位同学终于回忆起似曾见过，于是全寝室同学都一起来找，终于在一张床底下的角落头找到了，大家都很高兴。编辑部提了五条意见，后来有四条我照改了，有一条我以为我言之有理，未改。由于在该刊发文不易，尤其是作为一个学生，我发表文章这件事便在同学中引发了一阵小小的轰动。这，大大坚定了我此后专研古代文学的决心和信心。

試談李白詩中的一些艺术形象

文学遺产

所謂“中間作品”的問題

王尚文发表的第一篇文章《试谈李白诗中的一些艺术形象》载于《光明日报》

童：我们都知道，杭州大学名师荟萃，尤其是中文系，有太多的学术“大咖”。您一定印象很深刻吧？

王：是的是的，当然当然。杭大中文系的师资力量，当时流传这样的说法：北大是“地主”，杭大是“富农”。为此，我们同学都感到很自豪。夏承焘、姜亮夫自不待言，胡士莹、王焕镳、陆维钊、蒋礼鸿、孙席珍、徐步奎、刘操南等，用今天的话来说，都是在各自领域里赫赫有名的“大咖”。

我接触较多的首先是马骅老师。他是一位诗人，教我们现代文学，上课时热情洋溢，极富感染力。他对学生和蔼可亲，循循善诱。我是常去他房间拜访他的学生之一——他的家在温州，自己一人在杭大住单身教工宿舍。我每次去，他都非常热情。畅论他认为特别好的作品，是我们交谈最重要的环节。我去年（2017年）写的《〈茵梦湖〉：柔婉的经典之作》作为重点例子收录在《漫话文学语言》。《茵梦湖》就是马老师当年向我推荐的。凡是他谈到过的我一定会设法找书来读，这大大拓展了我的眼界，让我受益匪浅。其中《马蒂尔德和她的钟》等也给我留下令我终生难忘的印象。他介绍的作品有一个共同的特点，就是特别富于人情味，其实人性、人情、人道也是他谈话的主旋律。有一次，他特地和我谈起他的一位同事、朋友，曾在给一个亲戚的信里发过几句牢骚，而这亲戚竟在“反右运动”中凭这封信向组织检举揭发了他，于是他被划为右派。后来在这个检举揭发他的亲戚结婚时，他还是寄去了一床绸缎被面作为贺礼。我当时几乎惊异得说不出话来。他苦笑着看着我，喃喃地说，“他是一个好人”。杭大四年，我们谈话越来越有谈心的内容，相处也越来越有朋友的味道。有时我一去，他就会说，尚文，今天你多坐一会儿，我请你吃家乡寄来的糕点。从杭大毕业后，有一次我去杭州看望他，他一定要留我吃饭，说是刚巧他在杭州的一位侄辈有好菜送来。后来他退休回到了温州。因校际交流或上函授课，我去温州的机会稍多了一些，当然每一次去，我都会去拜望他。他依旧是忙，不是应约为报纸杂志写稿，就是整理、编辑他的新旧诗作出版。1997 年，他作于抗战时期的诗集《风雨三月》得以再版，也给我寄了一册。读后感动之余，我写了一首七律，请金华的书法家何斌先生以他擅长的隶书书之，裱成一幅立轴给他寄去：

杭州大学中文系马骅老师

吾师健笔泻龙湫，戛玉流珠光九州。
血雨腥风诗益壮，雁山瓯海句添幽。
欲苏民病书生累，痴望河清赤子愁。
万里天容云渐散，长虹永挂我心头。

后来去看他时，我一进他的书房，他就指指他座位对面的墙上，原来那里挂着这幅立轴。这首诗诗意无多，只是想真实地描述他宽广博大的心胸于万一。他是书生，更是赤子，最难能可贵的是他并不以自己常常不能得到理解而感到委屈，"痴望"依旧，从不计较名利地位。马老师已经去世多年，但是，长虹永挂我心头！

童：常听您说起夏承焘先生。在杭大的前辈老师中，夏承焘先生是名气最大的吧？

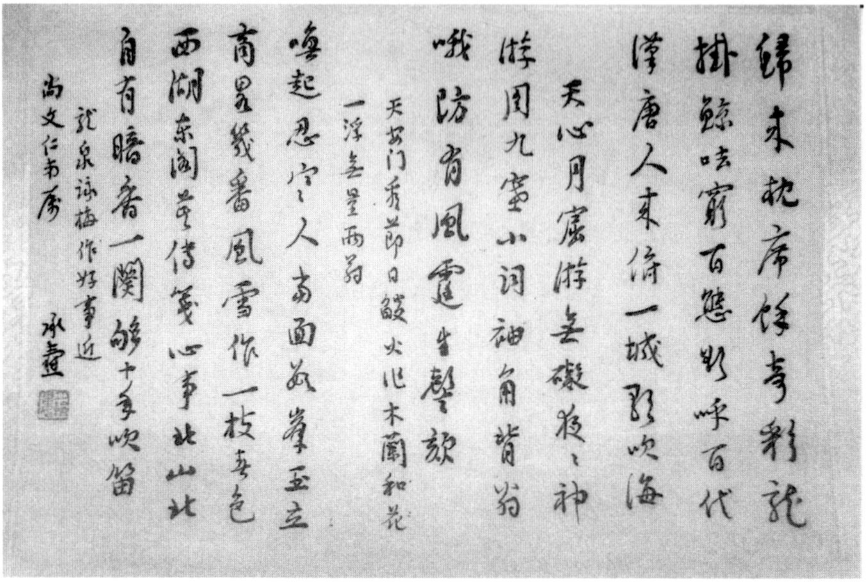

夏承焘老师所赐墨宝

王：是的。我的伯父是夏承焘老师在温州教中学时的学生，两人结下了毕生的师生之谊。从我伯父中学毕业，直至夏先生去世，两人联系一直未曾中断。因之，我和夏老师也有较多的接触。进杭大前我就在伯父住处看到过夏老师的一些诗稿，其中有一首就是我特别喜欢的《自赠》：

古如无李杜，我亦解高吟。
莫拾千夫唾，虚劳一世心。
江湖秋浩荡，魂梦夜飞沉。
脱手疑神助，青灯似水深。

头两句就深深震撼了我。读书人没有不崇敬李杜的，要学诗，也往往从读李杜开始；现在竟然有人敢说“古如无李杜，我亦解高吟”，该是何等气魄，何等胸襟，何等修养！我不禁悚然，若有所失，因为它把“我”超拔到一个全新的境地，回看原来的我是何等无知，何等渺小！当然它也让我肃然起敬，产生“高山安可仰”的惶恐。入学不久，我准备了几个问题，于一天晚饭后到他家拜访了他。我的问题之一就是，此诗的颈联和上下文是怎么衔接的。他对我的提问并不以为浅而不屑回答，反而兴致勃勃地讲开了：此承“莫拾千夫唾”而来，意思是自己要到广大无际的外在世界和灵动变化的个人内心去开掘、发现，写出仅仅属于你自己的感受来。这话顿时让我豁然开朗。问答间，来了五六位助教和研究生，我正想告辞，他却笑着挽留道：“我们一起谈谈。”我只好拘谨地默坐一旁。他们谈得非常热烈，也许是他发现了我的尴尬，就指着我介绍说：“这位同学是浙江遂昌人，汤显祖曾在他的家乡当过五年县令。”——这句话让我特别感动：我实在没有什么可夸奖的，就通过这种不同寻常的方式硬是把我和汤显祖拉上了关系。是的，我是遂昌人，几百年前汤显祖确实在遂昌当过县令，但对我这个人又能说明什么呢？我知道他是怕大家冷落了我这个低年级的学生，才故意这样说的。于是他们纷纷问起汤在遂昌的一些情况，我也变得从容多了。原来夏老师是如此平易近人，如此体恤学生。从此，我开始走近这位诗学宗师，开始慢慢走近古典文学。

童：人们习惯用“亲聆謦欬”“耳提面命”“如沐春风”来形容从师长那里获得的良好教益，这方面您的记忆与感受一定相当多吧？

王：那是的。在杭大读书的四年，我常去向先生求教，每次他都耐心细致地给我讲解，有时还要额外地谈一些他自己的治学经历、经验，从无倦意。而且，每次话别，先生都要把我送到门口。他中师毕业后，曾到一所小学任教。该校有五位老师，每天早上见面，“我们五个眼睛都布满红丝，相互看看都不禁发笑。他们是夜里搓麻将，我是读书背书。他们笑我不会生活，我笑他们浪费光阴”。说到背书，十三经，除了《尔雅》，他都会背。有一次，背着背着，居然从椅子上跌了下来。他多次对我说，“案头的书要少，心头的书要多”。做读书笔记，要“少，小，了”，意思是感想心得要经过深思筛选，篇幅宜短不宜长，但一定要把意思写清楚，不能贪图简省而使日后查阅时不知所云。他说，人要直，文要曲——天上只有“文曲星”，没有“文直星”。说罢，他自己也大笑起来。他读书之多，涉猎之广，诗学之深，有一例可见一斑。入学不久，有一同班同学曾特地从一本清人冷僻诗集中抄出两句，向他“请教”：“这是宋代哪一位诗人的作品？”他一看，说：“这不是宋人之诗，是清人某某某的作品。”这位同学回到寝室，连连大呼：“服了，服了！”

“人要直”，最典型的例子之一，就是1945年的《放顽》，小序云：“浙大师生写帖索还费巩教授，予署名其间，戚友或为予危，作此示之。”诗曰：

一士头颅索不还，千夫所指罪如山。
乌峰埋骨宁非幸，白简临门要放顽。

矛头直指国民党特务。1957年，他的学生任铭善老师——当时杭大的教务长被打成右派，批判高潮迭起，他一直没有参与。他的温情主义在同学中是出了名的，而且有关方面认为，只有夏老师出来批判，斗争才算胜利，方可收兵。由此可见他所承受的压力。一天下午，系里又要开批判会了，而且传说夏老师要发言。对他的发言，大家都特别关注。发言内容，主要是任铭善有严重的名利思想。我记得最清楚的是，他说到新中国成立前，一次浙大竺可桢校长来找任老师，要任老师担任中文系主任。任不在，竺找到了夏老师。任从外面回来后，“我告诉他，我已帮他回绝了。当时他的脸色非常难看”。我想，当年浙大要任老师当中文系系主任，说明任老师的学术地位；能够代任老师回绝，说明他们关系之深。我曾听前辈说，抗战时期，汪精卫曾有意请夏老师到南京伪中央大学任教，他丝毫不为所动。其间还有一件事不能不提，他得知一友人居然下水，当即严厉斥责，不假辞色。后来，此人在苏州狱中胃病甚剧，他又寄钱恳托苏州朋友时时买饼饵馈之。他的温情，基于大义，基于人道，更是基于对人性的深刻体察。这事可以说是对他温情主义最好的诠释。

说起他和任铭善老师的关系，我忘不了任老师四十初度时他送的一副贺联：

念尔嘉名，取人为善，与人为善；
是予至乐，南面教之，北面师之。

后来我教语文教学法，讲对话论，讲师生关系，总是要引用这副对联作为例证。

别说对任老师这样的大学者，就是对我这样懵懂无知的学生，他也总是采取平等对话的真诚态度。1975 年我路过杭州去看先生，顺便拿了几首在火车上写的习作请教。他看后拿出笔来，说："我们商量商量。"这"商量"二字给我的印象特别深。记得其中有两首绝句是写苏东坡的，一首他加了双圈；另一首有"梦里乌台西子雨，东依牛舍筑茅庐"两句，他问："你怎么说是'东依'？"我答道："他自己不是说'家在牛栏西复西'吗？"他笑了，亲切地说："'东'还是改成'来'吧，怎么样？"此处"来"当然比"东"好多了，我连忙点头称是。他又接着说："写诗有时不能太落实，要空灵一点。"由"东"而"来"，虽是一字之差，但我却觉得自己前进了一大步。现在我感觉到"东依"真是一个笑话，把我的幼稚浅陋暴露无遗，他却毫无嫌弃之意，仍然谆谆教导。

我的习作中有一首是写黄龙洞的，先生就提议一起去玩玩。快到黄龙洞的拐弯处，看见一个烂脚的老农民坐在门前，他就走过去问用了新药后病情有无好转。原来——无闻师母告诉我——这位老农民是孤老头子，他们是在散步时熟悉的，先生时常给他送钱送药。我们在走近黄龙洞山坡一片竹林时，他说前人曾有这样的好句子："直将一身穿万竹，忽然四面立群山。"其实夏老也是写景的圣手，如他描写莫干山的句子："云气黑沉千嶂雨，夕阳红漏数州山。"比前人实有过之而无不及。但他总是"取人为善，与人为善"，读他已经出版的日记，几乎无页不有他称道前辈、同辈和后辈之处，其中我熟悉的，除了任铭善、蒋礼鸿，还有吴熊和、蔡义江等老师，令人赞赏不已。

童：看来，在治学方面，夏先生对您的影响很深。

王：他对我确实关心，只是我没有什么长进，深感惭愧。1960 年《光明日报》"文学遗产"栏目要发我那篇关于李白的论文，当时提了五个问题要我进行修改。于是我去请教先生，他鼓励说"这很不容易"。由于正卧病在床，他就在病榻上写了一个条子请胡士莹教授给我辅导，只因胡老师不在，未果。同年，我因病休学，先生又特地带我到精通中医的陆维钊教授家里，请他给我把脉开方。先生还要我特别注意营养——当时快要到三年困难时期了，我信口发了一句牢骚："山区连油也缺呢。"先生笑笑，嘱我离校返家前再去他家一趟。我去了，他拿出事先包好的一捆香肠给我，说："这东西里面有点油的。"1960 年夏，我毕业时，先生送给我一幅他自己画的泼墨荷花，并在上面题了一首五绝：

月底疑无色，篱边恍有香。
西湖更可爱，红透映朝阳。

1984 年初，先生给我寄来一包东西，打开一看，原来是我在（20 世纪）60 年代初写的一篇关于苏轼的文章，连我自己都忘了。四五万字写在灰暗粗劣的稿纸上，我真后悔当时年少无知，竟然会拿这样的东西去消耗老师宝贵的时间、精力。看着上面他亲笔写的许多批语和纠错的字，我的眼睛湿润了。

吴熊和、蔡义江两位，当时虽是年轻教师，但都已崭露头角，在我们学生中口碑都极好。吴老师比较严肃一点，令我终生难忘的是毕业离校前去拜访他，我当时情绪比较低落，是他给了我切实的安慰和鼓励，说在中学里教书，仍旧可以做学问，只要自己抓紧时间。雪中送炭，即此之谓也。他晚年得了癌症，我曾多次去拜望他。记得有一次是送我刚出版的《后唐宋体诗话》给他，告别前，我和同去的我的学生董文明一起向他鞠躬致谢致敬，心中怅然久之。蔡老师，总是笑呵呵的，热情而幽默。他先是研究唐诗，后来成为"红学"权威。他只大我六岁，对我们学生都像朋友一样。"文化大革命"结束后不久，有一次见面，我们谈起黄巢的菊花诗，我仍持肯定态度，经他点破，真感到无地自容！"我花开后百花杀"，有多残酷而且血腥！顿时让我对自己有了新的认识，觉得前进了一大步！他的旧体诗写得很好，但对初入门者如我，却总是以鼓励为主，使我有了一点自信。

童：您在杭大是一个勤奋的好学生，夏承焘先生在他的日记里常常提到您。

王：勤奋，似乎如此，但"好"却谈不上。趁这个机会，我要郑重忏悔一件事。

1958 年秋，我们年级党支部书记李玉田同学通知我去系里开会。会议在一间小教室举行，有二十来个同学参加，由系总支书记浦光主持。浦光动员我们这些与会的同学暂不参加大炼钢铁，而要我们去批判夏承焘、姜亮夫两位老师的资产阶级学术思想。她的报告，我记得最清楚的是："我们杭大中文系之所以有名，全国各地学生之所以要来杭大中文系，就是由于有夏承焘、姜亮夫这两面'白旗'，我们现在就是要拔这两面'白旗'。"还说，你们开夜车，我们可以给你们送夜宵，等等。会议结束时，我们分成两组，每组约有十个同学，我在姜亮夫这一组。我们这个组还有一位中年老师，是系领导之一，还有一位青年女老师。

接下来就是看书、讨论。天哪！我们要批的是《屈原赋校注》，可是我们从来就没有见过此书，屈原赋也只在课堂上学过不多的几篇，没学过的基本不懂。姜老师的校注更没看过，怎么批啊！组里的老师说，校注的部分先不去管它，我们批的主要是它的繁琐哲学。于是，我们只得硬着头皮睁大眼睛横挑鼻子竖挑眼，千方百计去找它的毛病。虽然不多，我也一定有过"贡献"。其间，我曾和同组的两位同学到姜老师家和他交谈过一次。这次谈话，有三点我印象极深：一是他说起他父亲两兄弟是同科举人；一是他给我们看了他在清华国学研究院研读时王国维在他习作上写的批语；一是他在西南联大期间和闻一多交往甚密，管闻先生叫"一多"。我心里很是佩服、敬仰，但没敢说出来。后来，由老师起草的批判文章终于出炉了，却决定由我在批判大会上宣读。在大家的指点下，经过一番演练，一场闹剧终于上场了。我是读得有声有色，甚至慷慨激昂，现在想起来，只能用"可笑可悲"或"恶心"来形容。姜老师也来听了，坐在一张藤椅上。至今让我惊叹不已的是，自始至终他都是笑眯眯的，显得那么从容淡定。也许他当时就看穿了。

为了查考开会的确切时间，我翻了《夏承焘文集》第七册"学词日记"，1958 年 9 月 21 日至 10 月 12 日缺，10 月 13 日："夕云从（即蒋礼鸿老师——引者）来，谓校中前星期开科学研究会，有学生四人登坛，批予之词人年谱、唐宋词论丛、姜白石词笺。另有学生批判姜亮夫之楚辞校注，谓二人为中文系之两大‘白旗’。”经查，1958 年 10 月 13 日是星期一，由此基本可以确定批判会是在 10 月初开的。

夏老师 1958 年 10 月 21 日日记：“微昭（即陆维钊老师——引者）来谈近日批判学术权威事，谓前旬师院领导报告，今年须批判人物有章太炎、王国维、陈寅恪、郑振铎等五人，校内四五人，以予与亮夫为重点。”同年 10 月 31 日日记：“全日大会（浙江省政协与人代会合开第二届第一次大会——引者）发言。陈烙痕书记发言中提及学生批判唐宋词人年谱、楚辞校注二书。”1959 年 2 月 1 日日记：“有同事来说‘评唐宋词人年谱一文，初寄“文学遗产”，后要回交《求是》杂志，林淡秋与焦梦晓二院长同改’云云。”从中也可知道原来批夏老师文也是夏老师自己写的。

往事如烟，有时并不确切，我永远抹不去我心头对姜亮夫老师的愧悔，但也只能对姜老师的在天之灵说一句：数十年来我从来没有为此原谅过自己。

童：我真切地感受到您对“人”的关注和尊重。我在想，这种意识与观念，无论之于您日后的语文教师工作，还是作为语文教育研究者，都是相当重要的吧？

王：嗯，这个我赞同。

第二章　中学任教廿八年

初为人师

童：“恰同学少年，风华正茂，书生意气，挥斥方遒。”——我想，从大学求学到走上教师岗位，您一定是意气风发、踌躇满志的吧？

王：专业方面我似乎有点自信，教学方面我确实想着要有一番作为，不过，过程并非一帆风顺。

1960 年秋，我从杭大毕业，被分配到我家乡所属的金华地区，让我至今感念不尽的是有关方面把我留在了金华，分到了金华师范学校（当时称“金华师专”）。后来遂昌划归丽水地区，如果此时分配，我就极有可能会被分到丽水或遂昌，这当然也好，但以后调到浙江师范大学几乎就不可能了。几十年来，有时回头想想，命运中偶然因素的作用确实不可小觑。

我满怀期待到金华师专报到时，才发现原来它是戴“师专”帽子不久的中师，顿时心里凉了半截。还好，仍然有半截还是热的——总算是工作了，而且是为人师表，再就是可以拿工资了，可以自食其力了，可以给家里寄钱了。记得我第一次拿到的工资是 41 元，立即赶到邮局给家里寄了 20 元，自己的铺盖什么的，用的还是学校读书时的破旧东西。多少年来，我已成为习惯：每月一拿到工资总是先直奔邮局（后来调到金华一中则是蒋堂邮电所）给家里寄钱，只有我结婚那一个月例外，一直到我父母去世。

我在金华师专教学工作是认真的：免费读中师、高师的感恩心，面对学生油然而生的责任心，都在促使我努力工作，备课、上课、批改都不敢马虎。师范的语文教学特别重视普通话，而这恰恰是我的短板。怎么办？自己先补课呗！记得当时为了分清前头翘不翘舌、后面是不是鼻根音，不知花了多少精力！效果当然还是有的，但后来离开师范不久多半就都忘了——此是后话。

童：所谓“苦其心志，劳其筋骨，饿其体肤，空乏其身”，年轻的小王老师，一定也是经受了很多考验吧？

王：是的，工作之初，另一个抹不去的记忆是我常常感到肚子饿，相当难熬。记得来校报到安顿下来那一天去逛街，我嘴馋，看见糕点就想买，可是囊中羞涩，只能饱饱眼福。第二天，我们新来的几位老师商量了一下，就硬着头皮怯生生地问总务处能不能预支一点钱以应付急需，运气真好，果然就领到了钱，于是立刻兴高采烈地直奔食品店。万万料不到的是，就从这一天开始，买食品得同时付粮票，我们哪来的粮票？只得怏怏而归。——粮票倒是很快发下来了，可哪里舍得去买糕点？！每月22斤，支援灾区1斤，就只有21斤。每月算30天，每天只有7两！我是这样安排的：早餐2两，中餐3两，晚餐2两。当时我刚二十出头，够什么？而且由于荤菜极少，有点油的菜一餐只供应一碗，所谓“无油菜”也不是无限量的。我饿，白天夜晚总是饿。另外我印象深刻的是，学校曾请地区科协的专家来给我们全体师生做了关于提高“出饭率”的学术报告，虽然我认认真真照着试了几次，疗饥的作用并不明显。

快到中秋了，传来特大喜讯：有关部门给学校调拨了一批月饼，是苏式的，每人可买两只，不要粮票。分发月饼的事由学校小店实施。让我永志不忘的是，居然天上还连带着掉下了馅饼：一次，分明记得是在晚上，我和“共度时艰”的“同饥”或者说“饿友”张汉民兄一起到小店买东西。

老板娘看看没有别人，就问我们：这次分月饼有一些月饼碎屑留下来，你们要不要？一斤一毛七。我们喜出望外，连连答应，二一添作五，我和汉民兄当场就平分了。我仔仔细细用纸包好（当时尚无塑料袋），捧回寝室珍藏着。每当实在饿不过、熬不住时，才小心翼翼打开纸包慢慢吃上一两口，后味绵长，其乐无穷！

由老板娘的一问，我联想起王正明兄，因为同样惊心动魄。正明兄是我同届毕业的同学，还是同乡、同宗，分到金华师范学院工作。不久该学院解散，他分回老家遂昌工作。一次因事他来金华，我豪气冲天地请他下馆子，而且是去有名的清和园——吃一碗肉丝面！按当时的规矩，吃一碗面（除了面钱，同时付粮票二两半）就可配给二两半黄酒，我和他都不喝酒，但是不要白不要（酒钱当然是要付的，只是不要酒票而已），当然要，当仁不让嘛。可是我们勉强喝了一口，实在没有兴趣，就放下了。这时正明发现邻桌一位中年顾客正在有滋有味地品尝那随面配给的酒，就和我商量把我们的酒送予他。我说，你把吃过的东西给别人，想讨打是不是？正明极有把握地说：“不会的。”一边说一边就站起来把酒送了过去，并说明了原委。我在一旁提心吊胆地看着，准备随时前去赔礼道歉。哪知那位客人竟毫不犹豫地接下了，而且还对我们千恩万谢。正明回到座位，颇为自得地朝我看了一眼。此后，我更佩服他了。——我现在年届八十，记起王栋生（吴非）兄曾多次批评我幼稚，可谓真知我者也。

话且说回来。说了月饼，再说馒头。

话说月饼碎屑吃完，又过了好几个月，学期将要结束了，教工要举行大会餐。这一天，从早上起，全校就洋溢着喜庆的气氛。会餐菜肴不少，主食是馒头，是加拿大面粉做的，特别韧，特别香，照例要付饭票，一两一个。我反复盘算，今天菜吃得好，主食二两就减一两吧，下定决心只买一个尝尝。我真是过高估计了自己的意志力，哪里经得起那馒头的诱惑！稍一犹豫，就买了第二个。好吃，实在好吃！可今天营养已经够丰富的了，馒头已经吃了两个，没有理由再吃。——理由？什么理由？！今天是会餐，一年才有一次，就不能破例多吃一个？而且仅仅只是多一个而已！于是买第三个的想法油然而生。我拼死挣扎着，抵抗着，而且发了毒誓：若再去买第三个，我就是一个没出息的东西！可是，事实证明，哎，我确实没有出息！一位教体育的年轻老师嘴里咬着一个，手上还拿了六七个，酒气熏天，冲着我说："人生得意须尽欢哪，明日无米明日愁！老子今天就是要吃它一个饱！"他的豪情感染了我，天天挨饿，难道就不能饱它一顿？我终于开始后撤，但并没有完全投降。斗争良久，做出一个颇为大胆而且自认为富于智慧的战略决策：不是再买一个，而是两个；两个带来的满足感、喜悦感，一定可以抵挡吃第五个的贪婪之心。于是立刻付诸实施，几乎是跑步过去。"再来两个！"我一边拿出饭票一边说道，简直可谓"气壮山河"！

两个很快下肚。我空前地体验到了吃的快感、幸福感！这是人生最大的快乐！天下第一的幸福！世上无双的高峰体验！淤积多时的饥饿感、屈辱感、窝囊感一下子全都像豺狼虎豹向我报复性地猛扑过来，我崩溃了，我胜利了，我疯了！我真的发了疯了，不管不顾，居然一连吃了十四个！十四个哪！根本未曾想过，寅吃卯粮，往后的日子怎么办？

更要命的是，我没有一点后悔的念头！我问自己：我，还有救吗？——好在后来粮食情况逐渐有所好转。

童：嗯，这样的经历，是现在的年轻人闻所未闻，甚至想象不出的。好在年轻人是苦难轻易压不垮的。您如何继续在专业的道路上勉力前行？

王：对我而言，艰难是一种考验，是一种历练。1962 年，学校脱掉了"师专"的帽子，正式回到中师。我则调到位于离城 40 里的乡下蒋堂——金华一中。

高中和师范最大的不同在于：高中毕业生要参加高考，而这正是决定他们命运的关键。其实升学率是社会和上级教育行政部门评判学校业绩的关键，大家心照不宣而已。换言之，在学校升学率这一点上，来自方方面面的压力是完全一致的，可见压力山大。而教师所承受的压力则主要来自学校领导，还有就是你所教的学生。教学工作我丝毫不敢马虎，学生要参加高考的呀！学生很快接受了我。我在金华一中所教的第一批学生至今还有和我联系的，其中一个班的语文课代表舒文正，他在上大学时学的不是中文，现在也退休多年了，还在跟我学写旧体诗词。下面是他创作的七律《为祝贺金（华）一中六五届毕业五十周年作》：

十月金秋五谷丰，蒋堂阔别又重逢。
同窗旧谊醇如酒，异地连心美似虹。
落日余晖杯有意，流年逝水韵无穷。
且将祝福托鸿雁，万里晴空方寸中。

颈联原作“落日余晖仍有意，流年剩水可无穷”。他和我商量了许多次，我往往只是提示某字应改或可改，他自己反复修改，从无倦意，而且还愈战愈勇，最后“剩水思无穷”改为“逝水韵无穷”，我真的为他感到十分高兴！

有的落榜学生，会给我写信倾诉心中的苦闷，我写回信往往特别认真，总是给予亲切的安慰和真诚的鼓励。在我心目中，学生的前途是比天大的事情。记得每年高考结束后，都要抽调部分老师到杭州阅卷，我是去了一次就不敢再去了：我阅的是作文卷，打分时常常犹豫再三，下不了手，因为多一分少一分往往关系到该生被录取与否，（上）重点（线）与否，而又很难说出多一分少一分的理由；再说多打也不行，因为这一部分考生得了便宜，就意味着另一部分考生要吃亏。高考阅卷，后来再怎么动员，我抱定一个宗旨：不去！坚决不去！虽然可以趁此机会会会老同学，还可以多少拿点津贴，等等。我常常想起小时候祖父讲的故事：在科举时代，一个年轻时就开始应考、直到白头才被录取也当了考官的人，由于他恨透了马虎阅卷或不辨优劣而一再耽误他前程的考官，就对天发了毒誓——如果自己误判一份试卷，就让上天瞎了他的双眼，死了他的独子！后来他的两眼果真瞎了，独子果然死了！误判实属难免啊！我祖父慨叹道。我当然绝对不相信这故事，我之所以不去阅卷无非图个心安而已。

童：金华一中是全省知名的重点中学，学校教师也是卧虎藏龙。您一定有很多有意思的经历吧？

王：嗯，有一件事，似乎值得一说。——我是山里人，虽说是县城，不是“开门见山”，也是出门见山，窝在大山包围之中，视野确实并不开阔，胸襟自然就比较狭窄；当然也不能一概而论，但我小气确是事实，尽管不能完全归咎于地理环境。已经记不清是哪一年了，就在开始从教没几年吧，家里来信说，祖父病了，于是我立刻请了假回遂昌老家。去请假时教研组长不太爽快，但终于还是答应了。回校的当天晚上，老组长就急匆匆抱来一大沓讲义交给我，在我房门口对我说：“全校三个年级语文课明天开始都上这篇补充文章，二十八画生（青年毛泽东的笔名）的《体育之研究》，我们已经集体备过课了。为了大家进度一致，你明天也开始上吧。”从他的话里，我分明听出了刁难，似乎要看我的好戏。当时流行所谓集体备课制度，多半是为了帮助像我这样的年轻教师。这是一篇文言文，想必起码会有一些语言上的难点。你没有参加集体备课，看你怎么上？于是我答应得特别坚定、干脆：“好，一定！”

回到房间坐下，先给家里写了一封报平安的信，就开始备课。原来这是一篇浅近的文言，觉得问题不大，信心满满。于是又自然而然想起老组长刚才的脸色、语调，不免好笑：也太把人给看扁了吧。一边自得地想着一边又在翻看讲义，突然“曾文正公”这几个字从中跳了出来，扎进了我的眼睛。当时对曾国藩和所谓太平天国的认识远没有现在清晰，一味认定太平天国是推动历史前进的农民起义，而曾国藩则是镇压农民起义的刽子手，杀人如麻的“曾剃头”——这是当时人们无可怀疑的马列主义共识。我们的伟大领袖怎么会这样称呼他？这是一个问题，这是一个大问题！这是一个极有可能闹出大麻烦的大问题！——那几年阶级斗争的风声已经越来越紧。我该怎么办？我觉得我自有办法应付，学生不提我就一笔带过，“‘曾文正公’就是曾国藩”；若有学生照我刚才的思路提出来，我准备这样解释：毛写这篇文章时还很年轻，还没有接触马克思主义，他也有一个成长过程。我想，这样说该没有什么问题。尽管当时还不知道“神马都是浮云”，但不知怎么搞的，眼前又浮现出老组长的光辉形象，想：他有没有注意到这个问题？如果注意到了，他们集体备课时又是如何准备的？我有点好奇，更想看看他是怎么对待这个问题的。——现在轮到我来看他的戏了，心里不无快意。

这时已经十点了，我还是断然决定直接去找校长。校长毕业于北大哲学系，毕业前后参加了地下党，当时正致力于教学改革，还能听得进不同意见。而且，我猜想，拿这篇文章作补充教材极有可能是他的主意。老组长语文功底扎实，业余喜欢钓鱼，不太读书，未必会去想补充什么教材，尤其未必会注意到这篇文章。校长房间的灯还亮着，于是我敲门。

“谁？”

“我，王尚文。”

“我已经上床了，有事明天再说，好吗？”

“我有要紧的事，非今天找你不可。”

过了一会儿，他开门让我进去。我直截了当向他提出了我的问题。他皱起眉头，反复看文章。这问题显然引起了他的严重关注、严肃思考。接着他到隔壁，请来郑鸣雄老师，语文组的一位忠厚长者，了解到集体备课时未曾注意及此。

他终于做出了决定：这篇文章不上了，要组长连夜通知所有语文教师。

郑老师真是忠厚长者，他并没有告诉组长事情的起因是我，因为老组长也来通知了我，说，这是校长的决定。我说："谢谢你！"

其实，我完全可以不管这事。我的气量实在太小了；把这时间心力用于读书，哪怕用于休闲，不都是更好吗？更让我后悔不已的是，尽管我并没有在校长面前说老组长什么，我总觉得有点对不起老组长，但向他去检讨又觉得不合适。这事，搁在心里，真不好受——我悟到，即使难说是人性中恶的因子在起作用，但从动机看，无论如何不是与人为善之举！只得再三告诫自己：一已谓之甚，决不可再！也许与此事有关，后来我自己当了教研组长，自问对年轻教师始终是真诚的、友善的，绝无轻慢之意。

童：作为语文老师，经常会面临理想与现实的矛盾，最典型的压力就来自高考。您在中学任教，有没有遇到过"戴着镣铐跳舞"的苦恼呢？

王：说实在的，那时虽然已经开始追求升学率，但远远没有后来那么"邪乎"。当时还是比较重视语文教学本身规律的。即便如此，"反对片面追求升学率"的口号还是叫得非常理直气壮。我当时既不懂也并不重视什么教学理论，只凭自己的直觉去教。我觉得，首先一条是让你的学生对你的课有兴趣。为此，我讲课时，总是有意无意会溢出课文，例如介绍课文作者，若是我国古代的，我就会连带讲一点科举常识；若是现代的、外国的，会讲一点其生平逸事。讲课文内容、写作方法，一有机会我往往就会情不自禁地岔开去讲点相关相联的有趣内容。即便串讲课文语言，也总是力求生动灵活。我还常设提问环节，鼓励学生什么问题都可以提，这样做，似乎多少有些效果，表征就是学生一般都比较喜欢我的课。后来，学校要我专教文科班，我就找到校长，提出：学校不就是要分数吗？我一定给你起码不比兄弟学校文科班差的分数，但我教什么、怎么教，你们别来多管。校长居然答应了。

童：呵呵，这些做法都很有意思。您能不能继续跟我们说说您在中学任教期间语文教学上的一些管用的方法呢？

王：嗯，好啊。我有常用的几招。第一招，虽然我英语、俄语都学过三年（每周几节课而已），但远远没有迈进门槛，尽管如此，对我们汉语虽然灵活但有欠严谨这一点，多少有点认识，深知遣词造句母本的特殊重要性，也就是学我们汉语，背功是最要紧的基本功之一。我发现，学生虽然背过一些课文，但“夹生饭”的多，于是我就要求他们重背已经背过的课文。在动员时，我在黑板上写了“王尚文公式”：

9+0=0

9+1=10

并做了如下解释：你们以前花了不少功夫背得的课文，由于缺最后的那 1 分，现在基本上都背不出来了，正所谓“前功尽弃”，以前用的那 9 分功夫也付诸东流了。现在，我们就是要在以前背过的基础上再下 1 分功夫，以期功德圆满。所谓已经背过的课文，是从初中算起的，你现在高一，就背初中三年背过的；若是高二，就背初中三年加高一的，等等。时间？别担心，决不挤占你们课外的，我的语文课先不上新课，就给你们背课文。于是学生欣然同意。只要是语文课，我一走进教室，就说一个字：背！结果就是一片咿咿哇哇的读书声，好不热闹！读了一个星期，就要求学生按小组分头背，相互检查。

童：好一个“王尚文公式”，确实有个性，接地气，同时也很有效。

王： 我也曾跟学生开过这样的玩笑——上课了，我走进教室，向学生正色道："今天我要宣布高考秘诀，必须保密，你们把门窗关好。"学生真的把全部门窗都关得紧紧的。我又开门探出头去，左右看看，回来，说："现在走廊上也没有人。我就要宣布了，大家准备好做笔记。"我向大家扫视了一眼，然后拿起粉笔，转向黑板，写了四个大字：多读多写！于是哄堂大笑。我说："学语文哪有秘诀？真要有，就是多读多写！"

童：哈哈！您还有哪些特别的妙招呢？

王： 除了读、背，就是写。我要讲的第二招，就是让他们记日记。好多次参加我在金华一中任教时学生的聚会，他们往往会不约而同谈起当年我让他们写日记的往事：每上语文课，大家都自觉地把前一天写的日记翻开摆在课桌的角上，让我检查。我一路从这边走过去又从那边走回来，随机抽几位同学的日记看看日期，笑着说一句"很好"就算查过了，前后大概用不了 3 分钟时间。开学时我们就曾"约法三章"：他们每天都记，我只查你写过没有，决不看日记内容；每过几个礼拜，每人抄选出愿意公开的篇什经我略做点评后，由语文课代表负责出一期墙报，以相互观摩。有时我还会在课堂上就学生的日记谈谈我的读后感，随意发挥，当然主要是表扬，偶尔也会就问题、缺陷幽默几句，于是哄堂大笑，其乐融融。经过一段时间的苦苦坚持，他们慢慢尝到了甜头，我的常规检查也变成偶尔抽查，最后连抽查也免了。让我感到无限欣慰的是，每天写日记的习惯他们中有人居然一直坚持了下来，捉笔写日记，就像拿筷吃饭一样，成了每日的必需，觉得受益匪浅。

我想，在所有书面语言作品中，没有比日记更为随意自由的了：你想写什么就写什么，你不想写什么就不写什么。以之代哭，可以；以之做梦，也可以；就是拿它撒气，它也会乖乖忍着，绝不与你赌气。万一你连可撒之气也没有，那就干脆如实写上一句"我今天没有什么可写的"，难道就不行？只是别忘了打上句号。你想怎么写就怎么写，你不想那样写就不那样写，你不想这样写就不这样写。心血来潮时想来几句诗歌就来几句诗歌，管它像不像样；就是把人家拌嘴时的对白原汁原味地记下来，又何尝不可。你想写得长一点就长一点，短一点就短一点，短到一句话，哪怕只有一个字，也行。你想给别人看就给别人看，你想保密就保密。你想保存起来就保存起来，你想写过就撕掉那就撕掉——不过，我还是劝你别撕为好，过些日子它可能会还给你颇有意思的回忆和别样滋味的感受。记得鲁迅曾经受到银行可以开设支行的启发，除了原来的日记，还写过“支日记”，不过那是为了发表，写给别人看的，似乎已经被异化，实质上已经变得不是日记了。真正的日记，并不讲究动机、立意、主题、结构、文采，等等，也不必追求什么高品位、主旋律，更不必顾虑写作的效果、读者的反应——除了你自己，它没有别的读者。好比随意独酌，有如闲庭信步。自由自在，自然而然，可以说是日记之为日记的精魂所在。但既是日记，就得日日写，天天记；不过你要放下，它也无可奈何；日后你若想起来再继续写，它也不会埋怨你朝三暮四、嫌弃你用情不专。它可是始终对你忠贞不贰，不离不弃，百依百顺。但一旦养成习惯，上“瘾”了，你要不写不记，还真连一天也难以办到。

我的初衷只是通过自由随意的日记写作，消除学生对于用笔表达的畏惧感，进而有助于提高他们的写作能力，如此而已。现在看来，我当年真是小看了日记的功能。按张中行的看法，所谓学语文，就是学习用笔表情达意。日记所表达的，虽常有零碎、片段、随意的缺陷，但态度一般总是真诚的，用不着矫情做作；内容也是真实的，而非虚情假意。起码在这两方面，日记确实远胜过要上交老师批阅的正式作文。而且里面什么都有，记叙、描写、说明、抒情、议论，人生、家庭、社会、自然、宇宙，几乎都可以从中找到它的雏形，或者说种子。假若一旦养成了记日记的习惯，它和学生的成长就会自然而然形成一种相互促进、共同进步的良性互动关系。这是因为，在日记里与自我对话，几乎是必然的走向。用笔真诚、真实地表达也会慢慢成为他的心理定式，而在长期真诚、真实表达的过程中，他的语言表达水平也会自然而然得到提高，语文、人文就水乳交融地都在其中了。我坚信，自由、真诚的表达比基于迎合的虚情假意、矫揉造作的表达绝对更有利于学生表达的进步与发展。对于学生来说，说心里话一定比说谎话更为喜欢、更为轻松。我同样坚信，自由、真诚、激情一定能使学生的表达变得顺畅、生动，甚至富有创意。学生的心灵世界其实可以比为等待喷发的火山，他们确实有话要说、有情要抒，只要老师善于发现和点燃，必将呈现星火燎原的美好景象。我们要尊重学生，信任学生，从而点燃学生的潜能。我们不该也不能管得太多太死。教师多一点宽容，学生多一点宽松，这有利于营造一个良好的作文环境。

王尚文向张中行（左）请教

童：长期写日记有利于写作水平的提高，我相信大家都会认同。关键是，语文教师在教学过程中如何引导学生养成写日记的习惯呢？

王：作文不同于日记，应该讲究动机、立意、主题、结构、文采，等等，必须考虑写作的效果、读者的反应，教师应当要进行认真负责的指导、点拨、批改、讲评，等等，日记不应当也不可能取代作文。但是，作文收编日记也决不可取。真诚、真实地写作，“我手写我心”，当为日记、作文之所同。就此而言，作文又远不如日记，而这却是用笔表达的根本。因此，我觉得，可以尝试作文由日记开始，让作文在真诚、真实地以“我手写我心”这一点上成为日记的延伸。

我曾在《新语文写作》（广西教育出版社，2003 年版）一书的出版前言中指出，可以把中小学的写作分为如下三个阶段：小学阶段是儿童趣味写作——玩文字，玩词语，玩写作，让同学们在写作中享受游戏的快乐，希望大家都能由此而喜欢写作，初步养成正确的写作意向和良好的写作习惯。初中阶段是少年率性写作——依循成长中的少年归属和爱的需要、认识和理解的欲望，让同学们在写作中表现自我，探究生活。高中阶段是公民自由写作——通过小学和初中的写作实践，高中生对写作中的“必然”应当已经有所感悟，可以进入“自由”状态。因此，高中要突出作为一个公民的社会责任感。通过写作完善自我，参与生活，履行责任，这既是高中生的权利，也是义务。不管是趣味写作、率性写作还是自由写作，都是以真诚、真实为根基，以自由、自然为土壤的，作文和日记都是由此而开的花朵。我们不妨把作文看成是日记的延伸、提升，从日记开始作文，使写作永远走在由立言而立人的光明大道上。

在我的中学教学实践中，我悟出了语文教学的生活化原理，用现在理论化的话来说，就是：学生既是学习的主体，更是生活的主体；学习既是学习的需要，更是生活的需要；学习的“我”与生活的“我”应该是统一的，在生活中学习，在学习中更好地生活。例如，写作教学的生活化会极大地激发学生写作的积极性，极大地提高教学效果。写作教学的生活化首先是写作动机的生活化。写作不是作为一个学生学习的需要，而是作为一个人源于生活中的碰撞而产生的需要。我记不清楚是哪一年了，反正是毕业班的一次语文课，是上午的后面两节，出现了罕见的反常现象：几乎每个同学都心不在焉，情绪低落。我就问坐在前排的学生：“今天怎么了？”原来班上有一位女同学因病要休学了，而她确实是位好同学，和同学的关系都很不错；上完这两堂课，大家要给她送行。我灵机一动，宣布这两堂语文课不上了，就给她开一个送别会，每个同学说说自己的临别赠言。结果送别会开得非常成功，大家都动了感情，讲得非常真诚。记得有一个男生三年来没和她讲过一句话，其实他是想和她交谈的，但一次次机会都错过了。这次他讲得特别好，大家都不禁为之动容。最后她致答词，她本以为班上有些同学瞧不起她，这次休学，颇感失落、消沉，送别会让她消除了误会，决心重新振作起来，回家后好好养病，争取如期返校继续学业。——我觉得送别会的教育效果远远超出了我原先计划上的语文课，这让我终生难忘。后来我把这点感悟写进了《语文教育学导论》。我认为，如果把作文变成学生的生活形式，那么作文也会是他们成长发展的形式。维果茨基学派把语言表达分成“意义”和“目的”两个方面。“意义”就是客观地传递周围世界的各种信息，“目的”就是作者对他所报告的信息表示个人的情感和评价，只有“目的”才是语言表达的动机和核心。

童：明白了。除了上面讲的两条，您能不能继续跟我们讲讲您的其他独特“心法”？

王：呵呵！那就继续说说我自己在教学过程中摸索出来的实践心得，

也就是第三招——购阅《读者文摘》。在《读者文摘》更名为《读者》以前，我就让学生和我一起购买它的合订本，家庭经济有困难的可以跟人合买，个别的不买也没问题，向同学借阅就是。合订本寄到时，大家欢呼雀跃，都非常高兴。我当晚就开始从中挑出我觉得有意思、可以作为范文来读的文章作为教材，第二天的语文课就讲这挑出来的文章。它们往往都比较贴近生活，用现在的话来说就是比较接地气，学生一般都很感兴趣。但我的“主题”不在此，是要学生选出自己最喜欢的两篇文章也作为课文（一篇正式，一篇备用），由自己当老师给同学上课——当然只能分组进行，否则没那么多课时。我认为学生自己选文章备课讲课，就是最有效的课外阅读。几天前，（一九）八四届文科班的学生回忆起我让他们互改作文的往事，还觉得非常有趣、有益。

第四招，由各科课代表向任课老师请教如何阅读自己这科的课本，并向同学汇报。我以为这有一举两得之效，既有利于学生更好地学习该科知识，也有利于提高他们的阅读能力和写作能力，因为各科课本一般都是优秀的说明文、议论文。

第五招，高考前个把月，主动为其他学科让路，决不布置任何课外作业，而且，语文尚可而其他学科有短板的学生可以在语文课上复习各自的短板课程。我以为这段时间对于语文来说，再怎么用功也难加分。语文课主要用于作文，先是让学生出作文题目，接着就讨论某个题目的作文该如何写，百家争鸣，百花齐放，希望能够打开学生的作文思路，做到碰见任何题目都能上去“砍杀”一阵，拿到及格的分数。讨论中，学生充分发表意见之后，老师最好能够说几个“意料之外，情理之中”的方案，因此备课必须格外认真，真正让学生感到山外有山，天外有天，山重水复疑无路，柳暗花明又一村。

几乎每届学生都会要我猜作文题目，我每次都坚决拒绝。最主要的原因，不是谦虚，而是我真的没法猜，一点把握也没有。胡猜瞎编，反而会害了学生，一看题目不是老师所猜的而自己又下过功夫认真准备过的，情绪必定大受影响，有时这种影响甚至是“致命”的。

童：您前面讲到考试分数，我想，您当时也不可能不在乎学生的考试分数吧？——不知道在您这些妙招使用了之后，您班里学生的考试结果如何？

王：哈哈！那些年每当高考阅卷以后，我就在等分数。一听说分数出来了，就连忙赶到市教委去抄。每当遇到一个好分数，就高兴，遇到一个低分，就惋惜就担心，真所谓心潮起伏，战战兢兢，大气都不敢出。一个一个的分数抄完，马上算平均分，那时没有手机、计算机，（算分）是一个不短的过程。平均分数出来了，因为没有比较，无所谓好坏，关键在于和市属重点学校的文科班相比。总算运气好，每年都比他们高那么一点，是的，不多，一点而已。不过，一点似乎也就够了。

童：王老师，您在中师、中学上课生动精彩，富于激情，又没有架子，对学生尊重、爱护、关心、体贴。至今还有不少您当年在金华一中教过的学生对您交口称赞，满怀感激之情。不久前我遇到您的一位学生——毛力群，她谈起一个细节：有一次上课时她低头偷偷看《小说月报》，您走过来拿起一看，她正紧张时，您轻轻说“你看完借我看一下”。她说，王老师当年的威信来自他的学养和人品，总是注重培养我们学习的兴趣，而非严厉地管制。

王：我总觉得，师生师生，其实是互为师生。教师是师范学校培养出来的，更是学生创造出来的。因之，我对“一日为师，终身为父”的老话特别反感。这其实是一种专制礼教的“流毒”，骨子里是强调学生对教师的绝对服从。父和师，是两种不同的角色，虽然也有交集。我感激我的老师，但从无“为子”的责任感，也并不为此感到歉疚；我更感激我的学生，因为是他们鞭策我不断成为教师。教师是“成为教师”的过程，其间，作用最直接、最持久、最强大的是学生。只有面对学生，教师才有成为教师的愿望和自觉、责任与行动——以教师的规范要求自己成为教师。“三人行，必有我师”，“三人”者，对我来说，除了我自己，另两位就是学生和朋友，而朋友中有不少就曾经是我的学生。

老师实际上离不开学生的塑造，面对学生真诚、渴望的眼神，你能无动于衷吗？你能马虎敷衍吗？你能欺骗撒谎吗？我以为师生就是朋友，老师是引导者。我非常珍惜我和学生的友谊，我最要好的朋友中，有不少是我曾经的学生，当然也包括像西渡这样的中学学生。

“文化大革命”中，我被要求主动交出所谓“封资修”的书籍。我当时几近绝望，除了“红色经典”，把所有的书都丢进红卫兵放在我寝室门口的几只大箩筐里。这天，我早早熄灯睡了，可怎么也睡不着。“笃，笃，笃——”响起了敲门声，不是粗暴的，而是温柔的，几近胆怯。我立刻起来开门，一位学生站在门口，塞给我一个纸包，轻声细气地对我说：“这本书你应当留着，是我从一堆一堆的乱书中特意找出来的。我走了。”接着便闪入黑暗之中。

我打开纸包一看，是《李白研究论文集》，中华书局 1962 年出版的，里面收有我发表的第一篇论文。这是以前的我的骄傲，因为我的名字和陈寅恪、闻一多、杨宪益、俞平伯、朱光潜、孙楷第、林庚等一些大家名家排在一起。（20 世纪）60 年代初有所谓“一本书主义”，后来又发展为“一篇文章主义”，我就是这一篇文章，这一篇文章就是我。我把它给丢了，实际上也就是把我自己给丢了。这不是匆忙中的疏忽，不是昏乱里的大意，我是有意把它丢弃了的。这位学生却冒着风险把它找了回来，并且郑重其事地交还给了我。

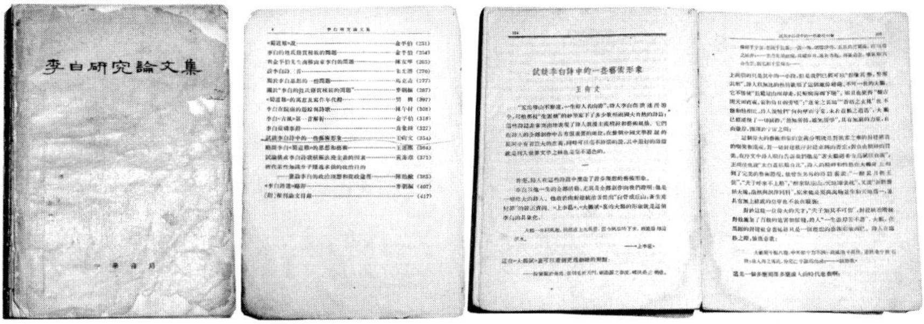

收录有王尚文《试谈李白诗中的一些艺术形象》的《李白研究论文集》

我捧着这本书，抚摸着，翻看着，我的眼睛湿润了。他，这位学生，没有迷茫，没有绝望，并且还为我点燃了希望之光，让我在迷茫、绝望中找回了我自己，得到了新生。他教育了我，难道他不就是我的老师吗？！

难忘苏东坡

童：王老师好！您的学生与朋友都说您有很深的“东坡情结”，是吗？

王：是的。在金华一中做语文老师，教学虽然认真，可我忘不了我的苏东坡。大学本科后期，我发现自己外语不行，就转向攻读我国古典文学。

陶渊明、李商隐、龚自珍都曾经是我钟情的对象，后来终于决心此生就跟定苏东坡。夏承焘老师指点我先读王文诰的《苏文忠公诗编注集成》，说是前面的“苏诗总案”就相当于他的年谱。我始终念念不忘。参加工作以后，就想购置包括王著在内的有关基本书籍。托人到上海古旧书店一问，不便宜啊。怎么办？给老家的钱断不能不寄，我当时年纪虽轻但烟瘾已重，戒是不可能的，怎么办？我就设法去买“黄烟”（一种当地农民自种的土烟），两毛钱就可以抽一个礼拜，比抽香烟便宜多了——我平常抽“雄狮”，一毛八一包，连两毛四一包的“新安江”也很难得抽，至于两毛九一包的“利群”往往连过年也舍不得买。

童：我在想，在早先物资匮乏的岁月里，对一个古代作家的这样一种执着专一的感情，要长期地维持着，其实并不容易。

王：是的，确实如此。那时我很快就发现，不能只读苏东坡，（研究苏东坡）首先得有一个稍稍开阔一点的背景和基础，包括文学批评理论等。特别是我觉得自己的文言阅读能力尚未真正过关，于是决定先读《史记》。还好，金华一中藏有日本汉学家泷川资言的精装本《史记会注考证》，这让我喜出望外。

说起我当年读《史记》，必须说说陈冬辉老师。人的直觉，有时真真颇为神秘。孔夫子的画像，小时就已多次见过，可始终没有在心头活起来，后来在杭大听陆维钊老师讲先秦诸子，忽然觉得他的模样就是孔夫子。此后每次接触孔夫子，陆老师的音容笑貌就会不召自来。颜回呢，在我的心目中，就是陈老师。——中学教师队伍，可真是藏龙卧虎之地。

“一箪食（sì），一瓢饮……回也不改其乐”，确实就是陈老师人品的写照。在反右斗争中，陈老师虽无一句右派言论，但还是服从组织某种需要，被端端正正戴上了右派帽子，蒙恩责授下乡劳动，每月只得一点十分可怜的生活费，师母也受到株连被辞退了。子女又多，且未成年，生活的拮据困顿自不待言，但在下放返还时他却完成了一本文字学专著。

书稿我曾见过，厚厚一沓，极为粗劣的稿纸上面是一个个端正秀丽的蝇头小楷。

20 世纪 60 年代初，他终于回到金华一中重操旧业——他原是一位名满浙东的资深语文教师。我读《史记》的过程中，每有疑难，总是首先向他请教，有时一日竟至数回，他却从无厌烦之感，总是欣欣然一一给予详尽周密的解答。有的问题，他也会坦率地说："这，我还得再查一查，想一想。"过了几天，我自己或许已经淡忘了，他却郑重其事地跑来告诉我他查阅、思考的结果，令我既感动又惭愧。有的时候，他专来告诉我他发现的一首好诗或一副好对联，与我分享。如"二十年贫病交加，纵我留君生亦苦；七千里翁姑待葬，因君累我死犹难"，就是他从王力的《汉语诗律学》中发掘出来告诉我的，至今我在讲课时还时常拿这副对联作为例子。我们之间的交往，基本上就是这样一种特殊的师生关系。说"特殊"是因为他总是称我这个学生为"老师"。除了学问和天气，我们从不越雷池半步，我深知这是他对我的爱护，在我却是为了节约相处的宝贵时间。我对他这个右派，有的只是尊重，这不单是因为他的学问，更是由于他为人处世的仁者气象、贤者风范。

那些年，冬天他常穿一件打满补丁、露出棉絮的短大衣，但从无怨苦状、怨恨状，永远那么平和、安详。我曾经是工会委员，开会的主要议题就是发放生活困难补助。当时生活困难者几乎都巴望拿到，有时还会为有无、多少发生矛盾。一次经讨论，决定给他也发一点。这对工会来说是需要勇气的破例之举，我自然十分高兴。但后来工会主席张光老师告诉我说，陈老师不想要这补助，如果可能的话，只希望给他的妻子找点零工做做，争取自食其力。一次，快过旧历年了，我送了极其微薄的食品给他，不料他却买了价值高出许多的东西回送于我，使我后悔不迭，内疚不已。他喜抽烟，抽一角八分一包的“雄狮”，我去他那儿，他给我抽的却几乎都是“新安江”，甚至“利群”。他每次到我这里，总是点着烟来的。开始我并未注意这一细节，久而久之，才知并非偶然。后来，他把烟给彻底戒掉了。我知道，这主要不是出于健康方面的考虑。读完先秦的部分典籍和《史记》《汉书》，有一次我跟他谈起今后想比较系统地读点古诗。他居然买了一本《古诗源》送我，让我不知说什么才好。我是一个没有什么藏书的书生，更无一本所谓珍本、善本，但在我这里，这本普通平常的《古诗源》比所有的珍本、善本都珍贵。

不久，他被剥夺了上课的权利，去管图书了。他接手时，一套“万有文库”早已七零八落，“溃不成军”。他除了做好日常工作（这已经够他一个人忙了），出于对书的天然感情，他一本一本地搜集起来，重新分类、编目。为了使学生有更多的时间看报、借书，他硬是改变了多年午睡的习惯，增加了午后的开放时间。

最使我难忘的是，在“文革”中他依然没有愁苦状、怨恨状，依然那么平和、安详。于是我又想起了颜回。

陈冬辉老师退休时，我不忍看他孤凄地离去，就自己炒了几碟小菜，买了老酒请他。送别时，我说了些多多保重之类的话，心里不免黯然久之。当时我并未料到他的晚年还能为《汉语大词典》的编写发挥那么巨大的余热——他是这本词典的主要编纂者之一。

陈老师退休后，我想念他，就在苏诗中集了一首绝句，抄在一张宣纸上送他：“胸中云梦自逶迤，通介宁随薄俗移。庭下已生书带草，流年自可数期颐。”我的书法不行，但我的心是真诚的。

陈冬辉老师于2002年逝世，我曾作挽联哀悼：胸罗经典万卷，手栽桃李千树，总为教坛学苑增色；求真求美九秩，亦师亦友卌（xì）年，无怪晚生后辈伤心。

古人云“韩潮苏海”，诚不吾欺。读来读去，因东坡还有关于《易经》的著述，我就开始读《易经》，但最终还是没能啃下来。海，即使只是想望到它的边，也不是一件容易的事！但这并没有让我知难而退，反而增加了我阅读、探究的兴趣、勇气和韧劲。只是不能心急，难得也写点其他文章。现在记得的有发表在《光明日报》“文学遗产”栏目的《读李义山的〈行次西郊〉》，发表在《文史哲》上的《论〈水浒传〉宋江的形象》，发表在《清明》上的《艺术形象的灵与肉》，前后跨度达约 25 年。

讀李义山的《行次西郊》

王尚文

王尚文 1961 年发表在《光明日报》“文学遗产”栏目的第二篇文章

童：哦，原来背后还有这样曲折的故事呀。——那么，您现在怎样看您当年对苏东坡的研读呢？

王：我觉得把研读苏东坡和教语文割裂开来、对立起来是错误的，起码是片面的。只要不走极端，不为了苏东坡而荒废了教语文，把握好其间的度（就行）。我认为，一个语文老师研读苏东坡或是卡夫卡，或是汉语史或是《佩文韵府》，甚或是一个哲学问题，等等，都不但不应该反对，还应该予以鼓励。如果可能，还应为他创造必要的条件，因为这有助于提高整个师资队伍的水平，教好语文。我绝不以为语文老师只要捧牢一本语文书就能教得好，语文老师可以而且应该要走向更广阔的语言文学天地，搞学术、创作也都很好。

童：冒昧地问一句，关于苏东坡，您写过什么论著没有？有关成果发表了吗？

王：唉！惭愧惭愧！我只写过一些相关的读书笔记，而且还不少，也曾形成过论文的初稿，但从来没有发表过什么。不过，我也并不过分自责，因为我没有也不可能全力以赴，我不能忘了我的本职工作。最主要的是，我觉得此生能够认识苏东坡、阅读苏东坡、对话苏东坡，就已经很幸福了，应该感恩苏东坡。

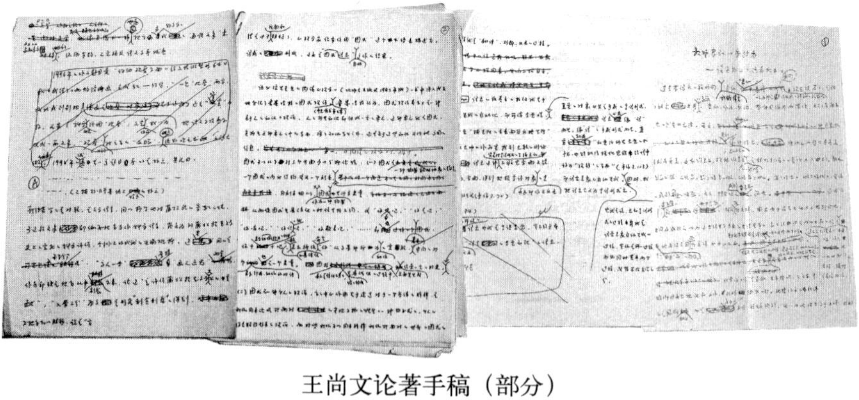

王尚文论著手稿（部分）

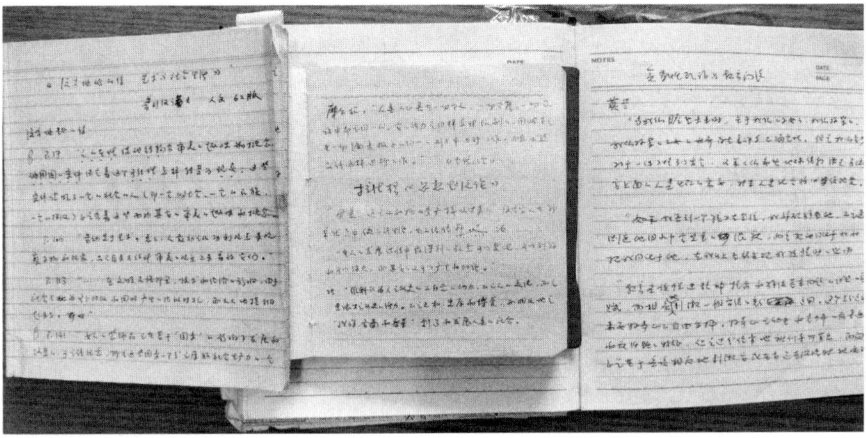

王尚文读书笔记（部分）

童：关于苏东坡，您有什么心得？

王：心得当然是有一点的，只是说不上有什么价值。

童：您能否稍稍具体一点跟我们说说？

王：我最欣赏的就是他的自然而然。他临终时的表现最能说明这一点。他是1101年农历七月二十八日去世的①，二十五日已自知“有不起之忧”，但在该日给僧人也是老友维琳的便条中说：“然生死亦细故耳，无足道者。”——说“无足道者”易，真以为“无足道者”难，尤其是在真正面对死神的时刻。次日在《答径山琳长老》结尾说“平生笑罗什，神咒真浪出”——东坡自注云：“昔鸠摩罗什病亟，出西域神咒，三番令弟子诵以免难，不及事而终。”即使东坡真信所谓“神咒”的神奇功效，他也不愿以此来干扰关于生死的自然安排。他愿意听其自然，即使生死大事亦然。在这一点上，是不是可以说东坡的境界高于鸠摩罗什？二十八日弥留之际，维琳呼告曰：“端明宜勿忘西方！”东坡回应曰：“西方不无，

① 曾枣庄：《苏轼评传》（修订本），四川人民出版社，1984，第310页。

但个里着力不得！”另一友人说：“固先生平时履践至此，更须着力！”东坡最后说：“着力即差！”他就是拿定了主意：听其自然，从容、安详地走向死亡。鸠摩罗什临终试图自救，乞灵于所谓“神咒”，固无可厚非，苏东坡则始终一任自然，似更不易！我敬重鸠摩罗什，我更佩服眉山东坡。其实，我觉得“着力即差”四字，也真正道出了他诗文创作的风格。他的诗文，好就好在自然而然，不做作，不勉强，丝毫不见“着力”的痕迹，几乎从无生硬的字句。“明月几时有？把酒问青天。不知天上宫阙，今夕是何年……”“壬戌之秋，七月既望，苏子与客泛舟游于赤壁之下。清风徐来，水波不兴。举酒属客，诵明月之诗，歌窈窕之章……”正如他自己所说：“吾文如万斛泉源，不择地而出，在平地滔滔汩汩，虽一日千里无难。”苏东坡说什么都那么自然而然，写什么都那么自然而然，古今罕有其匹！

传曰：言为心声，心生而言立。他的为人处世、写诗作文，“自然而然”好像只指行为之流，而其实质则更是指其源之深厚、丰盈、自然、清澈、甘美，即植根于其人性深处向上向好的倾向与愿望。自然而然这一境界之难到，言固不易，其源头——心灵的高尚美好则更难得，清词丽句是琼思玉想自然生成的涟漪，而琼思玉想则是高贵心灵自然而然生成的波纹。它们贴合无间就是“自然而然”，这就是作为语言艺术的文学的最高境界。“明月几时有？”造语自然，如同寻常口语，其美其好实源于他想象的天真高妙。譬如王安石落魄了，“东坡自黄徙汝”途中，过金陵，特意前去拜访：“轼今日敢以野服见大丞相！”荆公（注：王安石爵位“荆国公”）笑曰：“礼岂为我辈设哉！”此后两人多次见面。一次苏东坡说“我有话要对你说讲”，王安石不由得脸色为之一变，以为他要翻出不愉快的老账来——东坡曾经反对王安石推行新法遭到变法派的凶残打击，便接着说：“你要谈往事？”苏东坡说：“我要说国事。”接着便以“忠言”劝之：大兵大狱关系天下兴亡，当前形势你不能坐视不管。王安石答以“不在其位不谋其事”。苏东坡正色道：“皇上以非常之礼待你，你岂能以常礼待皇上？”字字句句出自肺腑。东坡本来就是为天下好，为朋友好，压根儿没有计较个人的恩怨。出乎荆公意料的东坡之所想，其语“自然而然”也。与此相辉映的是，司马光掌权时，东坡不满其不分青红皂白，逢“新”必反，还不听劝阻，于是骂曰“司马牛！司马牛！”“司马牛”这一骂法生动新颖，但东坡此时此事此骂不但没有一点借机报复变法派的念头，更丝毫未有讨好司马光的意思，想的念的就是国家好、百姓好。

还有一个令人难忘的细节，在变法、保守两派斗得你死我活之际——此处“你死我活”不是形容斗争之激烈，而真的就是你死我活，东坡曾被打入大牢，有杀头的现实危险。据记载，宋神宗一时也拿不定主意，曾密令一小黄门（皇帝身边的太监）夜间去探察东坡的动静。这天夜里，东坡已经睡下，忽有一人开门进来。苏轼以为是新来的犯人，未予理会，顾自就寝，不一会儿便鼾声大作。次日小黄门如实向神宗汇报，神宗由此判定苏轼“心中无事”，终于决定从轻发落。我要说的是，东坡徘徊于生死线上，夜间仍旧能够“自然而然”入睡安眠，这是从心底里看淡了生死，酣眠源于看淡。这等人生境界，哪里是我等常人所能望其项背！

苏东坡最佩服陶渊明，因为陶也崇尚自然而然。陶渊明的诗，他一一写了和作，这自古以来也许是独一无二的。

不过，我觉得他最伟大之处并不在此，而是从不以为自己伟大。东坡曾说：我“上可以陪玉皇大帝，下可以陪卑田院乞儿”。又说“吾眼前见天下无一个不好的人”。我说我要和他交一辈子朋友的胆量和决心即来源于此。他是一个自觉的人道主义者，极富人情味，此乃他不同于古代其他文人的最突出之处，或者说是最可爱也是最可敬之处。

童：明白了。除了开展研究工作，您是不是写过有关苏东坡的诗词作

品呢？

王：没有，好像没有。

童：哈哈，有哇，我记得在您的《玉元小草》里面就有。

王：哦，我记起来了，是有一首词《临江仙》，是冒昧代苏东坡回应上海复旦附中黄玉峰老师的：

玉峰兄夜游鄂州西山，秉烛读东坡老梅石碑，以老梅口吻作临江仙见示，兹以东坡口吻答之。

归去千年似一瞬，无暇回首人间。感君秉烛到西山。相逢如故旧，题襟结诗缘。尝恨此身非我有，江头海角天边。幸凡尘自有桃源。葆天真一点，随处可登仙。（二〇〇八·一·七）

此处所说“葆天真一点”，“天真”也就是我刚才所说的“自然而然”的意思。

童：您课余读书思考的重点由苏东坡转向语文教育理论，确切地说是在什么时间呢？

王：所谓“转向”，其实没有明确的时间，而是一个比较长的酝酿过程。意识到语文教育理论的意义，冒出从事相关研究的念头，可以肯定的一点是在“文化大革命”之后。从教多年，我几乎不去理会什么语文教育理论，甚至也未去注意什么教学大纲之类的教学指导文件，教研组的教研活动多半也是研讨语文而不太关注教学理论。在当时我以为教书和所谓业余读书还是两张皮，以为没什么联系。

在“文化大革命”结束之后，有一个问题时时纠缠着我，挥之不去，有时竟至深夜难眠：我们可爱的学生为什么会仿佛一夜之间变得那么野蛮、冷酷、凶残，到处烧书、打人？我想，这个问题不弄明白，我们的国家、民族就还有再走弯路再遭浩劫的极大可能。在这个问题面前，苏东坡好像有意疏远了我。几年间，几经犹豫，几经反复，终于下定了“学术立己，教育报国”的决心。我收起了有关东坡的书籍、资料以及我自己相关的读书笔记，取出珍藏的苏东坡像，以几碟蔬果祭拜之，向他告别，并郑重约定退休后再见。在我向他三鞠躬后，想起他被贬海南所谓瘴疠之地仍然热心普及文化教育，我突然感到我这是真正走近了东坡，不禁流下了两行热泪。前些年，我东看看，西望望，终于发现语文的星空值得我终生守望。

童：明白了，从中学“跨越”到大学，是您生命中最为重要的一步。我想，您从金华一中调到浙江师（范）大（学）一定困难重重，很不容易吧？

王：这过程不是“不容易”三字所能说尽的，几乎可以写成一部小说。想调动，光想不动，足有几年吧。接触语文教育的相关理论，首先引起我注意的是当时普遍认同的“语言是工具，语文课是工具课”这一基本观点以及有意无意贬抑文学的倾向。这让我惊异不已，我深深感到问题似乎有点严重。如何认识语言的本质和语文教育的价值和规律，这于语文教育而言意义重大。我并不觉得“风景这边独好”，只是由衷意识并感受到语文教育确确实实关系到亿万青少年的健康成长，自己如果能在“守望”中有所发现，自己真能在追寻语文价值、规律的过程中有所贡献，也就不虚此生了。但我对于此所必需的哲学、教育学、心理学、语言学等所知甚少，光靠业余这点时间是远远不够的，而两个班的语文教学任务也实在不轻，我也不敢有任何的马虎。于是在 1987 年我最终下定决心争取调往浙江师大任教语文教学法，并开始付诸行动。

我最先是和我杭大的老同学——已在浙江师范大学任教的胡尹强商量，得到他全心全意的支持和帮助。在金华一中方面，我口头、书面不断向学校坚决要求调出，他们则是坚定表示这不可能。星期一晚上全校教师例会，一次在会前我跟校长不经意地说，等会儿麻烦你通知语文组的老师会后留一下（我是多年语文教研组长，常有这种事），他答应了。会后同组老师果然都留了下来，我当即表示，我要求调动，这组长不当了，请大家再选一个。可大家面面相觑，都不吭声。这完全在我意料之中。我就说，那我提议王旭初老师接任，各位意下如何？依旧是面面相觑，都不吭声。最后我说："大家既然没有意见，那就这么定了。散会！"我看到，这时校长还在讲台边和别人说话，我趁隙向校长汇报了刚才的事，他似乎有点意外，但也没多说什么。后来，有一次他专门来找我，郑重其事地对我说："下学期，我们学校有一个特级名额，一定给你，你还是安心留下来吧！"我回答说："我已经安心二十六年了，距离退休年头也不多了，特级的名额请留给别人，你就放我走吧！"

我不会因为什么特级或别的什么而动摇我的初心：我深知我就快五十了，留给我研究语文教学理论的时间实在太短，但我不求个人的什么，只要努力过就行，但首先必须争取这努力的机会。倘若争取到了，即使最后一无所获，我也无怨无悔，退休后还是和苏东坡游赤壁去。在师大这面，先由胡尹强向中文系领导提出，分管领导陈葛满老师表示了积极的意向。后来师大人事处师资科长刘剑虹老师曾找我面谈，看来刘老师对我的印象似乎也还不错。由于语文教学法教师缺人，他为我的调动跑一中，跑省厅，终于让我如愿以偿。调入以后，有好几位熟人劝我可以要求去教古代文学，说是教教学法不受重视。当然都被我拒绝了，我岂能因"不受重视"而放弃我的初心。我谢谢他们的好意，但我也不是为了受到重视才到师大来的，再说受到重视也不是我从事语文教育研究的动力。

童：个中滋味，真的可以说"不足为外人道也"，旁人真的是很难理解得了的。

第三章 大学任教二十年：语文教育理论研究

呼唤语文教改的第三浪潮

一、“人文论”破土而出

童：王老师好！由中学调到浙江师范大学，应当是您人生的一个重大转折吧？

王：当然。我到浙师大报到以后，非常兴奋，也充满期待。但也感受到朋友提醒过的“不受重视”。这，应当说我在调来之前已经有思想准备，只是来了以后发现原先的思想准备不太够用罢了。还好，我根本不在乎。后来我意识到，有些大学老师瞧不起我们“中教法”（即中学语文教学法）是完全可以理解的，因为我们的学术底子的确比较浅比较薄，怪不来别人。——当然，从根本上说，人与人之间，学科与学科之间，都应当相互尊重，哪怕你得了诺贝尔奖，也没任何理由瞧不起一个文盲，而应当给予“同情地理解”，充分尊重他的人格。我可能有点“阿 Q”，但我觉得以自己的学科傲慢或自卑都多少有一些性格上的缺陷。我真的不在乎“不受重视”，我也压根儿没有受到伤害的感觉。可以说，我是 1988 年 9 月 1 日怀揣着“呼唤语文教改的第三浪潮”的热望，来到浙江师范大学报到的，“语文教改的第三浪潮”焐热我的心。

童：“语文教改的第三浪潮”，这是您第一部专著的名字。——这个概念的内涵一定很丰富吧？您能否先简要地跟我们说说呢？

王：好的。这是我在 20 世纪 80 年代后期对我国 1949 年以来语文教育发展历程的一个概括：在先后经历了以片面强调语文学科政治性为基本特征的第一浪潮和以片面强调工具性为基本特征的第二浪潮之后，我以为应当掀起以突出人文性为基本特征的第三浪潮。

童：明白了。您是“第三浪潮”的提出者、呼唤者。这是以您的专著《语文教改的第三浪潮》的出版为标志的吧？

王：是的。这本书出版于 1990 年 8 月，当时只印了 3000 册，几乎没有产生什么影响，但就我个人来说，这是我人生的一件大事。书稿最初由西渡介绍给了一个出版社，对方也答应了，但要求改为“语文教育概论”之类的书名。我没同意。一则，书名改了，内容就得做相应的调整；再则，也是更重要的，我觉得呼唤以“人文性”为基本特征的第三浪潮是我的使命之所在，我不愿意退缩。

童：当时出书不易，加上您刚刚由中学教师成为大学教师，出书机会尤为难得。您坚持不改书名，当时一定是下了大决心的吧？

王：怎么不是？改了出版社，我就得“自办发行”。这也是这本书没什么影响的一个主要原因。但是，我在乎这“第三浪潮”，其他就不管不顾了。

童：“语文教改的第三浪潮”，其核心、特征、标志就是“人文性”，对吗？

王：很对，确实如此！

童：人文性，这个概念太重要了，请您跟我们详细说说吧！

王：人文性，往细里说，可能要写一本厚厚的专著，在这里我只能简单地解释一下。所谓人文或人文性，就是把人当成人，使人成为人。在这个意义上说，教育，实际上就是人文，或者说应该就是人文。——难道教育能是别的什么吗？这是就广义而言。狭义而言，人文、人文性，与工具、工具性相对，直接指的是人本身的存在，人的思想、情感、个性、心理的成长、提升与发展。人文性说的是学科性质，学科性质渗透于学科内容，并不直接就是学科内容。就好比语文和政治都属人文学科，人文性是它们共同的本质属性，这并不意味着语文和政治就都要教学同样的内容，只是指出语文、政治不同的学科内容都必须从各自不同的角度、方面，以各自的优势渗透人文精神，体现人文性。语文学科的根本任务是培养学生的语言能力，这就直接牵涉到对语言的认识：语言究竟是人的工具，还是人本身？如果是工具，那语文就是工具学科；如果语言就是人本身，那语文就是人文学科。

倘若以上果真是常识的话，就完全没有必要把关于语文学科性质的不同认识之间的争论上纲上线，好像是敌我矛盾，你死我活，不共戴天。好多年前我曾在《课程·教材·教法》上发文提议：搁置语文学科性质之争，一起往培养学生的语言能力上用劲使力。不过，性质之争确实有它的必然性，因对性质认识的不同往往就会导致学科内容、教学目的与方法等一系列的根本性的差异。只是人们关注的焦点在中考、高考的分数，别的就都淡化了。但对于语文教育理论来说，这是一个不应回避也无法回避的关键。我曾诚恳地建议大家都冷静下来，平心静气地来讨论。

我始终认同“语言是人的生命活动、心灵活动，就是人本身”这一观点，认为工具性在理论上是站不住脚的，在实践中是有害的。例如，当年任人教社副总编的著名学者蒋仲仁先生在《教育研究》（1979 年第 1 期）发表了一篇影响力很大的论文，认为：“语言，作为交际的工具，在实现它的交际功能的时候，是语言的各个组成部分——语音、词汇、语法等的综合运用。学习语言，一般说就是从语言的这种综合运用中学习。从听和读，学说和写。所听和所读总是完整的连贯的语言，一席说话，一篇文章，是说话的或写文章的人运用语言这个工具，来诉说他的见闻、思想和感情。”

这段文字说，“一席说话，一篇文章，是说话的或写文章的人运用语言这个工具，来诉说他的见闻、思想和感情”，这等于说人的见闻、思想、情感是独立于语言这一“工具”之外的存在，两者是相互游离的。语言，是这样的“工具”吗？我不信。“言为心声”！

这篇文章又说：“从语言分析研究得出的规律学习，掌握这些规律，并运用于听、说、读、写，这是学习语言的又一种方法。”从上下文得知，此所谓规律就是“语音的，词汇的，语法的”知识。这些知识确实有助于我们学习语言，但它绝对不可能是学习语言的“又”一种方法。这在工具论者看来，却是顺理成章之事。换言之，工具论者坚信，这些知识，可以“一项一项地学，一项一项地练”，从而获得语言能力。也就是说，语言能力完全可以经由语言知识通过反复训练转化而来。我以为这无异于天方夜谭。“语音的，词汇的，语法的”这些语言知识，是相互密切关联的一个整体，能“一项一项地”学和练吗？这些语言知识能够通过训练转化为语言能力吗？当时我们的语文教育理论，的确有些显而易见的失误，因“工具论”带来的失误。

童：我相信，旧观念给人的影响根深蒂固。真正理解与把握“人文性”，对大家来说可能还是会有难度。

王：嗯，对，确实不易。关于“人文性”，我可以举个例子来说明一下。鲁迅的《记念刘和珍君》里面有句话是这样的：

> 始终微笑的和蔼的刘和珍君确是死掉了，这是真的，有她自己的尸骸为证；沉勇而友爱的杨德群君也死掉了，有她自己的尸骸为证；只有一样沉勇而友爱的张静淑君还在医院里呻吟。

有老师认为，这个复句可以分为两个层次，第一层次在第二个分号之前，因为前面写刘和珍与杨德群的两小部分从思维上看是两个相同的部分，与后面写张静淑的这一部分组成了同一个思维中的两个相反部分。上述两部分之间可以加上转折连词“而”，所以构成的是转折关系。——初一看，这样的分析很合理。但是，这样的分析显然是撇开了表达情境、脱离了言语作品的思想感情所做的使用语言“工具”的技术分析。只要联系整篇文章的思想感情一看，我们就会发现上述分析其实大谬不然。鲁迅先生的意思显然不是说刘和珍、杨德群两君都死了，“而”只有张静淑君还活着；而是说，刘和珍被杀而死了，杨德群也被杀而死了，只有张静淑君虽还活着却也伤势严重。总之，作者是用这种貌似寻常的叙述，来传达对段祺瑞执政府反动、野蛮、凶残行径的愤怒与控诉之情。句子中三个分句之间绝没有“转折”关系，而是并列关系。语言文字的运用并非单纯的技术问题，绝不可能脱离运用者的思想情感。

童：嗯，如您所说，“语言文字的运用并非单纯的技术问题”，而同人的思想情感息息相关。

王：再看一个也很典型的例子。好多年前，我的一位年轻朋友给我寄来一份上海的《文汇报》，上面有一篇文章是为一个小学生喊冤的。原来，试卷上有一道填空题：《静夜思》的作者是________。他填了“[唐]李白”，结果判错！请大家注意，他写的那个“唐”字，可是加了括弧的呀，为什么判错？据说理由非常简单明确：标准答案是“李白”，而不是“[唐]李白”！工具和工具的使用都讲究科学、严谨，这固然有好的一面，但也容易出现冤假错案。标准的“工具”，“工具”的标准操作规程容易使学生的思维僵化，变成契诃夫笔下别里科夫那样的“套中人”。特别是由于我们汉语是王力先生所说的“人治”的语言，常常灵活得让“标准”无用武之地，仅仅依据汉语语音、词汇、语法标准，不可能将我们汉语真正学好。

如此理论，如此教学主张，我要老老实实地说，是当年促使我转向语文教育研究的一股极其强大的力量。我觉得作为一名语文教师，必须本着百家争鸣的精神，重新认识语言的本质，推动语文教学走上健康发展的道路。于是我终于发出了关于掀起“语文教改的第三浪潮”的呼吁！

童：您对于语文“人文性”的执着，源于您作为语文教育研究者的一种责任感。我感觉，在20世纪80年代末、90年代初，对已经持续潮涌多年的前两个浪潮做出概括，也许并不很困难，可是，要在那个时候“预见”到其实仅仅是初露端倪、远未形成气候的“人文浪潮”，那不仅需要勇气，更需要有非凡的洞察力。

王：呵呵，你过誉了。前两个浪潮的概括，多少有“事后诸葛亮”的成分，而对尚未来临的“第三浪潮”的设想，看起来十分大胆，实际上是建立在我对语言、语文教学“人文性”执拗的信念之上。我认为，不管是第一浪潮仅仅着眼于政治，将语文和政治等同起来，还是第二浪潮将语文只是看成学习和工作的工具，片面强调语文的工具性，两者所导致的结果却是相同的，这就是语文教学中“人”的主体地位的失落。语文的“人文性”，就是要确立“人”的主体地位，正是语言使人成为人，人在语言中成长，向“自由的人”“全面的人”“丰富的人”的方向努力。只有明确语文学科的人文性，才能真正完成培养学生语言能力的任务。把工具性或科学性说成是语文学科的基本性质，绝对不利于甚至有害于完成语文学科的“独当之任”。

我在《语文教改的第三浪潮》中是这样说的：语文教学在经历了前两次浪潮之后，“我们应当自觉地勇敢地坚定地掀起以突出人文性为基本特征的第三浪潮”。

童：很有意思，您这句话当中连续使用了“自觉”“勇敢”“坚定”这样三个状语，有意识地运用了三个“地”字，营造一种“一词一顿”的感觉，我们似乎能真切地看到您当时斩钉截铁的决心，坚定不移的目光与神

情。——是不是可以这样说，这种斩钉截铁、坚定不移里面，其实也同时显示您内心所承受的巨大压力呢？

王：回想起来，我这番话语，既有真切的期待与呼唤，也有相当的“自我勉励”的意思。说白了，在写下这番话的1989年，其实正是“第二浪潮”风起云涌、形成压倒之势的时期。后来在我跟钱理群先生编《新语文读本》期间，他有一次曾经问我：“你提‘人文性’，是不是受到文学界关于人文精神讨论的影响？”其实，文学界讨论人文精神是在（20世纪）90年代中期，我提语文教育的人文性是在（20世纪）80年代后期。当时我提“人文性”、否定语言的“工具性”当然是有很大压力的。你瞧，列宁、斯大林都肯定语言是“工具”，几位威望极高的语文教育前辈也都说语言是“工具”，1963年的小学与中学“大纲”第一句话都是“语文是学好各门知识和从事各种工作的基本工具”，1986年的“中学语文教学大纲”劈头第一句话也仍然是“语文是学习和工作的基础工具”。面对这些，能不感到“压力山大”吗？

童：嗯，压力之大可以想象。那么，您又是如何战胜来自各方以及来自您内心的压力的呢？

王：其实当时环境比较宽松，这是主要原因，我坚信自己是为了语文教育事业，坚信把语言等同于工具在理论上是不合适的，在实践中是有害的。再者，我在表述上做了策略性的调整。我总是毫不含糊肯定语言有时候看起来很像是工具，同时又再三强调即使把语言看作工具，它也和一般所说的工具有本质的区别。在引述叶圣陶的“语言是一种工具”的比喻之后，以“诚然”来肯定“工具说”的“突出语言训练、防止重蹈‘政治课’的覆辙的好心”。令人十分欣慰的是，我们语文教育界从来没有人抓住几句“语录”和我过不去，对此，我为我们的语文教育界感到骄傲！这样，“人文性”作为一家之言总算是破土而出。在这里，我要特别感谢周有光先生的加持，他为此书题词道：

王先生著《语文教改的第三浪潮》是一本研究语文教改的好书。王先生说，新中国成立以来，“语文教改曾有以片面强调语文学科政治性为基本特征的第一浪潮，和以片面强调工具性为基本特征的第二浪潮，为了深化语文教改、提高语文教学质量，应当掀起以突出人文性为基本特征的第三浪潮，把语文教学与青年一代的思想、感情、个性、心理等的成长发展有机地结合起来”。这几句话是至理名言。

这题词给了我极大的鼓舞！

二、周有光先生的加持

童：您用了“加持”一词，我想，这里一定有很有意思的故事吧？

王：是的。跟周有光先生结缘，真的是一种难得的际遇呀！（20 世纪）80 年代后期，《语文教改的第三浪潮》书稿写成之后，我不无寂寞、孤独之感。因为，在语文教育领域，“人文”“人文性”等毕竟在当时还是稀罕之物。我和我的朋友康定和兄诉说我的苦闷，不料他竟建议由他把书稿寄给周有光先生看看。原来周先生是他妻子毛晓帆的舅舅。这让我喜出望外，虽然我对周先生了解不多，但在心里却一厢情愿地觉得一定会得到他的理解和支持。会是“一厢情愿”吗？纵使他同情我的观点，也未必有时间来看我这将近二十万字的书稿啊，他是大名人，也是大忙人，再说教育也不是他的本行。经由康定和说项，我有了那次北京之行，终于敲开了周先生寓所的门。我在他的书房坐了下来。让我极为惊异的是他书房的狭小、简陋，书桌的陈旧、狭窄，唯一新潮的东西就是桌上那台电脑。客人来了，几乎只能促膝而坐。

当时我们聊天的具体内容已经记忆模糊，但清楚不过的是，我的心理预期没有落空，他对我这本书稿的基本观点是认可的。我请他为这本书稿写点什么，他应允了。我请他题写书名，他说“我的字不行”。他还谈了用电脑的诸多好处，建议我也用电脑写作。其间，他告诉我，他现在用的电脑是外国友人送的。

我想我不能占用他太多的时间，就告辞了。从他家里走出来，发现阳光特别灿烂。我好像变了一个人似的，寂寞、孤独一扫而空，信心、勇气倍增。语文教育研究的路，我走定了。回金华不久，我就收到他的信，其中就有他为书稿写的那段话。“至理名言”！至理名言？我知道，这是一位长者对晚生的鼓励，这是一位教师对学生的关爱，这是一位以天下为己任的前辈对语文教育殷切的期待！更出乎我意料的是，他也把书名用钢笔写在了有格子的稿子上，只是可惜后来出版社未采用。——当我后来把此事告诉他并表示歉意时，他又笑了，没有一丝一毫的不快，还说：我的字是写不好，让我藏拙，我要谢谢才是。有人说他“一生有光”，是的，他一生有光，处处有光！

童：王老师，讲起周先生来，我感觉您就像是回到了您的青年时代，有点像是一个学生在讲述自己的老师一样呢。

王：你说得太对了！在周老先生面前，我就是一个学生！当前似乎“倾情”一词相当流行，而且似乎有点滥了。不过，在回忆往事的过程中，我忽然领悟到周先生对学术、对教育、对晚生的态度，真正诠释了“倾情”一词丰富生动而又深刻的含义。从见到周有光先生的那一日起，他对我的教导、关爱、帮助、支持，数十年来如一日。我虽然不是他正式的学生，甚至也不敢自称是他的“私淑”弟子，但，在实际上，在行动中，他就是我的导师，我就是他的学生。——请允许我在这里列一列极不完整的“流水账”。

1993 年 3 月 18 日，他为我的《语文教育学导论》作序，说："尚文先生的《语文教育学导论》却从本体论的角度认识语言，以语言不仅仅只是工具，更是人的生命活动、精神活动为逻辑起点，探讨语文教育的价值、任务、内容、机制以及方法等，得出了一系列新的见解，并初步形成了自己的体系，应该说是向语文教育的客观规律趋近了一大步……"

一年后，他为我的《语感论》初版作序，说"是一本填补空白的著作"。还说："尚文先生原是一位研究语文教学法的专家，他说他从事语感的研究完全是为了建设新的语文教育学的需要。他做学问的这种认真求实、创新开拓的精神，非常值得称道。"

1996 年开始，我全身心地投入了语文教材建设的探索，尝试编写浙师大版《初中语文课本（实验版）》。我又邀请他担任顾问，他欣然应许了，并且还真的提了不少意见和建议。后来我把"课本样品"寄给他，他写了《青出于蓝的成品》一文，说："看了'课本样品'，我觉得考虑周详、设计新颖，的确是青出于蓝的成品。"

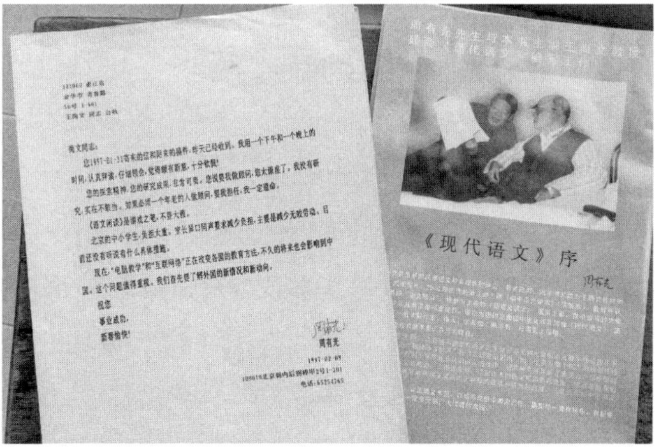

王尚文邀请周有光担任浙师大版初中语文课本编写顾问，这是周有光的回信（左），图中照片为周有光与王尚文磋商《现代语文》编写工作

2004年我应西渡之邀参与了《现代语文》的编写。我和西渡到周先生住院的病房看望他，希望在他出院之后身体完全恢复时，为《现代语文》作序。记得他幽默地说："这次住院，我以为上帝要召我去了，却又一天天好转了——也许上帝把我给忘了吧。"许是西渡关于编写此书意图的恳切言辞打动了他，作序的事他竟欣然答应了。过了一些日子，我们就收到了他的序文，大家都至为感动。——谁能想象，那一年周先生已是98岁高龄。

此后一些年，我也写过并出版了几本小书，由于周先生年事已高，没敢再去打扰他。但还是为《人之初：现代蒙学四十六课》去找了他。我们三个编者自许甚高，以为事关"人文以化成天下"，还是怀着极其忐忑不安的心情向他提出了作序的请求。他竟也应允了。他在2013年10月2日所写的序文中说："现在，不断有人热心提倡少年儿童学习'三、百、千'① 和《弟子规》，用心可嘉，但万难达到启蒙的目的。当今世界正经历前所未有之大变革，面对不断涌现的新的价值观念和知识领域，我们必须为青少年探索新的人文启蒙路径。尚文先生和他的两位年轻朋友有鉴于此，筚路蓝缕，孜孜矻矻，编写了这本《人之初：现代蒙学四十六课》。其理念的现代性，内容的经典性，结构的新颖性，让人耳目一新，应该说是一次较为成功的尝试，值得向广大教师和少年儿童推荐。"面对他的序文，我们三个② 立誓一定要尽心竭力把书编得好上加好，以求不辜负他的期许。

童： 嗯，能够得到长者的指点嘉许，确乎是一种难得的幸运与福分。

王： 当然，你千万别以为周先生就是一个不讲原则，什么都说好的

① 指《三字经》《百家姓》《千字文》。
② 指《人之初：现代蒙学四十六课》的编选者王尚文、郭初阳、颜炼军。

“好好先生”哟！在专业工作方面，他对年轻晚辈的要求可是相当严格的，决不苟且。在这里我必须说的是2009年2月2日周先生写给我的一封信。在这封信里，他对我曾经参编的《大学语文》提出了极其严厉的批评，他的态度甚至可以用愤怒来形容：

一，“‘文字’不可能构造‘语言’的‘词’”：“字”和“词”是两个不同系统的术语，将它们搅在一起已不合适，说“汉字也是汉语构词的基本单位”更是荒谬。二，说“汉字有魔幻和超现实的特性”实际上是将汉字巫术化，实属愚昧无知。

他不能容忍“荒谬”，不能容忍“愚昧无知”！我以为，这种严厉和他对晚辈的爱护其实并不矛盾。分清是非、严格要求其实是更深一层的爱护。说心里话，捧读这封信，我对他是更加崇敬了！当然，瞬间也不无委屈之感。——我和这本《大学语文》之间发生的事是另一个曲折复杂的故事，我不准备在这里多说，只说一点，后来主编换人了，与这本书，我充其量只有间接的关系。但我在给他的复信里，没有做一句辩解，并说我会把这复信当作传家之宝的。我不能辜负他老人家一片心意！因为，我从心底里觉得这也是他对我真正的爱护。他的鼓励是真诚的，希望铁能炼成钢；他的批评也是真诚的，是恨铁不成钢啊！——两者合起来，才是完整的周先生！

童：虽然在周先生80多岁时您才与他“结识”，不过，长寿的周先生与您的“师生之谊”也有30来年之久呢。

王：是的，周先生的生命，真正应了“仁者寿”之古语。周先生的生命真的是一个奇迹，达到了一种令人心向往之的境界。晚年的周先生又由语言学进入更加广阔、深邃、高远的思想文化领域。虽一再转移阵地，他却一直都在奋力攀登，不断穿透一重一重迷雾，越过一层一层障碍，走向一个一个精神高地。

他虽然身居狭小、简陋的斗室，却由此看到了洞穴之外我们常人所看不到的风景，并且将这一切告诉了世人。周先生晚年的照片，我总觉得他的眼光特别真诚，特别纯洁，闪耀着童心之光，让人想起安徒生童话里的那个说出皇帝未穿衣服真相的小男孩。他的名言“不能只从中国看世界，要从世界看中国”让我如醍醐灌顶，豁然开朗！他由此看到了我们国家、民族的前途，世界、人类的前途，因而他是乐观的。他说，“世界很多国家好像都在开运动会，都在一个跑道上跑路，有的跑在前面，有的跑在后面。跑在后面的慢慢向前去，可是有的人掉下来了，跑到外面去，就是进入历史的误区了。可是历史的误区是走不通的，迟早他要回来”。让人常读常新，更让我不断摆脱时时跳出来的、由来已久几乎根深蒂固的悲观情绪。他说话的声音高亢爽朗，脸上总是洋溢着笑意。我不大看国外、看世界，常常孤陋寡闻而不自知。我们见过几次后，他曾经跟康定和谈起我的这一大缺陷，意在提醒我克服这一致命的大局限。

周先生已然去世了[①]，但我会常常想起他，尤其是在夜深人静的时候。对他的回忆思念，同时也就是检视我自己的后半辈子。我庆幸命运对我的眷顾，让我有幸结识了周先生，得以在他的教导、帮助下不断学习，努力进步；只是本性顽劣，虽不时痛责自己的怯懦、浅薄、狭窄，但进步甚微。然而我并不气馁，连周先生都没有对我失望，我有什么理由自暴自弃呢！

童：周有光先生，也是我所崇敬的前辈。刚才我们在讨论人文、人文性，我看他就是人文、人文性的典范。我记得您有一首诗是专门赠给他的。

① 2017年1月14日，周有光先生去世，享年112岁。

王：是的——求知道上，多承周有光先生奖掖，感祷无量。

学知浅狭性知庸，奋翼渑池兴意浓。
补拙敢辞多白发，巨星引我搏长空。

——你说起诗，我就联想起他的夫人张允和，合肥张氏四姐妹的老二，好昆曲，喜诗词。我在十多年前参加教育部基教司组织的语文教材评审期间，去北京较为频繁。每到北京，我几乎都要去拜望周老先生，后来也和张先生相熟了。记得我曾给她看过我的几首旧体诗习作，因上面盖有我一方闲章，她说看不清楚是三个什么字。我说是“知惭愧”，她说：“写诗至此，大可不必惭愧。”

童：周、张两位前辈，是真正的智者与长者呀！

三、“人文论”的逐步深化

童：关于周有光先生，我想您一定还有许多话要讲，不过，现在我们还是先回到您的语文教育思想吧。钱理群先生将您的语文教育思想概括为“人本主义生命教育观基础上的语文教育学”，因为您的语文教育思想是以人、人的生命活动为中心的。钱先生将语文“人文说”视为您语文教育思想体系的“一个基本逻辑起点”，实为确论。

王：在这里，我想说一说上海陈钟樑先生 1987 年在《语文学习》上提出的一个观点：现代语文教学改革发展的趋势，很可能是科学主义思想与人文主义思想的结合。对此我并不赞同。我认为，语文课程并非科学主义与人文主义平分秋色或相互结合，而只能是以人文主义为体，科学主义为用。科学主义致力于语文教学的科学化，但是，无论如何不能离开而只能服务于语文教学的人文化，使人成为人，这才是语文课程的价值所在。

童：王老师，《语文教改的第三浪潮》正式出版近30年了[①]。不知道您现在怎样评价您的这部“少作”呢？

王：其实我当时已步入中年。这本小书总算把语文学科的人文性提出来了，20万字，分“‘四十年’的反思”“语文课是语言文学课”“通过语言在‘接受’中培养人”“通过语言在表达中培养人”“第三浪潮对语文教师的要求”等五章。由于写得比较匆忙，又是“大姑娘上轿头一遭”，难免粗糙、笨拙，论述有的地方不很充分，甚至很不充分，理论修养之不足是显而易见的。

童：您曾经多次对我说起，对语文学科人文性的探讨和追求，贯穿于您研究语文教育的全过程，是您关于整个语文教育思想的核心。事实也正是这样，语感、对话、语文品质、语文教材建设，等等，无不体现人文，几乎处处都有人文的身影。您正是所谓“吾道一以贯之”也！

王：“吾道一以贯之”者，天也。我，地上一粒灰尘而已，哪可相提并论！不过，我对“人文性”这一概念的认识，倒确确实实是一个漫长的逐步深化的过程。

童：您刚才说“逐步”，我们能否一起来梳理一下这个变化的过程呢？

王：当然好啊，只是这会占用较多篇幅，有的地方可能还很枯燥，我就简单地讲一下其中最重要的几个节点。首先就是1994年出版的《语文教育学导论》，它是在《语文教改的第三浪潮》基础上的深化。

说起《语文教育学导论》这本书，真的特别要感谢湖北教育出版社。当时我刚刚进入语文教育的圈子不久，一切都很陌生，书稿写成后

---

① 《语文教改的第三浪潮》由广西师范大学出版社1990年出版。

不知该往哪里寄，就写了内容介绍，寄给多家教育出版社毛遂自荐，最先给我回应的就是湖北教育出版社。有朋友劝我再等等，但在我却已是受宠若惊，觉得朋友太高看这本小册子了，连忙遵嘱寄去书稿，生怕失去这个机会。他们仿佛知道我的心思似的，很快答应出版。在请周有光先生写序的时候，我曾和周先生谈起这个意思，于是序言的最后就有了下面的话："最后我要特别提及的是，湖北教育出版社在当前学术著作出版十分困难的情况下，仍大力支持该书的出版，是应该向他们表示敬意的。"我自知人微言轻，周先生把我的心里话讲了出来，我感到非常高兴。

童：这本书我也认真读过。我感觉您这本书的重点之一就是在教学论的层面进一步对语文教学性质进行比较全面、深入的探讨，其中确有很多创见，让人耳目为之一新，至今仍有很高的参考价值。可惜这本书已经绝版了。

王：哈哈，你总是以鼓励为主。我自己最近也翻过一下，觉得比起我之前之后的论著，多少还有点新东西。首先是在更深层次上论证了语言与人的关系。语言不是外在于人的工具，它就是人本身，这是我一再说及的命题。但为什么说是人本身，这本书又似乎稍稍深入了一步——说到这里，我要特别申明：有关理论全都是我学习哲学、语言学、心理学、教育学等的心得体会而已，不是我自己生产出来的，我只是一个语文教师，语文教学法教师。这个申明适用于本书的全部内容——我一再说明：在所有的人类活动中，语言最能表现人之为人的特点。人在语言中思考、生活，人在语言中沟通、交流，人在语言中发明、创造，人在语言中提升、前进，人的内生活和外生活都不能没有语言的支撑，人的所有能力都以语言能力为其前提或为其核心。海德格尔指出：

世人坚信，人类是具有语言能力的生灵，他与植物和动物迥然不同。这种表述并不仅仅意味着，人类在具有其他种种能力的同时，也具有语言能力。这一表述的意思是说，只有语言才能使人成为作为人的生灵。①

这本书引用心理学的原理，比较深入浅出地说明正是语言导致人类高级心理机能的产生。心理学家把心理机能分为低级的和高级的两类。低级的心理机能如感知觉、机械记忆、不随意注意以及形象思维、情绪、冲动性意志等心理过程，它们是直接发生作用的，非中介性的，是生物进化的结果，为人类和动物所共有。高级的心理机能如逻辑记忆、随意注意、预计性意志、概念思维（抽象思维）等，是在低级的心理机能的基础上发展而来的，为人类所独有，是社会、文化、历史发展的结果。它所具有的随意性和概括、抽象这些高级的心理机能，都不可能没有语言的依傍。正如马克思所指出的，精神生产只能存在于语言之中。人总是通过语言来处理同外部世界的关系，把自己在生存斗争中得到的感受、经验浓缩起来、包装起来，相互传递、相互交流，从而突破各自感觉的此时此地的直接性局限，无论宇宙之大，原子之微，千里万里之遥，千年万年之久，还是人心活动之妙，甚至并不存在的子虚乌有之乡，人都能凭借语言接近它、深入它、想象它。语言也使人突破了各自感觉的不可共享的个人性的局限，使人的认识不断“由个体扩大到类”。就在这一过程中，人自身得到充实，得到提升。人正是通过语言的阶梯才把自己从动物界中超拔出来。马克思、恩格斯写道：“人也具有‘意识’。但是人并非一开始就具有‘纯粹的’意识。‘精神’从一开始就很倒霉，注定要

① 海德格尔：《诗·语言·思》，张月、石向骞、曹元勇译，黄河文艺出版社，1989，第189页。

受物质的‘纠缠’，物质在这里表现为震动着的空气层、声音，简言之，即语言。语言和意识具有同样长久的历史；语言是一种实践的、既为别人存在并仅仅因此也为我自己存在的、现实的意识。”① 因此，语言的学习过程不可能不同时是人的意识、人的精神的接受过程，语言的教学过程不可能不同时是人的意识、人的精神的培育过程，正如植物接受阳光的照射不可能不同时是光合作用进行的过程一样，虽然后者为肉眼所难以觉察。爱因斯坦说，我们的大部分知识和信仰都是通过别人所创造的言语，由别人传授给我们的；要是没有语言，我们的智力就会同高等动物不相上下，头脑中保留的原始性和兽性就会达到难以想象的程度。维果茨基说："词在整个意识中，而不是在意识的个别机能中，起着核心的作用"，"被理解的词是人的意识的小宇宙"。②"人"成为"人"的过程就是通过语言发现自己的存在，同时发现周围的人和物的存在的过程。也就是意识到自己是一个人，同时意识到自己与他人他物的区别，意识到自己在思想和感受的过程，因为语言使他和自己，他和别人、别物之间建立起一套全新的关系。人们思考、说话的活动就是他们去进行作为一个人的精神活动。任何一个人的精神世界总是和他的言语世界相连接、相吻合的，精神世界的开拓不能不同时是言语世界的延伸，言语世界的扩展也不能不同时是精神世界的充实。因此马克思把语言看作是"思维本身的要素、思想的生命表现的要素③"，"思想的直接现实④"。决不能把语言仅仅看成是一种外在于人的工具，它本身就是人的生命、意志的体现，就是人

① 马克思、恩格斯：《马克思恩格斯选集》第一卷，中共中央马克思恩格斯列宁斯大林著作编译局译，人民出版社，1972，第34—35页。
② 斯米尔诺夫：《苏联心理科学的发展与现状》，李沂等译，人民教育出版社，1984，第359页。
③ 马克思、恩格斯：《马克思恩格斯全集》第四十二卷，中共中央马克思恩格斯列宁斯大林著作编译局译，人民出版社，1984，第255页。
④ 马克思、恩格斯：《马克思恩格斯全集》第三卷，中共中央马克思恩格斯列宁斯大林著作编译局译，人民出版社，1960，第525页。

的愿望、要求、观念、判断、指令……的体现，即使仅仅是表述客观的事实、规律和真理，也无法避开表述者的生命。人文论和工具论的分水岭就是看能否自觉地、充分地、深刻地认识、领悟语言的人文性，看清看活在“言”的字里行间那个“人”，自然而然地将人文教育寓于语文教育之中。因此，我并不完全同意有人曾经提出的应当“变只重视‘言’为更关心‘人’”，问题就出在这个“更”字上。“更”，容易使人误会“人”在“言”之外，从而把“语文”和“人文”变成两张皮。我想这句话是否可以改为“变‘言’是工具为‘言’是人的心声”。从现象看，语文教书匠和灵魂工程师都在教“言”，但立足点不一样，神韵不一样，境界不一样，效果自然也不一样。后者处处在教“言”，又时时在教“人”，“言”中分明有个活生生的“人”在，因而灵光四射，意味无穷。他也不可能没有接受灌输、训练，甚至某种程度的强制，但由于他总是通过“言”走向“人”，不管是撇是捺，都在书写一个“人”字。

童： 您这番话说得非常深刻，很是精彩。关于人和语言的关系，记得您还举了海伦·凯勒的例子来说明。她一岁半时就丧失了听力、视力和言语能力，因而智力一直极为迟钝。7 岁时，在老师的帮助下，利用触觉首先从水开始学习语言，她冲破了个人知觉的狭窄牢笼，终于成为知名作家和教育家。我觉得这个例子说服力挺强的。另外，对于语言与语言所描述对象之间的关系，您认为很多人的理解陷入误区。

王： 是的，至今仍有不少人以为人们面对的是同一个现实世界，不同的语言只是给它贴上不同的标签而已。

童： 开始的时候我也有这个误会，后来在学习外语的过程中才慢慢消除。

王： 比方说，面对一本书，我们称之为“书”，英国人称之为“book”，俄国人称之为“книга”。其实，不同民族的语言，总是同中有异，异中有同，完全、绝对准确的翻译几乎是不可能的。语言，并不是像衣服一样，穿上或脱下，穿这一件穿那一件，人还是原来那个人，不是的，绝对不是的。世上其实并没有所谓“原来那个人”，如果一定说是有的话，就是刚刚生出来还没有开始学说话的那个婴儿，而他们并不是自觉的人、社会的人。孩童开始学习说话的过程，就是他生活其间的语言让他张开了“人”的眼睛、长出了“人”的耳朵，开始赋予他“人”的心灵的过程，这几乎是人终生难以摆脱的宿命，他只能通过语言的眼睛、耳朵、皮肤等等去感知，由语言所塑造的心灵去思考这个由他当初学的语言所建构的世界。——当然他日后假若精通了某种或某几种外语，他会因之有别的选择的可能。从总体看，人化和语言化、社会化是一个三位一体的过程。而且，据我看来，同时还是个性化的过程，不但每个人所掌握的词汇、句式不一样，即使每个人的词典里都有的词汇，各个人仍然都有自己独特的理解和感情。

童：在《语文教育学导论》中，您还举了不少生动的例子，比如“夏季”，我们汉语里是指一年中的五月上旬至八月上旬，而在俄语中却是指一年中的四月至六月。又比如“dog”（狗）在西方是个好字眼，英语“You are a lucky dog”，意思是“你是一个幸运儿”。而在汉语里，用“狗”组成的词语却多是带有贬义色彩的，诸如狗仗人势、狗急跳墙、狼心狗肺、狐朋狗友、狗嘴长不出象牙，等等，都是比喻坏人坏事儿的。

王：嗯，这样的例子实在是太多了。不同国家不同语言之间都有这种情况，甚至同一种语言的不同方言之间，有时候也会呈现出这种事实。

童：对！正是在对语言的这种社会性的把握的基础上，您提出了关于语文课程的思想性就是人文性的论断。您在《语文教育学导论》的第32页这样说：“语文学科确实是富于思想性的，但不是‘工具说’所指的思想性，它集中体现于它的人文性，即运用活跃于课文言语中人的生命活动、心灵活动去提升学生的生命活动、心灵活动，从而塑造学生的心理文化结构，也就是在形成新的言语方式的同时形成新的感知方式、思维方式、行为方式。”

王：我认为，这是人文说与工具说最深刻的区别之一。以上所说是不是已经把人和语言的关系说清楚说完整了呢？没有。人究竟是怎么学会说话的？这和人之为人的先天禀赋相关，这就是乔姆斯基所说的“语言习得机制”。这，我们留到讲有关“语感”的内容时再说。今天就此打住吧。

童：我曾在《全球教育展望》上看到过您探讨“吕叔湘之问”的长篇论文，记得其中有关于您对“工具性与人文性统一”这一观点的剖析。这应该是您“人文论”发展过程中另一个重要节点吧？

王：你这一提醒实在太重要了，谢谢你，谢谢你！首先我们来看这一观点所产生的极其严重的不良影响。2001 年新课标颁布前后，特别是以后，语文课往往未能专注于语文，目标被淡化甚至被分化，时间被挪用，精力被分散，甚至可以说已经走在异化的路上，语文课已经不是完整的名副其实的语文课，成了准语文课或“语文＋政治＋思想＋人文＋……”的课，而且目前似乎还没有停下脚步的迹象。一句话，语文教学“出轨”了！

“出轨”变得名正言顺始于 2001 年“课标”关于“工具性与人文性的统一，是语文课程的基本特点”这一论述。本来语文就是语文，现在语文变成了“工具性”和“人文性”两个部分，从目标、内容到教法都不一样，如果说“工具性”这一部分倒腾的还是课文的字、词、句的话，“人文性”就由语文“出轨”到人文了。可以肯定，这绝非“课标”制定者的原意与初衷，而是指其在事实上所造成的后果。且看几位学者的见解：

语文课程工具性与人文性统一这个特点的确定，改变了此前语文教学大纲中单一的工具性的局限，扩大了语文课程的内涵。学习语文不仅是要掌握语文这个工具，还要塑造和培养使用工具者的人文素养。①

课程标准再次强调“工具性与人文性的统一”。所谓“工具性”当指语言文字学习，所谓“人文性”当指文化吸收。二者兼顾，不可偏废。②

语文学习不能只顾及一方。语文学习的任务主要有两方面，一是培养理解和运用祖国语言文字的能力，二是提高思想文化修养，体现语文学科的育人价值。③

童：您列举的这些学者的观点，都相当具有代表性，这表明，这种认识几乎成了“课标”之后学界的一种“共识”了。

王：的确，语文课程由此改变了！发生了怎样的改变？扩大了，由“一方”变成“二者”了，扩大到了“文化吸收”“提高思想文化修养”。以上几位都是从正面立论的。一线老师则着重直面它“出轨”的弊端：

新课程实施以来，不少老师又走了极端，他们将教学重点定位且止步于文本内容的理解，强化“人文的感悟”，淡化“语文的感悟”，忽略语言的学习，以牺牲工具性为代价张扬人文性，语文教学越来越“人文”，语文学科的特有目标却越来越难以达成，语文课不再姓“语”，语文教育效率很低。其实，语文课既应丰富、提升学生的精神世界，也应构建、

---

① 杨泉良：《语文教学的当下视野》，暨南大学出版社，2012，第 287 页。
② 王鹏伟：《和名师一起读语文新课标》，教育科学出版社，2013，第 6 页。
③ 谭轶斌：《语文教学的现实与图景》，商务印书馆，2014，第 3—4 页。

完善学生的语言系统。[1]

不管从正面看还是从反面看，似乎都在指向一个事实："出轨"已经成了语文教学的新常态。

童：您刚才多次使用了"出轨"一词。关于语文"工具性与人文性统一"的认识，真的会导致这么严重的后果吗？

王：不得不承认，事实正是这样！我认为，语文课应致力于语文，即培养学生正确运用祖国语言的能力。历次的语文教学大纲基本上都是这样规定的（尽管文字表述可能会有不同，但其内容在实质上是一致的）；现代语文教育前辈们也都是这样教导我们的。而且，客观地说，我国公民应当具备正确运用祖国语言的能力，这是生活与工作的需要，也是我们社会发展的需要。不会正确运用将会影响社会生产、社会生活的正常运转。读错字音、写错字形、用错词语、语句不通、词不达意、句有歧义，等等，不是小事，有的时候就是大事，甚至是天大的事，因此在中小学专门设置一门语文课程是完全有必要的，语文课程致力培养学生正确运用祖国语言的能力是十分应该的，给予最多的课时也是极其合理的，因为正确运用祖国语言，绝对需要长期努力、下足苦功才能奏效。但是，自从课标提出"工具性与人文性的统一"以来，语文教学或在两者之间摇摆不定，或"偏重了人文性，忽略了工具性"，或力求两者兼顾，认为"不仅应使学生初步学会运用祖国语言文字"，"也应该通过教学……促进精神成长"。"不仅……也……"描述了一门语文被分成两个部分的现况，即根据工具性和人文性各自的要求，完成各自的任务，显然是两举两得，而非一举两得，两者并未真正统一，实际上也不可能统一，尽管他们的

① 胡海舟：《着意于精神 着力于语言——例谈阅读教学人文性与工具性的融合统一》，《新语文学习·教师》2010 年第 3 期。

态度是诚恳的，对“统一”的理论也是深信不疑的——这种认识与实践最为普遍、常见。

语文未能专注于语文，语文确实“出轨”了！

童：是的，“语文未能专注于语文”，这正是问题的症结所在，这个“两性统一论”确实给语文教学实践带来了伤害。

王：对呀！对语文性质的认识至为重要，可是，实际上我们对其重要性的认识还不够，有些时候甚至还有些草率。我们不妨来看看这种“两性统一论”是如何出炉的。

课标上的标题是：“语文课程的性质”，回答却是“工具性与人文性的统一，是语文课程的基本特点”。为什么没有正面回答呢？据我了解，当时社会上对此有不同的认识。有人认为语文学科是人文学科，过去语文教育的主流派，把语文定位为工具性学科，使语文课程丧失了人文精神的光辉，因此路子越走越窄。有人提出要“高举人文精神的大旗”，引导语文教育的新潮流。一批高校的文科教授也群起呼应，展开了一场“工具性”论者与“人文性”论者的大辩论。在“课标组”成员中，有人倾向于工具性，也有人倾向于人文性，双方各有理由，争执不下。怎么办？有的建议干脆回避，但是征求意见之后，发现不提不行，还是得表个态。可是怎么写呢？说是工具性，有人反对；说是人文性，也有人反对；就讲工具性和人文性的统一吧，好像大多数人能够接受。可是直截了当地说工具性和人文性的统一就是语文课程的性质，也不好，后来就说是特点。实际上所答非所问，这是一种临时应付的障眼法。①

① 周正逵：《语文教育改革纵横谈》，教育科学出版社，2013，第15页。

这样对待这么一个重要而又严肃的问题，实在有草率之嫌。课标组关于课程性质讨论的情况，我是从上引周正逵先生的著作里得知的。我和周先生虽无一面之雅，但却了解这位曾任教育部中小学语文课程标准核心组成员的老先生是一位正直严肃的学者，他的回忆应该是真实可信的。顾之川先生也曾经在其论著中说起过：

> 课程标准把过去语文教学大纲中“培养学生的语文能力”改为“全面提高学生的语文素养”。然而，何为语文素养？何为语文工具性？语文人文性的具体含义是什么？工具性与人文性到底是一种什么关系？在语文教学中，二者又该如何统一？课程标准语焉不详，语文教育理论工作者也是众说纷纭，广大教师更是无所适从。①

说得轻一点，所谓“工具性与人文性统一”，实在是一种尚未成熟的理论。我照直说，这一理论不是不成熟，而是根本难以成立的伪命题。于此，人们“众说纷纭”，广大教师“无所适从”，或把两者先分别处理再加在一起称之为“统一”，是理所当然的必然之事。

由于语言不是工具，培养学生语言能力的语文课程当然不是工具学科，用什么“工具性”来描述语文学科的性质或基本特征，可谓牛头不对马嘴。显而易见，要求语文课程兼具工具性和人文性，或“工具性与人文性的统一”，因“语言是工具”的虚无荒谬而变得虚无荒谬。如果具体到一个民族的语言，正如洪堡特所指出的，民族的语言即民族的精神，民族的精神即民族的语言，二者的同一程度超过了人们的任何想象。汉语是我们民族的精神家园，是我们每一个人的精神之母，而不是可以随

① 顾之川：《顾之川语文教育论》，福建教育出版社，2013，第8页。

便丢弃或交换的什么“工具”。我以为，把我们汉语降格为只是我们的工具，这是有辱我们汉语尊严的极其错误的做法，是我们无论如何都不能也不应接受的。

童：我觉得，您从人与语言关系的角度入手，已经把语言不是工具的道理讲得相当透彻明了了。

王：工具论还有另一个显著的误区，就是认为，语言要表达的内容和用以表达的语言是各自可以孤立存在的东西，好比前者是一个光身的人体，后者只是等着他去穿的衣裤。实际上，正如维果茨基所指出的：“思想不是在语言中表现出来，而是在语言中实现出来。”①

在语言把要表达的内容实现出来之前，言语主体有的只是一种表达的意欲，这种意欲当然并不就是表达的内容。因此，马克思才把语言看作是“思维本身的要素、思想的生命表现的要素”。关于这个问题，朱光潜写过一篇以几何学的论证方式写成的独特论文《思想就是使用语言》，前言开宗明义，直截了当地指出：

> 作者在本文中试图证明这一论点，即思想与使用语言乃是同时发生的同一件事情。这个论点与常识相反。常识认为语言对于不依靠语言就已经完成的思想来说是外加的东西，因而是思想的表达。②

文中还指出：

> 我们并不是先形成一个概念，然后再找字词表达这个概念。当我们表现出犹豫的时候，我们表面是在调整语言，但是实际也在同时调整思

① 斯米尔诺夫：《苏联心理科学的发展与现状》，李沂等译，人民教育出版社，1984，第327页。
② 朱光潜：《思想就是使用语言》，张金言译，《哲学研究》1989年第1期。

想。有时我们做出改正，但是被改正的就是伴随表达的思想。意义随着表达的不同而改变。

由于“思想和语言是一回事”，文章的内容就在文章的形式里，文章的形式就是文章的内容之所在，内容和形式根本不可能分割开来，当然也不可能是相互游离的两样东西。

童：文本内容和形式的关系，人们往往容易产生错觉，陷入误区，亟须警惕。

王：语文与人文的关系，一直是语文课程问题的症结所在。2005 年 10 月，我在“沪港语文教学研讨会”上做过一个发言，题目就是“人文原在语文中”。人文不是在语文之外，不是在上《孔乙己》的时候举办丁举人的审判会，上《祝福》的时候去找祥林嫂的死因。人文本来就在语文中。关于这个问题的答案可以由三个部分组成。一是人文在读写听说的动机中。有追求真善美的动机，就可能会有较好的效果，人文就在其中了。二是人文在言语内容中。这几乎适用于所有的人文学科，如政治、历史等。这不是我们语文学科特有的内容或人文特征。三，我认为是最重要的部分——人文何处寻？言语形式中。大家都知道，一篇文章无非是要描述一个客观的人物、事件、景物或自己的某些想法，表达自己的感情。他所写的人物、事件、景物，等等，是具有客观性的，这个客观性是不以人的意志为转移的。但是，这种客观存在的人物、事件、景物，等等，不会自动跑到你的言语作品中成为你作品中的言语内容，它之所以成为你言语的内容，是由于你去说、你去写的结果。而作者一下笔写，一张嘴说，就不管你自觉与否，你就把自己主观的态度、主观的思想情感渗透进去了。也就是说，你就已经介入其中了，不介入是不可能的。你是怎么介入其中的？通过“怎么说”的言语形式。关键在于你介入了什么样的主观态度、什么样的思想感情。

下面我举正反两个方面的例子来阐述。《红楼梦》里面有个丫头叫鸳鸯，长得非常漂亮，贾府大老爷看上她了，就让鸳鸯的哥哥嫂嫂去做鸳鸯的工作，让她去做贾府大老爷的小老婆，可鸳鸯就是不愿意。有一天，在大观园里，鸳鸯向平儿、袭人叹苦，倾诉自己的郁闷。就在这时候，鸳鸯嫂子来动员、说服鸳鸯去做小老婆，没说几句就受到鸳鸯的痛斥。鸳鸯说，你们把我推入火坑，去做人家的小老婆，你们自己好借此作威作福，是不是？鸳鸯嫂子被痛斥以后，脸上下不来，就回敬了这样几句：姑娘骂我，我不敢还嘴，但是我要提醒你，不要在矮人面前说矮话，小老婆长小老婆短的，你叫人家脸上怎么挂得住？——平儿已经是小老婆了，袭人过几天就是宝玉的小老婆。从言语的内容看，她是为了鸳鸯好，提醒她不要当着矮人说矮话，当着矮人说矮话你是要得罪人的。这是从言语内容表达出来的信息。但是言语形式所透露出来的信息恰恰相反，而且真实得多：挑拨鸳鸯和平儿、袭人之间的关系。她故意在两个“矮人”面前，把鸳鸯所说的“矮话”用“小老婆长小老婆短”这个言语形式加以强调，来增加对平儿、袭人的刺激力，以最后达到挑拨离间的目的。这是在言语形式中隐含着的、需要我们去发现的内容。在怎么说的言语形式中所渗透出来的那个态度、那个目的，比在言语内容中所表达出来的观点、感情要真实！

再请看史铁生在《病隙碎笔》中的一段文字：

有一回记者问到我的职业，我说是生病，业余写一点东西。这不是调侃，我这四十八年大约有一半时间用于生病，此病未去彼病又来，成群结队好像都相中我这身体是一处乐园。或许“铁生”二字暗合了某种意思，至今竟也不死。①

我想，古今中外，天下绝对没有人是以生病作为他的职业的，别说是真的以生病为职业，就是任你海阔天空地去自由想象，恐怕也是一般人所想不到的。然而在现实中居然有人公然说他的职业是生病，而且这话还是对记者说的，说得清清楚楚明明白白，还有白纸黑字为证。他，就是史铁生！——这该不是一种调侃吧？仿佛作者已经猜中了我们的心思，连忙在紧接着的第二句开头，就毫不含糊地肯定“这不是调侃”，并且就此展开了具体的论证。首先是生病的时间长，是过往生命的一半。“一半”，当然只能是毛估估的，因此前面加了“大约”两字。“此病未去彼病又来”，可见病病相连相续，于是“成群结队”，“病”不单行，进一步落实了以生病为职业的内涵。这里有着眼于时间的纵断面，也有着眼于空间的横断面。据此断言生病是“我”的职业，实在是自然而然，恰如其分。职业，有的人是自己主动找的，也有被动接受的。拿时间“用于”生病，好像是他主动安排似的，然而不是，是病“相中”了“我”，不是“我”寻觅而来。而“相中”的结果是“我”这身体居然成了疾病的乐园，这乐园是属于疾病的，与此同时“我”也就下了“地狱”——字面是“乐园”，字里却是“地狱”，这也许就是古人所说的“背面敷粉法”。如此病病相连相续，成群结队而来，能挺得住吗？语势如此顺流而下，就是死亡，似乎别无选择。然而“竟”也不死，“竟”字呼应了上文所写生病时间之长、所生疾病之多，仍是扣住“职业”做文章。至于所写不死的原因，倒真的有点调侃的意味。这三句话以“职业”为中心展开，但它们实际上全都只是“业余写一点东西”的陪衬。“业余”两字用在此处，大

① 史铁生：《想念地坛：史铁生散文》，浙江文艺出版社，2015，第1页。

有讲究。从句法看，它把自己和“职业”连了起来，变得天衣无缝。从意味想，它不仅常常和“专业”对举，用“业余”自然透出谦逊的情怀，而且在生病这一职业的“业余”，“写点东西”就有比字面更丰富的意味，因在难得的生病间隙，“写”就自然变得艰难，哪怕只写“一点”，因而“写一点”就一定是出于一种更加迫切的需要，写出来的东西也一定更加厚重，更加值得珍惜。“业余写一点东西”，又和总题“病隙碎笔”遥相呼应。

童：确实，言语形式中渗透着表达者真实的态度、情感，“人文本来就在语文中”呀！

王：可以说，作者所用的每一个字、词，都有它的一般意义，亦即所谓字典意义，然而在作者笔下，在作者所创造的字与字、字与句的全新关系中，它们就会获得自己特殊的意义和味道。只要真正走进字句，我们就能和作者相遇。像在上面的仅仅三句话里，我们就能对史铁生的痛苦、艰难、坚韧，特别是史铁生对生命、对文学创作的热爱与执着有真切的体会、感悟，这比离开文本架空介绍、解说史铁生的品格对学生的启发教育要生动、深刻得多，因而也有效得多。这里要着重强调的是，这生动、深刻、有效得多的人文教育正是读者在学习如何运用语言的过程之中才得以实现的。学习如何运用语言，当然是“语文”，同时也百分之一百的是“人文”。在这里，语文与人文已经水乳交融，难分彼此。

我们从事语文教学的时候，不能把人文和语文看成是截然无关的两个东西，它们具有深刻的相关性。这个深刻的相关性，我认为既表现在言语内容中，也表现在言语动机中，最重要，最关键，也是最有价值的表现是在言语形式中。

我们完全可以断言，优秀作品的语文（即语言文字的运用）本身就是人文的体现；而我们要感知优秀作品的人文精神、人文情怀就是要咀嚼、体悟优秀作品的语文，即它是如何遣词造句、谋篇布局的。此处，语文、人文本为一事，岂可分为彼此二者呢？由此可见，语文就像人的眼睛，从中可以看到人的精神状态、心灵活动；而人文则像是语文的神经，假若神经是麻木的，语文也就呆滞了，变得毫无生气，毫无活力。为了语文也得“人文”，只有人文的渗透、滋养，语文才有自己鲜活的生命和无穷的魅力，语文才是真正的语文。削弱了语文，也就同时削弱了人文；削弱了人文，同时也就削弱了语文。即使仅仅为了人文，我们也得“语文”，因有人文在其中获得了感人的力量，能够真正走进我们师生的心灵。这种渗透、洋溢于语文中的人文，跟在语文之外而被硬生生加进来的与语文并列的人文相比，我们宁要前者的一两，也不要后者的千斤。我们说语文，人文已经存活其中；我们说人文，指的不是抽象的人文教条，而就是人文在其中闪亮发光的语文。总之，为了语文也得“人文”，为了人文也得“语文”！

在语文学科里，语文、人文本身就是一个难解难分的同一生命体，它们本来就是“一”，何必一定要先将这个“一”血淋淋地肢解为“二”，再去将它们“统”在一起呢？可以断言的是，如此这般，你再怎么“统”，都难以取得良好的效果！于是，语文课程与教学在这里出现了一个岔路口：是坚守语文、人文一元论的立场，着眼于人文在遣词造句过程中的渗透，并致力引导学生去发现、探究它是如何渗透于遣词造句过程中的，即探讨课文言语渗透了什么、如何渗透，以使学生语文、人文同时得到提升呢？还是先分别着眼于“工具性”或“人文性”，找出与此“二者”各自相关的内容分别教学，在教学过程中再努力做到相互统一呢？其实，把问题一摊开来，我想我们一定愿意走前者的路子，以期语文、人文双丰收。但真正实践起来，也有难处，一是“工具性与人文性统一”的错误观念，经多年的宣传教育，影响深广，上上下下要摆脱其桎梏，谈何容易！二是要具备敏锐的语感和自觉的语文品质意识，该会是一个长期学习和艰苦修炼的过程，这可能是一件更不容易的事情。

童：我想，工具论的出现与存在是一种历史现象，应当不是偶然的吧。您是怎么看待这个问题的呢？

王：平心而论，“语言是工具”的观点，在现当代历史上曾经起过积极的作用。叶圣陶、吕叔湘、张志公等语文教育“三老”曾高举这一观点的旗帜。我们历史上的基础教育从来没有过什么“语文课”“国文课”，等等，断文识字是混在经义课（《三国志》上说“建立学校，导之经义”）、伦理道德课里凑合着教的。后来即使有了国文课什么的，经义的力量却仍然十分强大，是叶圣陶等前辈高举“语言是工具”的大旗，论述语言本身的价值，竭力抵御经义的“入侵”，为语文去争取独立的地位。叶圣陶明确指出：

> 道德必须求其能够践履，意识必须求其能够化为行动。要达到这样地步，仅仅读一些书籍与文篇是不够的。必须有关各种学科都注重这方面，学科以外的一切训练也注重这方面，然后有实效可言。国文诚然是这方面的有关学科，却不是独当其任的惟一学科。所以，国文教学，选材能够不忽略教育意义，也就足够了，把精神训练的一切责任都担在自己肩膀上，实在是不必的。
>
> 国文教学自有它独当其任的任，那就是阅读与写作的训练。①

由于当时学术界对语言的认知还没有进入比“工具”更进一步的境地，这就是所谓历史的局限，以此局限责备当时任何个人都是不合情理、难以服人的。1949 年到“文化大革命”开始，又是他们高举“语言是工具”

---

① 杜草甬：《叶圣陶论语文教育》，河南教育出版社，1986，第 54 页。

的大旗，竭尽努力一再争取语文课回到语文的轨道上。对叶圣陶等语文教育前辈我只有由衷的敬仰。他们虽然认同“语言是工具”，但旨在强调“正确使用祖国语言”。叶圣陶早在 1942 年就指出：“学习国文就是学习本国的语言文字。……必须去掉粗疏的弊病，进到精粹的境界，才算能够尽量运用语言。……尽量运用语言文字并不是生活上一种奢侈的要求，实在是现代公民所必须具有的一种生活的能力。”

也许有人会问：那为什么不可以把现在课标中说的语文的工具性也理解为“正确使用祖国语言”呢？问得太好了。叶圣陶认同“语言是工具”，就是旨在强调“正确使用祖国语言”，而课标就不是，何以言之？因为制定课标之前起着课标作用的语文教学大纲就指出语言是工具，由此论述语文课程“正确使用祖国语言”这一个任务，它也重视政治思想教育、伦理道德教育等，却明确指出并强调这些教育应在“正确使用祖国语言”的教学过程中进行，也明确指出并强调不应脱离语文教学固有的特点或规律。而其后的课标在工具性之外加上了人文性，并且将其与工具性并列了起来，明显就是要把原来就在其中的东西即关于政治、思想、道德等人文内容剥离出来给予独立或说是平等的地位，从而使工具性成了已被证明是弊端丛生的所谓“纯工具性”。这符合语言的本质属性吗？这能说是在强调“正确使用祖国语言”吗？不能！显然这只会削弱“正确使用祖国语言”的教学。

不过，“语文是工具”的观点毕竟缺乏坚实的科学性，在语文教育实践中也产生了一些问题，有的问题还相当严重。于是关于语文学科的性质出现了“人文说”，即认为语文属人文课程，而非工具课程。“工具说”“人文说”长达十余年的争论之后，可能是为了调和两者的矛盾，21 世纪初出现了“二元统一说”，后来写入课标，算是对两说各拉一把各有所取。不过，平心而论，2001 年的语文课程标准还是十分强调“语文课程应致力于学生语文素养的形成与发展”，“致力”者，集中精力、尽力、竭力之谓也，这不是很好吗？是的，如果这一观点能够贯穿始终的话。但这一正确的提法却受到它自身“工具性与人文性统一”这一论述的无情冲击，喧宾夺主，变得难以落实，语文课离语文也就越来越远了。

童：至此，我们对于您提出的人文论的内涵、意义、作用总算有了进一步的认识。跟您交谈的过程，就是一个真正的学习的过程。感谢您！

一头扎进“语感”

一、追根究底，邂逅“语感”

童：王老师，语感这一概念自夏丏尊于1926年提出以来，将近百年，已经越来越受到语言学界、文学界特别是我们语文教育界的关注，您的《语感论》首次对语感的概念、特征、类型、功能、心理机制以及它和言语主体、言语环境、言语形式、语文教学之间的关系等，做了全面、深透的剖析。周有光认为它“是一本填补空白的著作，具有不容忽视的学术价值”，一直被广泛地阅读、评论、引用，一版再版，一印再印，在海内外研究者当中具有相当的影响力，已为美英等国多所大学图书馆收藏。同仁们一提到“语感”，往往就会想起您的名字……

王：谢谢鼓励！其实，我多次讲过，我的《语感论》只是夏丏尊、叶圣陶、吕叔湘等前辈有关论述的一条比较长的注释而已，没有他们在前面筚路蓝缕，就不会有我接着的探索。

我还要再次感谢上海教育出版社，《语感论》第一版只印了1150本，出版社显然是贴了钱的；范守刚、唐晓云两位为此书的出版付出了极大的努力；已故的商友敬先生在书店一见这书就买了20本，多数用以送人，当时我们之间尚不认识。我非常感动，感谢他！至于《语感论》的修订则是由于韩焕昌先生等编辑组织出版"语文教育新论"丛书的推动，修订版比首版确实有了质的进步。

童：您在1990年出版的《语文教改的第三浪潮》，已经对语感提出了一系列新颖的见解，1995年出了《语感论》第一版，于2000年开始出修订版，听说如今还在重印。可以说，您起码有将近十年的时间是把主要心力放在了语感的研究上。我从修订版看出了引用书目之多，从哲学到心理学、语言学、教育学、美学等，古今中外，极为广泛，可谓"十年辛苦不寻常"。我想问的是，您从事语感研究的初衷是什么，动力来自何处？

王：说到研究的初衷，不得不提我早前对"人的语言能力到底是怎么来的"这一问题的思考——语文教育不就是要培养学生的语言能力吗？如果这个问题不能真正解决，语文教育就很有可能是空中楼阁。

其实，"人的语言能力是怎么来的"这个问题本身，可以有两种理解，一是指我们人类最早的语言能力是怎么来的，另一是人类的孩子语言能力是怎么来的。开始，我一头闷进前一种理解，首先找到的当然就是劳动创造语言这一马克思主义的回答，但我们的孩子难道也要从劳动中重新创造语言吗？显然不是。后来我才弄明白我真正要问的是，我们人类的孩子的语言能力是怎么获得的。那时我还在金华一中，学校僻处乡间，前不巴村，后不着店，图书馆的面积可能还不到两间教室大小，又没有因特网、电脑、手机，等等，常常得托人借书，很不方便，但也只得咬牙坚持。关于人（孩子）的语言能力来自何处的问题，我最先接触到的是行为主义理论。华生认为人类的行为都是后天习得的，环境决定了一个人的行为模式，无论是正常的行为还是病态的行为都是经过学习而获得的，也可以通过学习而更改、增加或消除。后来斯金纳虽然有所修正，认为人们有可能通过强化作用的影响去改变别人的反应，实际上还是离不开人的行为决定于他所处的环境这个框框。对此，我还真的不太信，因为显而易见的是，语言能力太高级、太复杂了，再说我们的孩子是富于创造性的，常常会说一些他从来都没有听见过的语句，并不是全都亦步亦趋地跟在大人后面“模仿”得来的。因不太信行为主义，只得再往前摸索，终于邂逅乔姆斯基，自以为找到了正确答案，兴奋之情可想而知。

童：您当时认为乔姆斯基的理论解答了什么问题？

王：乔姆斯基是从人本身去寻求答案的。人类千千万万种语言的语音、词汇、语法都是极其复杂的，孩子们显然没有学过自己母语的这些知识却就能熟练自如地理解、生成自己生活里需要的语句，何故？另一方面，即使是非常出色的语法学家为什么也往往不能完全准确、彻底地描述哪怕是自己母语的语法？这些问题都可以在乔姆斯基所说的“语言习得机制”中找到答案。孩子们的“语言习得机制”由遗传而来（当然也可以遗传下去），它的功能在具体的语言环境里被激活了（当然常常只是部分而已），只是说不出相关的道理而已，感觉可是准确灵敏得很。至于语法学家，他们面对的是已经被激活并表现在言语实践的部分，而不是“语言习得机制”本身。由于语料不完全一样，由语料得出的结论当然也就有差异；而语料一般难以穷尽“语言习得机制”，有关知识当然也不可能完全、彻底。特别是乔姆斯基的有关论断和马克思有关人感觉的论述几乎完全吻合——我在金华一中任教的后期对马克思的《1844年经济学哲学手稿》虽然懂得不多不深，但兴趣极浓，里面有的部分不知翻看了多少遍，几乎能够成诵。当时我觉得，在某种程度上，马克思印证了乔姆斯基的“语感”。例如，马克思认为人的感觉是全部世界历史的产物；“感觉在自己的实践中直接成为理论家”；在分析感觉与意义关系的基础上，强调人的感觉之全面丰富性；等等。而乔姆斯基也反过来证实了马克思有关理论不凡的洞察力、解释力。

二、“语言语感”与“言语语感”的区分

童：但您曾经强烈质疑乔姆斯基的语感理论。

王：是的。当我后来做进一步思考的时候，我发现乔姆斯基的语感的意义丰富性还是和马克思的相关理论有差距，而且差距还不小。

童：差距何在呢？

王：我理解，依马克思所说感觉的全面丰富性来看，乔姆斯基的语感只局限于语音、词汇，特别是语法的范畴，和属于社会性层面的思想情感等无关。我以为这是对语言社会本质的忽视。——我当年对乔姆斯基的所有质疑都是由此而来。

童：王老师，您刚才用了“当年”一词，是否意味着您现在的看法有了变化？

王：哈哈！你的语感真灵。——这次我回头重读了自己有关语感的一些文字，我觉得其中有的地方可以而且应该讲得更具体更清楚一些。乔姆斯基的“语言习得机制”，他自己也说是一种假说，至今似乎都没有获得解剖上的确凿证据。他认为这种机制是一种“普遍语法”的体现，它是人类一种共有的语言知识，如所有人类语言都可从语音、词汇、语法这三个方面进行认识，无一例外。这种共有的语言知识，能够识别、理解、生成一切合乎语法规则的句子，排斥那些不合乎语法规则的句子。但必须指明的是，它绝对不是语法教科书，而只是一种可能的语法，潜在的语法，表现为是否符合语法的感觉。志斌，今天我特别要强调的是，这是一种抽象的有关语法的机制，人人都有，而且可以遗传；但它只有在某

种具体的语言环境中才能转化为具体的语法感觉，即对具体的语句感觉到通不通、对不对而已，而绝不是理性的语法判断。现在我称之为“语言直觉”。然而实际上“对具体的语句做出合不合语法规则的具体反应”的过程中，必定会同时做出这一具体语句在内容上是否合理的判断，我称之为“言语直觉”，这是一种对语音、词汇、语法和具体语句所表达的思想、情感等的综合直觉。乔姆斯基所说的语感是“语言直觉”，吕叔湘把它具体化为语音感、词汇感、语法感；我所说的是“言语直觉”，也可以说是“实践语感”。我曾经质疑乔姆斯基“语感”的片面性，其实乔姆斯基的“语感”——“语言直觉”，是语言学上一个极富解释力的了不起的假说，贡献巨大，不能以“言语直觉”去否定“语言直觉”。当然我们在承认“语言直觉”存在的同时，也不妨碍我们在语文教育领域里运用作为“言语直觉”的“语感”，这确实比较切实、比较精确。我曾经自我批评我研究语感的初始阶段，对“语感”之“语”不区分究竟是指语言还是指言语；后来又肯定语感之语应是“言语”，其实都是由于我当初没有自觉分清“语言直觉”和“言语直觉”。现在我有机会重新思考、梳理，深感欣慰。做学问就得精益求精，严格要求。

童：我觉得，您将语感区分为“语言语感”和“言语语感”应该说是您对语感理论的一大贡献！王老师，您这种不断反思、不断探索、唯真理是求的精神，难能可贵，值得我们学习。

王：你太客气了，实际上我还差得很远很远。当年我浮躁，浅尝辄止，没有真正理清楚、想明白，就以为真理在握，实在可笑之至！其实就在满头白发的今天，我也没有把握说我已经把毛病给改彻底了，恰恰相反，有把握的是一定没有改彻底。要真正意识到自己的渺小无知，真正处于谦卑状态，以谦虚的态度做人做学问，这是要努力一辈子的事情，我们共勉吧！——再回过头来讲语感。乔姆斯基的“语言习得机制”虽无解剖上的依据、证明，但确实是有说服力的。这种机制是潜在的语言知识，应该没有思想意识情感的因子，否则不可思议。称之为“语言直觉”“语言语感”，我认为是合适的。我当年所强调的言语的社会性内涵不可能是语言习得机制的一部分，但这种潜在的语言知识转化为言语实践的过程也确确实实伴随着思想、意识、情感的参与。“语言直觉”所包括的语音、词汇、语法是生成所有言语的语言基础，好比三原色可以调配出世间所有颜色一样，万紫千红基于三原色，但是绝对不等同于三原色。由语言直觉向言语直觉的转化，这是潜在的语言能力向言语实践的跃进，是可能的人向现实的人的跃进！这种跃进绝对不是外在于人的语言工具的获取，不是通过学了如何操控语言工具的知识而得到的使用语言工具的技艺。说“孩子学会了说话就是掌握了说话的技术”，这合适吗？

在这一过程中，我还意识到语感是语文人文性最重要的理论支柱之一。

童：为什么这样说呢？您能否再跟我们谈谈？

王：语感就是人对语言的直觉，它生成于人得自先天遗传的语言习得机制，能够使人在后天具体的语言环境中自然而然地识别和理解句子，创造和生成句子。一般认为，人到六岁就已经学会说话。例如我们汉语有声调，普通话分“阴、阳、上、去”四声，小孩子虽然没有学过任何关于声调的知识，却不会把“马”说成“妈”。如果别人把“买”说成“卖”，他也能够立刻觉察出来加以纠正。这种能力，堪称神奇，为人所特有，大猩猩、黑猩猩就没有。有一次我在朋友家里，看见一个三四岁的小女孩正在喂狗，她对妈妈说：“再添一点，它又舔光了。”同是一个“tian”，一个第一声，一个第三声，她却分得清清楚楚。这种作为人之为人的根本特征、根本标志的语感能力，其实是人类长期进化的结果。语言习得机制所提供的可能性，在后天所处的具体语言环境中转化为现实性。人基于语感的语言能力是人本身所具有的，是使人成为人的主要推动力。从这个角度看，世界上还有比语言更人文的吗？我想确实是没有了。

童：经您这么一分解，“人文说”与“工具说”的分野就相当清楚了。

王：《左传》上说得好：“人之所以为人者，言也；人而不能言，何以为人？”[①]——这话，我好像在《语文教改的第三浪潮》里引用过。

三、“语感”“人文”相互辉映

童：王老师，我们是不是可以这样理解——语言的学习，是和人的思想情感同步成长的。没有离开思想情感的言语，也没有不表达一定思想情感的言语作品。

王：是的。语言实际上来自人与人的关系，正如杜威所说，“语言是一种关系”。

昨天夜里躺下以后我还一直在思考这个问题，能不能说“语言的规矩，就是做人的规矩”？因为说话跟做人，从根本上说是一体的。比方说，古代老百姓在长辈尤其在官吏面前是不可能自称为“我”的，而是以“小的”“在下”之类的名目来称呼自己。相应地，古人称呼官员叫“张大人”“李大人”。你有没有发现，这很有意思。“大人”的称谓，同普通人家庭里小孩称呼成人——尤其是父母长辈——为“大人”是一样的。人们平常会说“大人的话你怎么能不听呢？”——我们都注意到了，古代这些人际称谓上的“规矩”，最终以语言的方式呈现出来。

再比如说，旧式墓碑上镌刻的文字内容，男性死者与女性死者差别可大得很：男性墓碑是有姓有名的，而女性墓碑则只有夫姓、父姓，却无

---

① 见《春秋穀梁传·僖公二十二年》。

本人名字。——这体现的是一种古代性别上的“规矩”。

还有，我不知道你有没有关注过这样的现象——古人书信往来，在正文中提到对方的名字的地方很有讲究。第一是不能以“你”之类的普通人称代词来称呼对方，第二是必须在行文至对方称谓处另起一行以示尊重。当然，后来为了便利，“进步”为空一格或者两格，而不必再另外起一行了。

上面提到的这些例子，都可以很好地说明“做人的规矩”同“语言的规矩”之间的内在关系。换句话说，“怎么说话就是怎么做人”。

童：较之于您之前提出的“语文是人的生命运动”“在立言中立人立心”等论断，我觉得“怎么说话就是怎么做人”的表述更为直接，更富有意味。

王：其实是一码事，仅仅说法不同而已。言语的理解与运用确实关乎言语主体人性的高度。我们可以来看一个具体的例子——鲁迅小说《药》当中茶馆里那场著名的对话。

康大叔瞥了小栓一眼，仍然回过脸，对众人说，“夏三爷真是乖角儿，要是他不先告官，连他满门抄斩。现在怎样？银子！——这小东西也真不成东西！关在牢里，还要劝牢头造反。”

“阿呀，那还了得。”坐在后排的一个二十多岁的人，很现出气愤模样。

“你要晓得红眼睛阿义是去盘盘底细的，他却和他攀谈了。他说：这大清的天下是我们大家的。你想：这是人话么？红眼睛原知道他家里只有一个老娘，可是没有料到他竟会这么穷，榨不出一点油水，已经气破肚皮了。他还要老虎头上搔痒，便给他两个嘴巴！”

“义哥是一手好拳棒，这两下，一定够他受用了。”壁角的驼背忽然高兴起来。

"他这贱骨头打不怕，还要说可怜可怜哩。"

花白胡子的人说，"打了这种东西，有什么可怜呢？"

康大叔显出看他不上的样子，冷笑着说，"你没有听清我的话；看他神气，是说阿义可怜哩！"

听着的人的眼光，忽然有些板滞；话也停顿了。

这段对话真的很有意思！夏瑜在牢里劝牢头阿义造反而挨了打，康大叔说"他这贱骨头打不怕，还要说可怜可怜哩"。对于"可怜可怜"这句话，夏瑜在监牢里对着阿义说出来，茶馆里康大叔对着在场的茶客说出来，以及驼背五少爷与花白胡子们从康大叔口里听到的，显然是"同一句话"。从"语言"角度讲，"可怜可怜"这句话，从语音到词汇到句法可以说没有任何的差异。但是，从"言语"角度看，从人的思想情感角度看，它们相互之间的差距实在是太大了！道理很简单，因为夏瑜、康大叔与花白胡子他们这些人的内在精神世界完全不一样，他们的人性高度差异之大，真有霄壤之别。

从康大叔口里得知夏瑜说"可怜可怜"这句话的时候，花白胡子的自然反应就是："夏瑜这贱骨头居然还敢向我们义哥求饶啊！"便义愤填膺地脱口而出："打了这种东西，有什么可怜呢？"如果不是康大叔及时"指点"，花白胡子是无论如何也想象不到，夏瑜说的"可怜可怜"这句话居然不是向阿义求饶，而是感叹阿义"可怜"；哪怕后来他知晓了这一事实，在他的人性高度上，他也依然是理解不了"阿义可怜"这样的"疯话"的。

用《语感论》里的概念，他们每个人因为自己特殊的生活经验，而拥有专属于他们自己的"语感图式"，所以就会出现相互之间迥异的"同化"与"顺应"的丰富表现。由于存在"语感图式"的巨大差异，两个人的交流就有可能“不在一个频道”上。花白胡子与康大叔不在一个频道，花白胡子、驼背五少爷他们跟革命党人夏瑜之间的交流，更加是一种不知所云的“鸡同鸭讲”。

童：用《语感论》中的术语来说，每个人语感的广度、深度、敏度、美度都是不完全一样的。

王：个人语感的独特，“幽默感”也许是最典型的例证之一。一般地说，幽默是感觉把握的对象，若要通过理性的解说，即便听懂了，也往往不一定笑得出来。幽默感之有无、深浅，与一个人的素质、修养关系极其密切，只有对真善美热爱、敏感，才能发现生活中的讹误、乖谬，对滑稽可笑才会忍俊不禁；麻木不仁者，绝无幽默感。一穷诗人和富翁并肩而坐，富翁想侮辱诗人，便问他：“告诉我，你跟一头驴能差多少？”诗人目测了一下他俩之间的距离，答：“不远，总共只有 25 厘米！”——面对侮辱挑衅，诗人能及时发现眼前之“驴”为驴，从而站在人的角度准确测量出两者的距离，回答了这与“驴”“差多少”的问题，让人会心一笑。这比消极的自卫高明，也比露骨的攻击智慧，因为他能敏锐地觉察到“驴”是在问他跟“驴”自己的“空间距离”相差多少，从而做出“科学”的回应。可见这位诗人对“告诉我，你跟一头驴能差多少？”这句话的直觉把握之独特、独到，从这独特、独到我们看到了诗人人性的高度和语感的品位。

童：我们似乎从小就被教育要重视思维，什么“三思而后行”“行成于思”“巧思成文”“研精覃思”“好学深思”，等等，几乎滚瓜烂熟；而对于感觉，则以为是肤浅的、短暂的、片面的、不可靠的、会误导人的，其实感觉可能由于直通心灵而显得更真实、更宝贵、更灵活、更有用。

王：是的，起码在言语理解与运用的活动中感觉的作用常常领先于思维、大于思维，有时只能依靠感觉，依靠思维反而会误事。《语感论》第一章第一节的第一个标题就是“语感是把握言语的主要方式”。这里我特别要强调的是，语言有时往往无理可说，甚至“蛮横”得很，什么理，靠一边去吧，这里由“我”作主。我说的就是有理的，无理也有理；“你”不听我的就是错的，有理也无理。东何以为“东”，西何以为“西”，约定俗成，无理可说。《荀子·正名》云：“名无固宜，约之以命，约定俗成谓之宜，异于约则谓之不宜。名无固实，约之以命实，约定俗成谓之实名。”大家约定说是“东”就“东”了，说“西”就“西”了，你把东说成“西”，把西说成“东”，就“不宜”，就是你的错。“旧雨”，老朋友之谓也，何以故？杜甫有言：“常时车马之客，旧，雨来；今，雨不来。”就是从这句话里捡出这两个字凑成的，“雨”就这样变成人了，“旧雨”就变成老朋友了。但却不能循此而把“大雨”理解成“大朋友”，等等。其间无理可说。“三九二十七”“四九三十六”，作为乘法口诀，我们觉得太有理了；但母语为英语者却会觉得岂有此理，不可接受，他们必须说成“Three times nine is twenty-seven，four times nine is thirty-six”。“说话必须讲理”是我们做人的底线，不能有丝毫马虎，但这“理”指的是话所表达的内容，而不是指所说之话所依据的词法句法。中日乒乓球赛，“中国队大胜日本队”“中国队大败日本队”，两句话所用的词语排列的先后相同，只有一个字不同，一为“胜”，一为“败”，两者虽是反义词，但两句话说的意思却都是中国队赢了，日本队输了——你说怪不怪？但大家都习以为常，根本没有什么“怪”的感觉。我之所以说这么多，无非是想说明学习语言与学习历史、物理等不同，因为语言的“理”有时根本没有逻辑可言。要培养语言能力，虽然也得学习最基本的语言知识，但语言能力一般都不是由理性的语言知识转化而来，应以熟读、背诵经典文本，同时在植根于学生现实生活的读写听说实践中积极培养高品位的语感为主。这就是我所说的“语感中心说”的核心观点。

童：您从事语文教育研究，一开始，起点就比较高，从人的语言能力究竟如何获得入手，因而能够高屋建瓴。我记得很清楚，我初读《语感论》，就有一个强烈的感觉，就是您的人文论和语感论为语文教学法找到了崭新的理论基础。

王：实际上我也只是在前辈的基础上迈出了一小步而已。但自问当时为推动语文教改而努力的心是真诚的，直至年届八十的今天，一直不离不弃，初心未改，这一点似乎聊可自慰。

童：这使我想起了您写于1999年的一首《自题〈语感论〉》：

富强自是立人先，语教徘徊久不前。
愿掬赤心供爝火，喜鞭驽马追高贤。
书灯一点映明月，白发千茎出砚田。
十驾敢辞长跋涉，会看红紫接蓝天。

王：这首七律其实很一般，但确实是我当时心情的真实写照。——难为你还记得。

童：有人问，您在大约2013年开始提出“语文品质”的概念，接着发表了一系列文章，今年出版了《语文品质谈》，又在杂志上开始发表《漫话文学语言》为总题的系列文章，是不是意味着您在“语感中心说”之外另起炉灶了？

王：另起炉灶其实是一个美好的误会，应该说它是“人文论”“语感中心说”的进一步延伸。

童：是啊！在我看来，您的“人文论”“语感论”“对话论”“语文品质论”“漫话文学语言”，不太像是前后叠加的关系，而是像水波一样一圈一圈荡开去的，其间的联系是有机的，而非机械的。

王：是的，但也不是出自事前刻意的设计，而是自然而然一步一步走过来的。人，人文，始终是我思考的核心。关注人，关注人的生命存在，从“立人”出发，以“立人”为旨归，这正是我长期不懈的追求。

童：自1997年语文教学大讨论以来，语文教育的工具性偏执所带来的祸害不断被发觉，被反思，被批判，对人文性的追求逐渐成为一种主流价值观，这是相当让人欣慰的事情。不过，紧接着另一个事态又出现了，即离开语文谈人文，撇开语文找人文。我印象中，您曾经写了十来篇文章来阐述您的观点。

王：人文，作为一种性质或精神，只能渗透于某一具体可感的实体之中。正如韵律只能存活在诗歌的平仄声韵之中、肢体的动作之中、建筑的形体变化之中，等等，并因之成为它们自然具有的特征。我们不可能将韵律从平仄声韵、肢体动作、建筑形体变化中剥离出来使之独立存在，因为它们直接就是彼此本身。尽管我们可以用知性的语言描述韵律，但这样一来我们只是得到语言而已，失去的是生动活泼的感性的韵律。我一直认为，“人文”是教育的基本特征，语文甚至直接就是人文。我们可以用抽象概括的语言表述人文精神，这种表述也可以游离于这些课程之外，成为一个独立的存在，但它并非语文中的人文精神。语文的人文性只应存活于、实现于语文中。将人文与语文看作两个实体而谈论它们之间的关系，我认为这将永远不可能真正解决人文和语文的关系问题。“人文”渗透于对语言文字正确理解与运用的整个过程。那种把人文和语文相互游离开来的观念和做法（即使旨在强调两者的结合），只会把人文和语文都变成僵死的教条，既难以收到人文教育应有的效果，同时也使以正确理解与运用语言文字为基本内容的语文教育成为一种单纯的操作技能的训练，而与工具论殊途同归，最终以失败收场。

因此，必须强调以下两点认识：一是语文课程真要达成使学生正确理解和运用祖国语言文字这一宗旨，就必须将人文精神全面地渗透其中；二是语文教学就是以正确理解和运用祖国语言文字为基本内容的教学，而不是除此之外还有另外一个人文教育的基本内容。语文课程进行人文教育，使学生受到人文精神的熏陶、感染，主要不是在语文之外宣讲人文精神，而只能将之渗透于读写听说的动机、态度之中，体现于读写听说的文本之中，特别是流动于文本的话语形式之中，实际上就是以课文的言语形式充实、丰富、修正学生的语感图式。

童：那么，在实践当中，应该如何理解修正、丰富学生的语感图式呢？

王：人的认识从来不是从空白处开始的，总是从已有的经验和观念出发。不能把人的感觉理解成为一面镜子，镜中原来空无一物，但只要对象一出现，它就能客观全面地如实映照出来。其实，人已有的知识，组成一定的单元，这种单元就是图式。包括在这种单元里的东西，除了知识本身，还有关于这些知识如何被运用的信息。同样，语感理解和生成言语，也离不开原先储藏于无意识中的语感图式。我们语文教学要提升学生的语感品质，就必须致力于以课文语言去修正、丰富学生的语感图式。例如，“三五月明之夜”——“三五”，十五也，有的学生会以为是“三、五月明之夜”——是初三、初五吗？他们初始的语感图式就有待修正、丰富。

童：我明白您的意思了。修正与丰富的前提就是发现原有图式的失误和不足。在《语文教育学导论》中，您在“发现”上做了创造性的工作。这就是要求学生在较短的时间里熟读、背诵课文的某一不长的片段，然后让他们把原文重写出来，再将学生重写的“原文”与真正的原文进行对比。我们往往就会在这对比中发现学生完全表现出来的原有图式的缺陷。

王：是的。这里有一个很典型很有意思的实例，《风景谈》里的一个片段。

可是更妙的是三五月明之夜，天是那样的蓝，几乎透明似的，月亮离山顶，似乎不过几尺，远看山顶的谷子丛密挺立，宛如人头上的怒发，这时候忽然从山脊上长出两支牛角来，随即牛的全身也出现，掮着犁的人形也出现，并不多，只有三两个，也许还跟着个小孩，他们姗姗而下，在蓝的天，黑的山，银色的月光的背景上，成就了一幅剪影，如果给田园诗人见了，必将赞叹为绝妙的题材。可是没有完。这几位晚归的种地人，还把他们那粗朴的短歌，用愉快的旋律，从山顶上飘下来，直到他们没入了山坳，依旧只有蓝天明月黑魆魆的山，歌声可是缭绕不散。

而他们当堂熟读背诵后重写的部分往往就走样了，比如，有一个学生根据记忆所默写的文字是这样的：

可是更妙的是三、**五**（三五）月明之夜，天是那样的蓝，几乎透明似的，月亮离山顶**不高，只有**（似乎不过）**二三**（几）尺，远看山**上**（顶）的谷子丛密挺立，**就如**（宛如）人**的**头上的**黑**（怒）发，（这时候）忽然从山**背**（脊）上长出两支牛角来，随**着**（即）牛的全身也出现，掮着犁的**农民们**（人形）也出现，并不多，（只有）三两个，**或**（也）许还**带**（跟）着（个）小孩，他们姗姗而下，在蓝的天，黑的山，银色的月光（的背景）**下**（上），成就了一幅剪影。（，）如果**让**（给）田园诗人见了，**又要**（必将）赞叹为一个绝妙的题材。**这还不算**（可是没有完）。这**些**（几位）晚归的种**田**（地）人（，还把他们那）**唱起**了粗朴的短歌，用愉快的旋律，从山顶上飘下来，直到他们**进**（没）入了山坳，**又是**（依旧）只有蓝天明月黑魆魆的山，**可是**歌声**却**（可是）缭绕不散。

加黑的文字是学生无意识改动过的。唯其是无意识的，才真实自然地显示出了他们原有的语感图式。改句和原句的比较——教师先不下优劣的断语，而是让学生自己讨论，让他们真正感悟到原有图式的疏漏不足、课文言语的准确美妙。

童：王老师，您的这一实验，能够极大提高关于遣词造句教学的效益，比起只是要求学生熟读背诵原文，可谓事半功倍。有的对比让人印象深刻，甚至终生难忘。在对比中发现的优劣，有的可以清清楚楚、明明白白地讲出道理来，如为什么该用“怒发”而不能用“黑发”。有的其实无所谓优劣，只是一个用语习惯的问题，如有一处原文用“给”，学生写成“让”，就是如此。当然也会有个别其优劣可感而难说明其所以然的情况，这不要紧，能够有所“感”也就很不错了。

王：其实这种对比也让我自己受益匪浅。教语文，确实也就是自己在学语文。由于执着于原有预成的语感图式，据我的观察，在阅读过程中往往同化大于顺应，出现我所说的浅表同化、疏陋同化、孤立同化、片面同化、错失同化等现象。

童：这五种以自我为中心的同化现象，您在书中逐一做了举例说明，我觉得这些例子都非常精彩，给人相当深刻的印象。

王：呵呵，讲到“语感”，有人就认为这个是“跟着感觉走”“只可意会，不可言传”的东西。这些典型例子，其实让我们真正近距离地“看清楚”了语感是怎么回事儿，语感的“工作机制”是怎样的。

比如，上海一位语文老师在教《守财奴》时，问学生：“葛朗台称赞女儿为什么说‘你真是我的女儿’而不说‘你真是我的好女儿’？”问得实在太好了。他早就估计到学生对这类句子往往容易发生“浅表同化”

的毛病，似乎懂了，实则尚未入门。经过启发、引导，学生终于明白了葛朗台并非一般地称赞女儿的“好”，而在赏识女儿像“我”一样为了金钱什么都可以拿去交易。葛朗台只会说“你真是我的女儿”，而不会说“你真是我的好女儿”。

又比如，柳宗元的《段太尉逸事状》中有“吾戴吾头来矣！”一句。《新唐书》转录时删去了后一个“吾”字。林纾认为删得无理，因为后一“吾”字，“一则哂全军之不武，一则示一身之有胆”，是极有意味的。《新唐书》作者视“吾”字为可有可无，显然是犯了“疏陋同化”的毛病。

再比如《归园田居》第一首末句：“久在樊笼里，复得返自然。”语文教材注云：“长久关在樊笼里，如今又回到大自然中来了。……返自然，指归耕田园。”北京大学中国文学史研究室选注的《魏晋南北朝文学史参考资料》（下册，第 397 页）也认为“这两句说重归田园，如同长久被关在笼中的鸟兽重返大自然一般”。其实从整首诗看，这里的“自然”既指客观的自然之境，更指诗人主观的自然之性，与首句所说的“适俗”之韵是相互对待而又相互呼应的。这是“孤立同化”的失误。

童：这些例子相当典型，也相当有理论说服力与解释力。让我们清楚地看到通过有针对性的教学提升学生的语感品质完全是有方法可循的。

王：关于语文学习的方法，我们一直以来总是说“多读多写”，这当然没错，就是称之为“不二法门”也不为过；但如何读如何写是要讲究方法的。方法得当与否，效果自然完全不同。特别是，由于我们汉语有不同于英语、法语等语言的特征，我们不能完全照搬外语学习的相关理论和方法。

童：我相信，这历时 10 多年的探索经历，其中饱含曲折与艰辛。不过，付出终有回报，您的执着与坚韧换来了您的发现与收获，这是多么值得

欣幸的事情！

王：尽管个中甘苦难以尽为外人道，实际上这只是语文教学法教师应尽的一点责任。

摸索语文教学对话论

一、发现语文教学新生之路：对话

童：王老师，在您关于语文教学的人文、语感、对话三个关键词里，相比之下，我觉得“对话”的重要性排名似乎靠后一点。是这样吗？

王：不，完全不是！就以对语文教学改革的价值而言，我以为当以对话为最，它是语文教学的新生之路。但在我们实际的语文教学中，“对话”精神并没有真正渗透在实践中，还只是停留在口头上，甚至连在口头也不怎么谈起，难怪你“觉得”如此。

童：您刚才说的“最”，该怎么理解呢？

王：人文、语感，对已有的传统多少都会有某种程度上的继承，并不像“对话”所要求的那样是比较彻底的革新——当然也不可能完全没有继承。我们对“对话”的需要也似乎缺乏现实的紧迫感，不“对话”，照样教、照样学，照样读写听说；一“对话”，倒好像从前缠脚的女性，一旦放开反而不太会走路了。“对话”，实际上是非常全面、极其深刻的革命性变革，而且这是向更加“人文”方向的变革。对话，意味着平等、真诚、尊重、信任，意味着人与人之间精神世界的交融、共享，在“人化”的道路上携手共进。

童：向更加“人文”方向的变革，能否更具体地说说？

王：好。譬如说，阅读对我们语文教学来说极其重要，而从古到今，我们总是认为读书就是为了接受、吸收书本所蕴含的意义——接受、吸收就是读书的目的。书本上的意义蕴含在哪里？当然在书本的语言里，难道还能在语言之外吗？所以朱熹一再倡导，为了更好地更多地接受和吸收，读书就必须“虚心”。所谓“虚心”，就是“净扫私意”，“濯去旧见”，“以书观书”，“不可先立己见”，其本质就是要求“无我”，反对“有我”，认为“有我”就是实而不虚，“无我”才是真正的虚。但虚不是目的，所以朱熹进一步指出，虚为的是受，从圣贤书中受圣贤之意，“读者须是文王自作文王意思看，孔子自作孔子意思看，伊川自作伊川意思看”。但读者从书中所受者真的是“文王意思”“孔子意思”“伊川意思”吗？未必！这一点，早在清朝雍正年间，就被只有十岁的戴震看穿说穿。据《戴东原先生年谱》记载，就在他十岁这一年，塾师授《大学章句》，至“右经一章”以下，因有注云：“此为孔子之言而曾子述之。其传十章，曾子之意而门人记之。”于是：

（戴震）问塾师：“此何以知为孔子之言而曾子述之？又何以知为曾子之意而门人记之？”师应之曰：“此朱文公所说。”即问：“朱文公何时人？”曰：“宋朝人。”“孔子、曾子何时人？”曰：“周朝人。”“周朝、宋朝相去几何时矣？”曰：“几二千年矣。”“然则朱文公何以知然？”师无以应……

其实，朱熹所注四书，其声称所谓圣贤意思者，无不全为朱熹自己所认定所给出的意思也，只是由于人们过分崇拜朱熹而不察罢了。而且，我们即使能起文王、孔子、伊川于地下，由他们来说自己的“原意”，也不能保证他们之所说真的就是他们在那个原先特定时空中所说的“原意”。

童： 是啊，到底有没有原意，能不能找到原意，我们的教学好像从来没有对这个前提提出过疑问。

王： 以前人们所相信的“原意”，似乎已经成了大家阅读的常识。由教师讲授“原意”，成了阅读教学的常识。这些常识，从“对话”的观点来看，即使不是全错的，起码也是极其片面的。实际上，书本意义的产生，固然离不开书本，同时也绝对不能没有读者，意义是读者的“私意”“旧见”“已见”（相当于对话理论的“前理解”）对书本感知、消化的结果，没有读者，没有读者的“前理解”，就无所谓“意义”；“意义”必以读者的“私意”“旧见”“已见”为媒介，无此媒介，即无意义。书本没有所谓独立的本体性价值，它的意义离不开读者的阅读。由这一“对话”的常识出发，关于阅读、阅读教学，我们将会得出一系列有别于传统常识的常识：第一，由于阅读是一种个人行为，从阅读得来的意义必因读者的不同而不同，起码不太可能有完全相同的“意义”。第二，书本没有所谓书本的“原意”，所谓原意都是读者的揣测，包括作者所声称的“原意”，前面已经谈到，它未必真的就是他写作当时的真正的原意。第三，书上的语言文字全是作者这个人向他设想中读者的诉说、叙述、表白、提问，等等，包括每一个标点。阅读从现象看，读的是语言文字，其实在阅读过程中真正与读者交流的是语言文字后面的人。第四，作者为什么要说这些，为什么要这样说而不那样说，总是出自特定的动机、意图；重要的是什么动机、什么意图。第五，书本是“他”对“你”说，同时也是“你”对“他”说；读书是“你”听“他”说，当然也是“他”听“你”说——“你们”两个对上话了，你和司马迁、李白、杜甫对上话了，你和托尔斯泰、爱因斯坦对上话了……以上只是这个“一系列”的开头部分而已，还可以继续追究下去，不过，我们已经可以由此得出这样的结论：从对话的观点出发，我们对阅读，对文本，对阅读教学等将会有几乎全新的见解。

然而，我们的相关传统观念的力量竟是那样强大，几乎坚不可摧；即使我们已经认同“对话”的观点，在阅读的实践中我们还是会不由自主地顺着原来的思路去操作，以至于在阅读中新的见解显得如此珍贵。

童：嗯，这令我想起您跟我们讲起过的顾随对王维诗的解读。

王：是的。《送元二使安西》：“渭城朝雨浥轻尘，客舍青青柳色新。劝君更尽一杯酒，西出阳关无故人。”顾随认为，“末二句够味。沈归愚（即沈德潜）以为乃王劝其友人语，余以为乃其友人语，二者相较，此意为恰”①。是的，一读之下，就有豁然开朗之感，确实觉得“此意为恰”，而且更为有味：“君”深感诗人送别之情真挚深厚，不忍之心油然而生，原来都是诗人劝“我”喝了一杯又一杯，于是现在反过来“劝君更尽一杯酒”，恳切盼望诗人多多珍重，出了阳关之后就再也没有像你这样的故人了。原说只考虑到诗人一面，新见则不但看到了诗人一面，而且顾及被送者一面，特别是两者的关系。——新见太有道理了！

可是，“前见”的影响实在太深远了，“君”就是元二，解释起来太自然、太顺当了，怎么可能还会有别人呢？以至我们不能，甚至也不愿、不敢有什么在此之外的新见。但是，“君”在此处为什么就不可能是送君的诗人呢？起承转合，第三句由诗人转到君，不是很合情也很合理吗？由此，我们联系到语文教学，仅仅是为了学生接受“前见”吗？为什么不能启发引导学生自己去辨析、思考呢？一直以来，我们总喜欢教学生信、信、信，喜欢学生听话、服从，而不太待见学生的疑、疑、疑，不

① 顾随：《叶嘉莹笔记》，载顾之京、高献红整理的《中国古典诗词感发》，北京大学出版社，2012，第 52 页。

太喜欢有棱有角、凡事有自己看法和主见的学生，这不就已经涉及学校教育培养目标这样的根本问题了吗？

大家都知道黑格尔有句名言，汉译为“存在的都是合理的”。以前，我只是承认我不懂，我真的不懂：难道我们生活其中的世界之大会没有不公不平不正不义吗？我们难道可以仅仅由于其存在就得承认它是合理的吗？最近偶然看到有人说，这句话其实应当译作：凡是存在的都是有原因的。一读之下，我顿时感到豁然开朗。我没有能力判断何者更接近德文的意思，只是让我觉得新译“合理”，而且对我有所启发。

问题的发生未必都是“我”的问题，也有可能是“它”的问题；“它”的问题未必就一定是黑格尔的问题，也有可能是译者的问题。对话理论不仅使我们对语言、话语、文本、阅读有了新的概念，对教育也会有新的理解，还会让我们对人际交往以及社会生活方方面面有新的看法，甚而至于对世界、对历史、对人都会有新的认识。

童：明白了，“对话”出新见，“对话”能立人。对话的语文，方为真语文。

二、曾经的偏颇及其修正

童：对话让人平等，让人谦逊，对话也让人自信，让人智慧，让人成长。王老师，我这样理解，您觉得是否可以呢？

王：是的。世纪之交，我一接触到对话理论，就情不自禁地为之惊叹不已，几乎五体投地，沉醉于它所展现的无比开阔、美好的全新精神世界，并且急于和同行朋友分享。但是，由于这个“急”字，我的理解和表述就容易出现偏颇。例如，我发表于《浙江师范大学学报（社会科学版）》2001 年第 5 期上的《对话：语文教学的新观念》。此文一开头我断言：

我们的语文教学在20世纪经历了由“训诲—驯化型”到“传授—训练型”的巨变。对于语文素质教育来说，“训诲—驯化型”教学当然无用武之地；由于语文素质主要不是由所谓语文基础知识通过训练转化而来，“传授—训练型”教学效果也并不见佳。我们认为，听说读写实质上都是一种对话活动，听说读写能力实质上都是一种对话能力，它主要来自学生自身在听说读写活动中的对话实践。语文素质实质上是人在对话活动中所应有、必有的素养，它以“前理解”——语感为核心，包括从事对话活动的动机、倾向、态度、品格、知识、技能，等等。因而语文教学活动就必然是也应该是一种对话活动，必须实现向“对话型”的转变。

童：这是您在十多年前提出的论断，您现在还是坚持这样的认识吗？

王：我坚持，也有更新。说我们的语文教学在20世纪经历了由“训诲—驯化型”到“传授—训练型”的巨变，今后必须实现向“对话型”的转变，这都没错。但是，有几点需要修正：第一，认为听说读写实质上“都是”一种对话活动；第二，认为语文教学活动“必然是也应该是一种对话活动”；第三，冠以“我们”认为，好像不只是我一个人而是有好多人似的，声势挺大，这当然与实际不符。

这且放下，这里我只强调第一、第二两个方面的问题。如果真的“都是”，那又何必倡导？对话、对话者必须平等相待，真诚相待，相互信任，相互尊重，并在对话中由于视界不断融合而不断进入新的精神境界，这所有的读写听说活动能“都是”吗？特别是第二点，由于教育、教学不能没有教师自觉的启发、引导甚至主导，包括某种程度或某些方面的传授、训诲，甚至强制，因此绝对不能把“对话”和“教学”完全等同起来，如果我们在教学中放弃教育性，后果不堪设想，起码不会比“训诲—驯化型”“传授—训练型”好多少。我在此文（指《对话：语文教学的新观念》一文）又曾一再说：

语文教学作为对话，它由多个对话者（教师、学生、课文、教材编写者等对话者的多重对话——教师和学生之间、学生和课文、学生和他的听者读者之间、学生和教材编写者之间、学生和学生之间、教师和课文、教师和教材编写者之间的对话）相互交织而成。其中主要是师生之间的对话，它不是向学生灌输自己对文本的理解，传授应当如何写作的套路，等等，而是启发、引导学生和“他者”对话……

现在看来，这段话有失偏颇，它过于强调教学中对话的方面，而忽视了教育性的要求。

童：哦，上述这些论断，您后来做了怎样的更新调整呢？

王：到 2004 年，我在《教学生学会对话》一文中关于“对话”特征的描述，对以前的偏颇就有所修正，我在文章开头一段引用伽达默尔和金生鈜的有关论述说：

对话和教育似乎有着宿命般的对立，谁想去调和，谁都将冒着或者背离对话或者放弃教育的风险。伽达默尔说：“虽然我们说我们‘进行’一场谈话，但实际上越是一场真正的谈话，它就越不是按谈话者的任何一方的意愿进行。因此，真正的谈话绝不可能是那种我们意想进行的谈话。一般说来也许这样说更正确些，即我们陷入了一场谈话，甚至可以说我们被卷入了一场谈话。”[1] 可见，对话就其本质来说是不可指示、不

① 加达默尔：《真理与方法》，洪汉鼎译，上海译文出版社，2004，第 487 页。

可预设的，只能由对话本身所推动，其内容其成果都是在对话过程中生成，不受对话主体所控制和引导，因为真正的对话只能由对话本身所推动，对话主体只是“陷入”其中而已。但是，不可否认也必须坚持的是教育必定有目标有指引，教育必须有教育性。“教育作为人类的活动，相对于个体的经验而言，在内涵上丰富得多，它对个体总是具有塑造性和引导性，而个体总是要接受教育的引导和塑造。”① 显然在理论上对话与教育难以调和。这种对峙也为教学实践带来了混乱和纷争。

因此，我将语文教学的目标和内容概括为“教学生学会对话”。此文在《课程·教材·教法》发表时以《“对话型”语文教学策略》为题，后来收进集子时改为现在这个题目。这个题目虽短，但却比较简单明了地概括了对话与教育在语文教学实践中的关系。我在此文中说：

教师的角色，由训诲者、传授者变成对话活动的参与者。他是平等者中的首席。以阅读教学为例，他不是将自己对文本的理解教给学生，而是教学生如何与文本对话。为了实现培养学生对话的态度和能力这一教学目的，“对话型”教学并不排斥教师的“教”，而是强调“教”的功能的转变；不是完全排斥训诲和传授，而是将训诲和传授转变为学生学习对话、学会对话的必要的辅助手段。因此，在“对话型”教学中教师要勇于教、善于教，否则就是严重的失职。

童：我想，您论文中讲的“严重的失职”，应该是有所指的吧。是不是教学实践当中出现了这样的现象呢？

---

① 金生鈜：《理解与教育——走向哲学解释学的教育哲学导论》，教育科学出版社，1997，第 90 页。

王：是的，当时在教学实践中已经产生了教师不敢教的苗头。关于教什么、怎么教，我归结为如下四个方面的内容。

第一，引导学生在读写听说的活动中树立对话的态度，要让学生明白，对话无疑既包括发言又包括倾听，其中的关键是倾听。文本是个潜藏着巨大可解释性的主体，可是读者在对它做出自己的解释之前必须向文本敞开自己，用心听听文本向他说了什么。

第二，引导学生遵守基本的对话规则。对话是自由的但不是任性的，恰恰是在对规则的遵循中才有可能自由。规则之于自由便如河床之于水流，是成就而非阻碍。可以说只有合规则的才是自由的，从而才是对话的。规则包括对文本的文体特征、产生年代的关注等。

第三，引导学生学习对话所必需的知识。有效对话离不开知识的支持。现代哲学解释学认为，所有的理解都是在前理解的基础上展开的。那么前理解的品质自然会影响理解的品质。因此虽然我们不敢说知识的多少与体验的深浅完全相关，但我们至少可以说对于同一个人，知识量是丰富还是贫乏，会关系到其对文本体验的深浅和广狭。

第四，教师要有意识地与学生共享阅读成果。教师要勇于与学生共建意义。当时已经出现了在所谓对话型阅读课堂上教师似乎越来越不敢说出自己的阅读心得的倾向。其实，不可否认教师相对于学生来讲是个比较成熟的阅读者，教师有能力有义务教学生与文本展开对话。

童：看来，确定教师在教学中的地位与作用，至为重要。对于对话中“平等”的理解，我们是不是容易失之肤浅了？

王：教师是“平等者中的首席”，是多尔[①]的真知灼见，是对教学活动中教师地位与作用的新定位，简洁、深刻、到位。后来我逐渐意识到，

① 小威廉姆·E. 多尔，美国后现代课程论专家，他反对传统的中心主义的教师观，把教师定位为“平等者中的首席”，并试图通过平等的对话和教师权威的重建来构建新的教师观。

教师地位、作用的定位是语文教学向“对话型”转变的关键所在。“对话型”教学固然美好，但实现却并不容易，甚至非常困难。何故？根本在于教师要有对话的态度、胸襟、情怀，我自己教了几十年的书，有这种态度、胸襟、情怀吗？设身处地想想，一个字：难！

我感觉，最初引进对话理论的那些年，这个“根本”强调得少，注意力往往集中于对话的表现，或者说形式，因而难免走偏方向。记得提出对话理论、强调师生平等之初，有的同行直接向我提出：师生关系是不可能平等的，因为教师年龄长于学生，阅历多于学生，知识、能力无不远远超过学生，这怎么能平等得起来？我当时是这样回答的：师生的年龄、阅历、知识、能力确实并不相等，但这不相等不能成为与学生不能平等的理由，平等是指人格的平等。但，知易行难！我到师范大学教教学法以后，有一次还在课堂上对一个学生大发脾气。从道理上说，你既然教教学法，就该在态度、胸襟、情怀等方面给你教的学生做出样子来，可我呢？只有惭愧！后来学院相关领导要那学生向我道歉，被我阻止了；我说，是我该向那学生道歉！这是我的心里话。人与人要真的平等起来真没那么容易！而平等却是建设现代化社会的必要条件！没有平等，哪有法治！没有平等，哪有民主！没有平等，哪有真正的教育！

平等，岂易言哉！别扯太远了，还是回过头来讲“平等者中的首席”。师生人格是平等的，因而是平等者；但比起一般学生，因具有阅历、知识、能力等方面的优势，教师成了首席。我理解，没有平等，就没有首席。

童：作为“平等者中的首席”，在对话教学过程中，教师如何摆正其位置，并真正发挥其应有作用呢？

王：嗯，这相当重要，而且不容易。上引伽达默尔关于“陷入”对话的那段话，是对话的典型状态或者说理想状态。教育自有教育的使命，教育过程中师生之间的交流既具有成为对话的可能和必要，也不能放弃教育自身的意图而放任学生天马行空，教育应当是“教育对话”，这里面学问大着呢，我没有能力讲清楚。我只坚信教育对话以师生平等为前提，以师生之间的相互关爱为基础。没有平等，就没有对话！没有相互的关爱，特别是首席对其他平等者的关爱，也就没有教育对话。（法国的）莫兰说：“如果我看到一个孩子在哭泣，我将理解他，不是通过测定他泪水中含盐量的浓度，而是通过把他同化于我和把我同化于他，在我身上重新发现我孩提时的悲伤。他人不仅仅是客观地被认识的，而是作为另一个我们可以加以同化和我们可以被同化于他的主体来认识的，在这过程中 ego alter 变成了 alter ego。在理解中必然包括移情、同化、投影的过程。”①

教师基于这种关爱的教，就是我曾多次提到的基于教自己的教，具有对话可能的教。但是，正如（德国的）雅斯贝尔斯所批评的：“现行教育本身却越来越缺乏爱心，以至于不是以爱的活动——而是以机械的、冷冰冰的、僵死的方式从事教育工作。”② 据我理解，学校和学生的关系应当贯穿于学生的一生，学生对学校的感情是终生的，学校对学生的关爱也是永不褪色的，从这一点看，学校对学生的爱与母爱类似。学生即使毕业多年以后，他仍旧可以在他就读过的学校得到温暖、帮助、指点。这是其一。其二，即使某学生家里贫穷，或本人成绩不好，或本人始终挣扎于社会底层，学校也会一视同仁地付出爱心。我的老家遂昌，1949年前曾有一所简易师范（即所谓“简师”，招生对象是小学毕业生，三年毕业后即可到小学任教）。我曾经听说，有个毕业生要被抓壮丁了，而据有关规定简师毕业生可免兵役；于是他到学校求助，全校师生就一起向有关方面为他请命，最后居然成功了。我在遂昌中学（其实当时只是初中）

① 埃德加·莫兰：《复杂性理论与教育问题》，陈一壮译，北京大学出版社，2004，第 75 页。
② 雅斯贝尔斯：《什么是教育》，邹进译，三联书店，1991，第 1 页。

读书时，一次看见一位穿着乡下土布衣服的高年级学生在大哭，吴树南老师正批评他。后来我才知道，这位乡下来的同学因病需要休学，是吴老师自己拿出钱来给他看病，后来就痊愈了，不用休学了——学生是因感动而哭，吴老师是批评他不该为这点小事哭鼻子，原话是“初中都快毕业了，又不是小孩子，还哭！”算起来，都六十多年过去了，我仍旧没有忘记，也永远不会忘记。最近有位老教师和我谈起，从前老师在课堂上没有把一些知识点讲清楚，星期六把学生请到自己家里来补课，是会主动请学生吃饭的；现在有些地方补课，教师反而要向学生收钱，收得多的一节课一人要收五百，而补课之所以不能不补，是老师在课堂上有意留下“窟窿”造成的。呜呼！其离对话也远矣！

对话之难，不是难在对话的艺术，而是难在它对人文性的高要求。语文教育的对话理论将语文教育的人文性推向了极致。我以前的偏颇实在是出于对师生平等、师生相互关爱等缺乏深入真切的了解所致。

由雅斯贝尔斯的“教育爱”，我想起了“教育缘”，教育也是有缘分的。

童：智慧如您，也需要经历这样的“自我完善”甚至“自我否定”，对话之困难与对话之重要，以此可见。

三、《走进语文教学之门》的进一步完善

童：出版于2007年的《走进语文教学之门》是您在大学任教生涯中的又一力作。在“后记”中您提到，在您给教育硕士所开设的“语文教学论”课程中，有意识地同大家探讨语文教学活动对话性的问题。——在对话理论方面，您是不是后来又有新的发展呢？

王：是的，《走进语文教学之门》是一部特殊的著作，可以说它是我与我的硕士学生“对话”的成果。该作第二章“语文教学活动的对话性”主要由黄琼负责撰写。他最近回忆道：

2005年下半年我结束浙师大的脱产学习后回到原学校继续教书。大概农历年底，快过春节的时候，一个傍晚，我接到王老师的电话。电话那头很兴奋，王老师几乎是喊着对我说："黄琼啊，我找到一个宝藏，这个宝藏大得很，财富挖不完，但我是挖不动了，你来挖吧。"我知道王老师一向容易激动，但从没见他这样激动。我说王老师注意身体，别激动慢慢说。他说，这几天都在看巴赫金的东西，巴赫金认为话语是对话性的，所有话语都是对语。王老师说，这个说法太精辟、太深透了，对对话教学理论是个非常大的启发，把这个搞懂了，我们的对话教学理论才能再往前走。"黄琼啊，给你个任务，你找到巴赫金的书，先读读，过几天再聊。"说实在的，我心里不是很情愿，一则都已结束求学生活，回到家之后已经放松，硕士论文写的是对话型语文教学，这方面王老师的理论成果已经够我用了，目前论文初稿基本写就，不想再节外生枝；二则大过年的也无心看书。但是任务既然布置过来了，总是要答应的，就说："好的好的，年后我把巴赫金读一下。"没想到王老师说："黄琼你很忙吗？能不能这两天就看？要是手头没书，我寄给你，我急着想听听你的意见。"王老师对我一向客气，但听他的语气知道他心里很着急。我只得嘴上答应。

幸好家里有巴赫金的作品，找出来后先看王老师指定的那几篇，发现巴氏的"对语"理论确实独到，他认为话语本身就具有对话性，否则就只是句子，起不到话语的陈述作用。这比现行语文教育界的对话理论研究得更加细致具体，真正深入语言本身中去。巴赫金的文章我以前也读过，从没有发现什么过人之处，没想到王老师一看就知道里面的门道，不得不佩服。我边读巴赫金，边梳理他关于"对语"的理论要点。大概三天之后吧，我给王老师打电话，简单地向他汇报了关于"对语"的一些认识，王老师表示认同，同时也跟我说了一些他的想法，最后说："黄琼，把文章写出来，一个月内。”由于对问题有了新的思考，我自己也开始兴奋起来，再加上王老师把他的一些思考成果交到我手上，这就相当于合伙做生意，人家已经把他的那份股金打入我账户了，我作为执行人只能积极行动起来。春节期间也没怎么走亲戚，主要是读书，写文章，每写好一稿就发给王老师，电话沟通，邮件来往，在他的反复指导和修改下，最后终于写成了。这篇文章后来发表在《语文学习》(2006年11月)上，题目是《巴赫金“对语”的启示》，我与王老师合署，文章认为话语，不管是说还是听都有诉诸性和应答性特征，每句话都是对话。这之后，王老师要求我继续研究这个主题，并鼓励我独立投稿。……

童：由“对话”而“对语”，这真的是一个全新的推进呀！

王：全书这一章最富哲学意味，黄琼不辱使命，写得很是出色，较之以前的论述已经有了长足的发展。比如，它强调指出并论证了言说活动不是单向度的，而是一种人与人的对话，“他者”的存在是“我”存在的条件，也是言说存在的条件。

说话总是向着一定的对象在说，包括巴赫金所说的打破宇宙永恒沉默的第一人说的第一句话，他并不是在摆弄语言本身，而是在回应宇宙永恒的沉默状态，向着虚空，向着神灵说话——哈哈！古往今来，说话无不是有缘有故有对象的。不能以为言语活动仅仅是对语言本身的操作，实际上它是通过语言而实现人与人的关系。马克思说人是一切社会关系的总和，而语言就是不断把人置于关系之中，在意、发现、关注“他者”的存在，从而成就人作为人的成长。这是对“话语”理解的进一步深化，其实也是语文人文论的更进一步深化。又如，由于传统解释学以为文本有所谓“原意”，所以理解就是对这个原意的寻找和占有，什么时候原意被找到，理解即告结束。理解活动有始有终，是封闭的，一次性的。而对话理论认为，对话性的理解活动是一个不断地生成新意义的过程。因为当一个意义生成时，双方都有了新的视野，而新视野又会促使双方生成新的张力，从而促使对话继续进行，意义继续生成。如此，意义不断被消解，又不断被生成，对话者视野不断随之扩大、提升。所以伽达默尔认为，“对一个文本或一部艺术作品里的真正意义的汲舀是永无止境的，它实际上是一种无限的过程”。

书中关于“我理解你”的阐释，对语文教学特别具有参考价值：“我理解你”并不是我以我之心去理解你，而是尽心尽力以你之心去理解你。如果面对的是文本，那么所谓理解首先就是我尽量以文本的立场来理解文本。虽然所有宣称为客观理解的，实际上都是主观理解，即都是“我以为这是客观”，但是尽量立足于对方的立场来思考的努力确是我与你相遇的前提。由此，在我们看来目前的教学正出现过多地强调个体单方面主张的趋势，却忽略个体与他者的协调和共同意义的达成。虽然偶有提及，比如“尊重他人”“学会宽容和沟通”等，也只是以所谓尊重“你”而看轻了雅斯贝尔斯“我与你”中的“与”，这样就可能出现离散的多元个体格局，未能真正达成对话双方进入新视野，更谈不上携手踏上新路途了。我觉得“对话论”对于我们语文教学来说虽然尚较奢侈，但我们没有不去努力学习和实践的权利。

《走进语文教学之门》中的“语文教学活动的对话性”撰写者是黄琼，这里可以补充的一点是，几年前，他曾在一个研讨会上发言谈我的语文教育研究，我觉得他说得很准确到位，就请他写成文字稿作为我《教育如天　语文是地》修订本的序言，修订本至今未出，序也就一直没有面世，我心里为此颇感歉疚，他却并不在乎。

童：呵呵，我的理解，黄琼同学其实是有其“在乎”之“所得”，那就是与您一道“舞雩丽泽①”，对话而有得呢！

构建“语”“文”课程教学论

童：王老师好！关于语文课程的“复合性”问题，您也是长期关注，并且对“语”“文”复合的主张是长久坚持的吧？

王：是的，我始终以为，语文课程负有语言（即汉语）教育和文学教育两重任务，不可偏废，也不应混合。

我于1990年出版的关于语文教学的第一本书《语文教改的第三浪潮》中，以“语文课是语言文学课”这一专章申说这一观点。我要申明的是，这不是我的观点，而是中央相关文件的论断：

“语文”指“语言文学”，这本来是十分清楚明白的。1954年2月中共中央政治局扩大会议批准的中央语文教学问题委员会给党中央的《关于改进中小学语文教学的报告》中说：我国中小学语文教学，历来都是把语言和文学混在一起教，这样的教学效果，不论从语言方面看，还是从文学方面看，都遭到了很大的失败。……这些事实都说明了语文混合教学的接

---

① 舞雩（yú）丽泽，指朋友间相互切磋。舞雩，台名，鲁国求雨的坛，位于今山东省曲阜市东，语出《论语·先进》:“浴乎沂，风乎舞雩。”古代求雨祭天，设坛命女巫为舞，故称。丽泽，代指“丽泽书堂”，是南宋四大书院之一。南宋著名教育家吕祖谦（1137—1181，金华人，世称“东莱先生”）讲学会友之所。“丽泽”之名源于《周易》“兑卦”象义：“丽泽，兑（悦），君子以朋友讲习。”“丽泽”意为两泽相连，其水交流，以喻君子朋友通过讲会而交流知识、学说。

轨是语言教育和文学教育的两败俱伤，都不能得到应有的效果。①

童：明白了。您关于语文课程复合性的主张其来有自，不过，正是您围绕这一问题所做的长期的研究努力，将这一问题的探讨不断引向深入。

王：我一直试图为建构“语”“文”课程教学论努力做点力所能及的工作，从《语文教改的第三浪潮》开始，而《走进语文教学之门》，而《漫话文学语言》，近三十年来，虽收效甚微，但从未气馁，从未灰心。下面既是回顾，更是反思。

在我不多的书里，《走进语文教学之门》（以下简称《语文之门》）有它的特殊性，它虽然和我早期的《语文教育学导论》（以下简称《导论》）相像，就比较全面、系统地表述我自己对语文教育的见解而言，《导论》虽有不可取代的内容，而且看起来“导论”两个字似乎也更有理论专著的气势、派头，《语文之门》则是入门的普及之作；而实际上，作为学术著作，《语文之门》比起《导论》是往前走了一大步，相对而言，内容更扎实、更全面、更系统，论证更细密、更有逻辑、更科学，表述更规范、更严谨、更得体。《导论》像初出茅庐的小青年，其实不怎么样，却偏偏要在自己的头上装上“导论”的义角，相比之下，《语文之门》要平易一些，朴实一些，稳重一些。此书一再加印，就在几天前，《语文学习》副主编张少杰老师告诉我最近还要加印。此其一。

其二，这是我和学生朋友合著的书，而署名却相当特别——王尚文著，合著者：何方、周文叶、郑飞艺、黄琼、董文明、傅寒晴。这不是有点怪吗？嘿，原本还要怪呢——王尚文主著。主著？是的！有“主编”，为什么不能有“主著”？最后还是“王某某著”，这是我向出版社做出妥

① 中央语文教学问题委员会：《关于改进中小学语文教学的报告》，转引自《关于语文、文学分科的问题》，《语文学习》1985年第3期。

协的结果。合著者的名字署在何处？出版社坚持在书的“后记”里，我则坚持非在书的扉页不可。结果在扉页，这是出版社做出妥协的结果。这在出版物里很是特别，也许仅此一例。此其二。

其三，写作动机的多重性。2005 年，我 65 岁，已经到了退休的年龄，只是由于学校返聘，尚暂时留在教学岗位上，但“退休”意识已经相当浓厚了。特别是由于我身体不好，心脏、胃、肺都曾有不轻的毛病，于是产生了要抓紧时间来比较系统总结自己关于语文教学想法的念头，这就是此书写作的最初动机。此外，我还有一个动机，就是为了通过此书向语文教育的同行推荐这几位合著者——我的相当优秀的学生朋友，并在写作过程中培养他们的合作精神。其中，“总结”是最主要的。

童：您说这本书是“我和朋友合著”，其实呢，这几位您的“朋友”全部是您的硕士研究生。我的理解，纵使直接承担了“撰写”相关章节的任务，其实是由您的研究生“朋友”将您的相关思考与观点以文字呈现出来罢了。

王：呵呵，你这个说法可是大大降低了我这些朋友的作用了哈。确实其中有我的思考，但是每一位作者以及团队的集体智慧的作用是显而易见的，同时也是我深感自豪的地方。征得六位朋友的同意，在明确该书当是一本简明浅近的语文教学论普及著作之后，我们确定了如下重点：语文课程的复合性，语文教学活动的对话性（有关情况和内容，在上文“摸索语文教学对话论”一节已经谈过，此处不赘），汉语素养与汉语教学，文学素养与文学教学，语文教学的基本原则等。

童：您关于语文课程的“复合性”问题的研究，《语文教改的第三浪潮》是其发端，在《走进语文教学之门》中做了系统的阐发，是这样吗？

王：可以这么说。关于语文课是语言文学课，《走进语文教学之门》主要依据 2003 年教育部制定的《普通高中课程方案（实验稿）》（以下简称《方案》）立论。《方案》指出："高中课程设置了语言和文学、数学……等八个学习领域"，与其中"语言与文学"这一学习领域相对应的科目是语文和外语。[①]《语文教改的第三浪潮》的相关内容以"人与语言——人在语言中成长""人与文学——心在文学中美化"两节分别进行论述，篇幅不到50页，比较简单粗糙；《走进语文教学之门》中"复合性""汉语教学""文学教学"各自独立成章，篇幅加在一起差不多就有300页。

"复合性"这一章主要由周文叶撰写，她因有硕士论文作为基础，写得相当顺利。周文叶聪慧、大度、务实，她的思辨能力不时闪光，常能发出鞭辟入里的言论，让人喜出望外。这一章共有"'何为"语文"'是个问题""'语文'源流""汉语教育的必要性""文学教育的必要性""语文课程是'汉语''文学'的复合"五节内容。其中关于"语文"这个语文教育中最重要的概念及其发展、变化的历史，她从纵横两个维度做了细致、翔实的梳理与评析，就我所见，似乎至今无出其右者。

关于汉语教育的必要性，我的研究生团队中另一位已毕业的成员周燕曾经指出："母语之'母'就是生'心'之母、精神之母。"[②]学习母语的过程，就是个体加入本民族成为其中一员的过程。卡西尔认为："某种意义上，言语活动决定了我们所有其他的活动。我们的知觉、直观和概念都是和我们母语的语词和言语形式结合在一起的。"[③]每种语言其实都是一种观察世界以及解释经验的特殊方式，在每种不同的语言里所包含的其实是一整套对世界和对人生的无意识的解释。因此，在掌握母语的过程中，本民族的思维方式、风俗习惯、生活方式等都潜移默化地渗透到个体的心理结构中，从而形成符合本民族价值观念的个性、品格，其

① 中华人民共和国教育部：《普通高中课程方案（实验）》，人民教育出版社，2003，第2页。
② 周燕：《也谈"母语"的"母"》，《语文学习》2003年第6期。
③ 卡西尔：《人论》，甘阳译，上海译文出版社，1985，第170页。

必要性不言而喻。

童：关于语文课程的“复合性”，指的是“语言”与“文学”的复合。我的印象里，两者当中，您对“文学教育”的强调更多一些？

王：我强调文学教育的必要性，是基于对语文教育现实的把握。我写《语文教改的第三浪潮》时，“工具论”浪潮正铺天盖地汹涌而来，主要表现之一就是对文学、文学教育的歧视、贬抑甚至完全排斥，探讨文学教育的文章几乎难得一见。在“人与文学”这一节，我指出：“近十年来，‘工具课’纠正了语文课是政治课的偏向，却又把语文课推向了另一个极端，在否定文学教育这一点上又和‘政治课’走到一起去了。”我罗列并剖析了当时否定文学教育的种种奇谈怪论，例如有一本颇为权威的教学法著作就公开宣称，即使课本里选了文学作品，“也不是文学课，其主要目的仍在于学习语言”。

至于以政治教条来肢解文学作品的教法，可能到现在仍然普遍存在。最近我在“百度”上查阅了好几个《项链》的所谓优秀教案，有的说“莫泊桑的《项链》是一篇揭露资本主义社会没落本质的短篇小说”，有的说小说“表达出对当时社会的不满（人与人之间的金钱关系）”。即使不是从政治教条出发，也会把文学作品看成是某种思想观念的注解。我们且来看看一份优秀教案的“导入新课”：

人们常说，爱美之心，人皆有之，但是问题的另一面，凡事过犹不及，过度的虚荣心，过度的爱美，不仅得不到美的享受，反而还会为此付出惨重的代价。那么，让我们一起来欣赏世界三大短篇小说之王中的一位——莫泊桑笔下的玛蒂尔德在生活的追求中付出了什么代价吧！

这根本不是文学教育！文学教育的首要条件就是要把文学看成文学，

不能把所有的文学作品全都看成是将某种教训寓于其中的寓言，就像上面这位老师眼里的《项链》。即使把它看成寓言，这位老师所概括出来的寓意也是经不起推敲的。因为，也完全可以把玛蒂尔德为之付出代价的是没有谨慎保管自己身边的财物，只要她小心一点点，项链就不可能丢失；或者，归结为对朋友还不够信任，只要项链丢失之初就把事情真相向朋友和盘托出，也就没有后来的故事；等等。我曾在《语文教改的第三浪潮》这本小册子里引用列夫·托尔斯泰、鲁迅、海明威等的相关言论来说明这种做法的错误：

如果有人告诉我，他可以写一部长篇小说，用它来毫无疑问地断定一种我认为是正确的对一切社会问题的看法，那么，这样的小说我还用不了两小时的劳动。①

文艺之所以为文艺，并不贵在教训，若把小说变成修身教科书，还说什么文艺。②

有人说作家在他的作品里反映了一种或两种思想，对此，海明威说："这种说法太幼稚了，也许说这种话的人头脑里只有两种思想。"③

童：您对文学教育现状的担忧，可谓溢于言表。

王：我反复论述文学教育的实质就是情育（情感教育）、美育，要的是体验、体认，要的是感动、感悟。凡是人，都有情感，情感是人的行为的原动力。人的情感有美丑善恶优劣高下之分，人生成为人的过程，就是不断陶冶情感的过程，而文学因情而生，文学教育必基于情并诉诸

① 文艺理论译丛编辑委员会:《文艺理论译丛》，人民文学出版社，1957，第 224 页。
② 山东师范学院中文系文艺理论教研室:《鲁迅论文艺与艺术》，山东人民出版社，1979，第 113 页。
③ 乔治·普林姆敦:《海明威访问记》，海观摘译，《文艺研究》1980 年第 2 期，第 140—144 页。

情，旨在以文学自身之魅力提升人感情的品位。黑格尔说，欣赏就是“在艺术里重新发现自己”。在文学阅读中，“我”化入了“他”的形象之中，和“他”一同期待、渴望，和“他”一同挣扎、拼搏，和“他”一同高歌、痛哭，快乐着“他”的快乐，痛苦着“他”的痛苦，总是不由自主地哀其所哀、悲其所悲、忧其所忧、乐其所乐，读到高兴处会开怀大笑，而读到忧伤处又会伤心落泪。读者在阅读中通过人物的情感来了解自己的情感，通过人物的思绪发现自己的思绪，使人们借助于人物这面镜子，看到自己身上未曾觉察、或未曾了解以及未曾完全了解的东西，从而达到对自己有更加全面、深入、透彻的认识。这是感情对感情的发现，感情对感情的开拓。文学教育的力量不可小觑，而且不可或缺，不可替代，这一点，在“复合性”这一章里论述显然更为充分和具体。

由于文学教育的实质就是情感教育，这一章引用了权威资料指出了青少年相关问题的严重性：在第 13 个世界精神卫生日（2004 年 10 月 10 日），卫生部、世界卫生组织驻华代表处等机构透露，在我国 17 岁以下的儿童和青少年中，大约 3000 万人受到各种情绪障碍和行为问题的困扰。其中中小学生心理障碍患病率为 21.6% ~ 32.0%，中小学生精神障碍突出表现为人际关系、情绪稳定性和学习适应方面的问题。① 如何开朗乐观地渡过这段人生的急流险滩，快乐地学习、生活，健康地成长？学生呼唤情感教育。因为他们未来的生活不仅需要丰富的物质条件，同时更需要充实的精神生活。应当特别引起我们重视的是中学生出现的所谓“感情饥饿”。现在，不少中小学生抱怨：“我们现在是吃穿有人管，分数有人管，就是心情没人管，感受没人管。” ② 也正是由于没有人管他们的感情，即缺乏情育，再严厉、再深刻的教训教诲，再多的心理咨询辅导也不全

① 侯佳伟、刘俊彦：《中国青少年发展状况统计数据分析报告（2005）》，《中国青年研究》2006 年第 1 期。
② 王思海、张建新：《孩子的心情谁来管》，《瞭望新闻周刊》2006 年第 14 期，第 61—62 页。

管用。由于情感教育的缺乏，学生的人格产生变异，学生中有心理问题者越来越多，他们对人性、人情、人道的麻木让人触目惊心。这也有实例：2000 年 1 月 17 日，浙江某中学生因忍受不了来自考试排名和母亲絮叨的压力，用铁榔头砸死了自己的母亲，并移尸灭迹，还写信欺骗父亲说母亲去杭州看病了，之后又照常参加了一场考试，并取得了不错的成绩。被捕入狱后，中央电视台的记者采访他，问他如果生活能够重新开始，他有什么想法、打算。他泰然自若地说："我要好好学习，考上理想的大学。"他的"冷静""从容"让人不寒而栗！他是那么轻易地自己原谅了自己！他毫无忏悔意识，因为他缺乏杀母的罪恶感、羞耻感，情感麻木到了极点！现在也有类似个例偶尔会见诸报端。

关于文学教育的功能和优势，我们从人是一种关系的存在这一命题出发，比较详尽地论述了人的现实存在的主体间性，说明文学以审美的方式作用于读者的全身心、全人格，文学教育不仅能使我们认识外部世界，更重要的是能帮助人们认识到自身，认识自己的思想、灵魂、自己的内心世界，从而反观自我，完善自我，并不断地提升自我的情感，塑造自我的精神，成为真正意义上的人。"复合性"这一章共有近八万字的篇幅，可以成为一篇独立的论文。

童：上面分别说了汉语教育、文学教育的必要性，"复合性"自然水到渠成。王老师，能否请您分别说一说《走进语文教学之门》关于汉语教育和文学教学目的、内容、方法方面的独特见解。

王：好的。先说汉语教学吧。《走进语文教学之门》中"汉语教学"部分以董文明为主，何方、郑飞艺、黄琼均参与执笔。当然首先是确定"汉语素养"的内涵，这是关键所在。大家都很认真，几经讨论，最后呈现的"汉语素养的定义"是："出于真诚对话的愿望，准确理解对方的话语形式与话语意图；精确妥帖地运用汉语言文字表情达意，以进行最有效的交流。”这个定义，突出了言语形式和言语意图。关于言语形式，我已经谈过多次，新的东西不多，而“言语意图”则有突破。

董文明最近回忆说：“在王老师的启发带领下，大家逐渐认识到，语言教育的宗旨，不仅仅在于让学生理解语言的意思，更在于理解语言的意图，即说了什么固然重要，但为什么只说这些而不说别的，话为什么这么说而不是那么说，才是命门之所在。”确实，言语意图实际上是言语表达的幕后掌控者，也是语文教育人文性的重要体现。董文明接着说：

质言之，表达，不仅仅是为了表达说者的某一意思，为什么要表达，向谁表达，这个“什么”“谁”又是怎样影响着表达，才是语言文字的理解与运用中最为重要因而必须正视的首要问题。不可否认的是，任何语言活动都是表达某种意图的活动，都是对意图的某种实现方式，话语之所以具备交流能力，主要不在于它有意思，更在于它有意图。“意图”二字，引导我们重新打开汉语素养的大门，让我们获得了一个汉语教学的全新视野，真可谓是“长恨春归无觅处，不知转入此中来”！

但如何以新的汉语素养为旨归重构汉语作品的教学内容，也就是如何在教学内容与意图之间找到一条通道，并非可以一蹴而就。当时有一种感觉实在是太强烈了：我确实认同并自觉完全领会了这一新的理论，但一旦切入实践层面，就仿佛进入了一个胡同，怎么绕都绕不出来了。接下来王先生的指导，仿佛帮我打通了“任督二脉”。他说，让我们一起回到这个问题的起点。若以说明文为例，传统范式下的教学内容，显然是出于使学生学会有关说明文阅读与写作知识的教学目的；可问题在于：学生为什么要学习这些说明顺序、说明方法、说明语言的知识？答案一定是：为了更好地阅读和写作说明文。但事实告诉我们：学生光是学会这些有关说明文的知识技能，并不能真正达成上述目的。因为这里有两个根本性问题被遮蔽了：第一，作者为什么要写这篇说明文，即作者的写作意图是什么？第二，这篇说明文是写给谁看的，即读者对象是谁？“作者的意图”与“作品的读者对象”构成说明文教学内容体系中的两个前提性要素，制约着说明内容、顺序、方法以及话语体式与情调等其他一系列要素。从说明文推而广之，所有汉语作品的教学内容，都要重新调整，从意思本位走向意图本位：汉语作品教什么，除了“写什么”“怎么写”，更要关注“为什么这样写”。而分析“为什么这样写”，就得去关注作者，特别是“为谁而写”“为何而写”。就作者而言，不同的作者会有不同的语气，譬如，同样介绍赵州桥，桥梁专家与历史学家，他们的口气是不一样的。王先生的观点，起于意图发生，终于意图实现，始终牢牢抓住“意图”这一缰绳，使我豁然开朗。接下来，我就走得比较顺畅了。且以《中国石拱桥》为例说明之。如果从意思来看，《中国石拱桥》先谈石拱桥的一般特点，再谈中国石拱桥的总体情况，接着以赵州桥与卢沟桥为例详加说明，最后着眼于中国石拱桥取得辉煌成就的原因和在新中国成立后的新发展：似乎是为了介绍桥本身。但从意图来看，本文时时处处流露出对中国古代劳动人民勤劳勇敢和卓越才能的赞扬，作者的意图主要在于歌颂人，或者通过说明桥来歌颂人。我找到了作者茅以升先生的创作谈和他给读者的一封信，极好地佐证了这一观点。再与另一篇同样写赵州桥的说明文《闻名中外的赵州桥》一比，后者对于桥的说明极为周详，其意图显然在于桥。这一对比有力地证明了《中国石拱桥》的意图在人，不在桥。我觉得，正是“意图”让我们自己找到了语言教学的新的路标。

其实，我们当时对言语意图的认识，就是十多年后我提出“语文品质基本要求”的滥觞之一，只是当时没有自觉到而已。董文明具有诗人气质，又极机敏，文笔也好。关于汉语教学的这一章无疑最具有语文教学实践的参考价值。

童：是的，关于“汉语教学”的上述论述，不仅廓清了认识上的迷雾，同时还让我们找到了实施教学的有效路径。那么，“文学教学”的实践，我们又该如何着手呢？

王：和汉语教学并列的是文学教学，这一章算是比较系统深入地研究了文学素养、文学作品教学、文学知识教学、文学写作教学等问题，给出了一个初步的框架。主要由何方执笔，黄琼也写了“关于文学写作教学”这一节。文学教学这一章的重点、难点都在“文学素养”这一概念的界定。文学，我本有兴趣，但已荒疏多年，遂下决心认认真真买了几本新近的译著来读。不是说“教”就是“让学”吗？而让学生学，就先得让自己学。这次阅读，更新了我的文学理论知识。何方是我学生朋友中悟性最高者之一，性格也很潇洒，硕士毕业先到出版社，后来对城市规划发生兴趣，就又到了政府相关部门，工作颇得好评；不久前说要像我一样在高校教书，果然就离开处级干部岗位到高校当了副教授，讲课深得师生好评。但在这本书的写作初期，他有点心不在焉的样子，被我好好剋过一顿；进入状态后，所写质量既高，进度也快。关于文学的教育功能和文学教育的功能的区分；关于彼得·威德森与朱光潜、何其芳有关“文学作品认知”不同见解的辨析；关于《唐诗鉴赏辞典》对李白《静夜思》鉴赏的争鸣文字；关于“文学作品教学的内容”问题崭新的论述；关于“体验”的几个层次的解剖与循环——“体贴到”语言、“体贴到”作家、“体贴到”作品、“体贴到”作品中的人物、“体贴到”意味——作为教学成败的关键，何方的见解均有独到之处。据何方回忆，我曾强调指出：

文学作品教学一定要体贴到文本，体贴文本中的人物的所思所想，否则文学教学就失败了。比如面对大风车，堂吉诃德提矛冲杀过去，如果老师问学生，堂吉诃德为什么把大风车当魔鬼啊？那学生回答很可能会是，堂吉诃德产生幻觉了，甚至认为堂吉诃德有精神病了。那么课堂就与文学无关了，学生就与文学无缘了。这个时候，老师有必要带领学生体贴到堂吉诃德这个人：在堂吉诃德眼里，大风车就是魔鬼，魔鬼就是大风车，他是真诚的。

汉语教学有时也用文学作品作为教材，但文学教育框架内文学作品教学却大异其趣，后者强调：一，让学生“有所体验”，即在学生阅读文学作品的过程中，让其从没有体验到有所体验，从有所体验到深入体验；对教师来讲，就是要让学生睁开文学的眼睛，唤醒学生诗意的耳朵，让学生在自然状态的阅读中不会被感动的地方也能被感动，让学生从看似平凡的不经意之处，发现其中的奥妙、奇崛。包括由让学生能够“看到”“听到”而让学生能够“体贴到”，而且要让学生体贴得到位、透彻。二，让学生在体验之后进行反思。

童：这些论断对于语文教学实践都是极富指导价值的。令人遗憾的是，实际教学中，语文教师的观念与实践，却是问题多多，让人触目惊心。

王：是呀！我们的语文教学一直流行不“语”不“文”的所谓“语文”教学模式，下面所举《祝福》一课的教学算是偏重文学的。

教学要求：

1. 准确把握祥林嫂的形象特征，理解造成人物悲剧的社会根源，从而认识旧社会封建礼教的罪恶本质。

2. 学习本文综合运用肖像描写、动作描写、语言描写等塑造人物的方法。

3. 体会并理解本文环境描写的作用，理解本文倒叙手法的作用。

教学安排：

第一课时重点厘清小说的情节结构，了解倒叙的作用。

第二课时重点分析祥林嫂的形象。

第三课时重点分析鲁四老爷和“我”的形象。

第四课时重点分析写作特点。①

这显然不属于汉语教学的范畴，但也不是真正的文学作品教学。整篇作品的教学最终指向“认识旧社会封建礼教的罪恶本质”这一思想教育目标，模糊了文学作品教学与道德教育、思想教育、公民教育的区别。在“了解和分析”过程中，先就划开了学生与文学文本的距离，学生是施动者，文学则成了客体，是受动者。同时也就规定了学生对待文本的方式——主体对客体的认识、研究、考察、说明，等等。学生在对待文学作品的态度上，或是俯视，或是仰视，而不是平视，这样很容易阻断学生情感与作品情感的对接，不利于学生与文本对话态度的养成。此外，在当前的文学作品教学中，还有的老师过分强调读者与作家、作品情感的对应性，而在心目中预设了作家、作品所要表达的情感，总是试图让学生直接走向作者，以作者写作意图的把握为文学作品教学的内容，从而让读者失去了多元解读的可能性与合理性。还有的教师则变文学作品教学为文学知识教学、文学技巧教学、文学评论教学，即直接把作家作品的知识、写作手法的分析、文学评论作为文学课堂的教学内容。

我们认为“文学作品的教学”完整的表述应该是“文学教学框架内的文学作品教学”，它担负着文学教育的任务，具有不同于汉语教学框架内的文学作品教学的教学目的、内容与方法。质言之，文学作品教学是

① 佚名：《人教版高中语文第四册教案（可编辑）》，豆丁网，http://www.docin.com/p-935078521.html，访问日期：2019年4月20日。

学生文学素养生成和发展的必然途径，学生文学素养的提高主要通过文学作品的教学来实现。同时，我们认定文学教育的主要目的恰恰不是实现文学的教育功能，而是以之为手段实现文学教育的宗旨：唤醒学生对文学的渴望，点燃学生对文学的热情，培养学生鉴赏文学的能力。这种能力的第一个标志是能够自然而然地准确区分文学文本与非文学文本。在论述过程中，我们指出了《唐诗鉴赏辞典》中把李白的《静夜思》看成纪实文本的失误。文学教育的另外两个主要功能是培养文学情趣和文学感觉。文学情趣不是一般所谓喜欢而已的兴趣，而是基于强烈审美愉悦的“特有所好，特有所恶”（朱光潜语）。文学感觉是通过对文学语言形式的关注，而对文学意境形象和意蕴意味的一种直觉的把握能力，是对文学作品中“生命的意味”的洞察力或顿悟能力。

总之，我们从“文学”出发，形成了从文学，到文学作品，到文学作品教学，到人性人情人味的丰满、提升、充盈，这样一个有别于之前教学模式框架的新体系，呈现了一种新的文学教学课堂生态观。

童：王老师，《走进语文教学之门》是如此特殊的一本著作。我有点儿好奇，您与您的“朋友”们在“合著”的过程中，是不是也会遇到困难，发生波折呢？

王：当然有喽！这一过程实在是有太多难忘的经历呀！本书最后关于语文教学基本原则和基本方法部分，是由郑飞艺、傅寒晴完成的。郑飞艺在我这里硕士毕业之后，读了华东师范大学课程与教学论的博士，她最近写的回忆材料说：

笔记本上有案可查的第一次集中讨论时间是 2006 年 12 月 17 日，地点当然是金华。在此之前，王老师把他拟构的目录提纲发给了文叶和我，那时我俩是华东师范大学课程与教学系的博一学生。我们把自己的想法反馈给了王老师，其中有相当部分是挑刺的。在其中一次的通话交流中，王老师嗓门越来越大，突然冒出一句："你们两个读博读坏了！"老师生气了，我们是紧张的，一生气血压升高，那可糟了。当下我们应该没有坚持争辩，好像闯了祸的孩子。

我们的想法有问题吗？王老师为什么不接受我们的意见？用什么样的理据和角度才能更好地表达我们的观点？先生视学术严谨为生命，我们当然没有放弃平静之后的继续讨论。这就是先生的让学之道，我们敢于在先生面前表达反对意见，正是先生"纵容"的结果。先生性情中人，可敬又可爱，一时冒火，我们也不怕，依然可以对话！

这事我早就忘了，即使现在提起，我怎么也想不起来；但我有时脾气不好会发火倒是一点也没夸张。当初在金华师专的两年有没有向学生发火，忘了；但此后在金华一中，浙江师大（给本科生上课），我都在课堂上发过火，有一次发过大火；研究生教学，大火虽未发过，小火或冒烟，概率可能不低。我自知我的性格中多少有专制的因子，根深蒂固，只要气候合适，就会爆发出来。现在想想，惭愧啊！不单是惭愧，简直可恨、可鄙。其实也挺可怜的，作为一名教师，特别是教学生如何当教师的教师，居然如此轻易败于自己丑陋的性格，简直可耻！郑飞艺和周文叶的宽容真正教育了我，真的要谢谢她们！

其实她们两个真还有当头儿的风范，郑飞艺"大姐"的样子，实际上就是那帮研究生的头儿，所以我在《走进语文教学之门》的"后记"里说"书稿最后的校对、修订由郑飞艺总董其事"。郑飞艺根底扎实，锦心绣口，她的硕士论文答辩，主持我请的是倪文锦兄，他独具慧眼，答辩结束后就鼓励她考博。再回头讲这本书，教学方法这一部分其实最不容易写，郑飞艺建议以细读、诵读、背诵为纲，真想不到被她们两个写得如此深入浅出，举重若轻。我可以负责任地说，郑飞艺是我们当前语文教育界研究语文“读”法当之无愧的专家。傅寒晴在六人中年龄最小，她性格温柔敦厚，谈文论学，也丝毫不亚于她的学长学姐。常常在集体讨论时，她先是在一旁不动声色地听着，但等她一开口，几乎每次我们大家都会为之倾倒。在“背诵”一节，她开头就先声夺人：

何为背诵？《现代汉语词典》的解释是“凭记忆念出读过的文字”① 这当然没错，但却并不能令我们满意。因为这一定义似乎允许一边追忆一边念出的情况，而这恰恰是我们认为最要不得的背诵。我们所说的背诵，是指“自然上口”，“其言皆若出于吾之口”“其意皆若出于吾之心”的背诵。

我认为，书中细读、诵读、背诵这一部分完全可以独立出来，单独成书。

童：呵呵，正如这本书的名字，您关于语文教育的研究，就是一个引领年轻后学与一线教师不断“走进语文教学之门”的过程。——不是说刚刚“入门”，而是不断地走进关于语文教育丰富多彩的一扇又一扇“门”。

王：你说得很对。对我而言，语文研究，也是我自己不断地进入一扇又一扇“门”的过程。由《语文教育学导论》到《走进语文教学之门》的相对成熟，伴随着我和我的研究生由师生成为朋友的过程。

当了一辈子教师，八十之年，最深的体会也许就是我一再讲的：教师是成为教师的过程，也就是把自己教成学生的过程。其间，作用最

① 中国社会科学院语言研究所词典编辑室：《现代汉语词典》，商务印书馆，2005，第60页。

直接、最持久、最强大的莫过于学生。只有面对学生，教师才有成为教师的愿望和自觉，成为教师的责任与行动——以教师的规范要求自己成为教师。“三人行，必有我师焉”，“三人”者，对我来说，除我自己，就是朋友和学生；而朋友中，除了同学，最多的也许要数我曾经的学生；而学生朋友中，最多的一定是我曾经的研究生。我无限感激因带硕士生而结识那么多优秀青年，并且和他们成为真正的挚友。

对于实实在在的生活，体验比认知重要得多。“教师是成为教师的过程”，就来自我自己担任教师又特别是硕士生导师的体验。这些天正在回忆《走进语文教学之门》的写作经历，那些日子不但确确实实验证了教师是成为教师的过程，还进一步体验到这实质上就是师生成为朋友的过程，这一过程温馨、充实、美好，而且越来越有如诗如歌的感觉。

人与人之间彼此成为朋友，我觉得该具备三个基本条件：相互之间的信任、理解、体谅；另外，也许是更要紧而不可或缺的，是一份在共同工作、生活中自然而然产生的感情，友谊本身不就是感情吗？我没有专门思考过“友谊”这个题目，这，只是现在回忆我和研究生的关系，特别是我和这几位研究生在合著《走进语文教学之门》那些日子的一点体会。上年纪了，记性也差了，为了这个口述实录，我就请他们提供一点线索，一点材料。不料他们中的好几位就立刻写了完整的文章过来，都是忙人呀，真有点让人感动。信任，理解，体谅，什么都不缺，特别是感情，更是自然而然地洋溢于字里行间。董文明写道：

他完全可以凭借对于语文教育改革的使命感、厚实深广的学术功底以及对这一问题的长期精深的思考来独立完成这一工作，但他却没有这么做，而是选择了带上我们这些学生一起“共渡长江”。所以自从被应招“入伍”的那一刻起，有一种感受凸显出来：先生想得最多的，已经不是他自己了，而是我们这些后生的成长与发展。

何方想起我当初对他说的话：

我觉得当前的语文教育现状不容乐观，问题太多，我们作为语文教育工作者，有必要有义务把什么是语文教育再给说说清楚，贡献我们的一得之见。所以，我想我们一起写一本书，书名叫《走进语文教学之门》。当然也有另一层考虑，就是你们现在刚刚毕业，在各自的岗位上也刚刚起步。有了这本书，同行们就会对你们有一个初步的了解，或许有利于你们今后的发展。你看怎么样？

接着他写道：

2007年5月，《走进语文教学之门》即将付梓，却传来消息，说出版社考虑到书的销量，希望借助老师的名望，独立署名。我们这些“无名之辈”联合署名，一定会稀释这本书的分量。因为我自己当时也已在出版社工作，对于出版社的考虑，我是完全能理解的。话说回来，这本书虽然有多人参与，但无论从语文教育理念的提出，框架的拟定，书稿的统筹，甚至具体章节的撰写，绝大部分都是老师个人的贡献。所以，出版社提出让老师独立署名，我们都觉得理应如此，当然如此。可老师坚决不同意。

这其实是在我们的意料之中的。我们太了解老师了。我想如果出版社坚持要老师独署，很可能老师要换出版社了。

为了一点名和利，闹得不可开交甚至彻底翻脸，我确实曾经听说过不少这样的例子。我为“我们”感到欣慰。刚刚说的是“名”，再说“利”。

初版及几次重印的稿费除一部分平分外，余下的作为大家聚会的“基金”——后来我才知道，他们应得的部分全都成为“共同财产”了，我真的“斗”不过他们！

信任，理解，体谅，特别是感情，都是在不知不觉中产生和深化的。何方回忆说：“说也奇怪，老师门下弟子，多数家境都不甚理想。因此老师隔三岔五要请我们吃饭，一次，两次，三次，每当我们学生都难为情地婉拒时，老师会对着我们用手压压裤袋，压低声音说：‘我有钱的。’”——请他们吃饭偶或有之，“隔三岔五”肯定是夸张。什么压压裤袋说“我有钱的”，我是忘了，但下面这件何方回忆的事我却还记得分明：

某个中秋之夜，新月湖畔，皓月当空，我们“茶足饭饱”。走着走着，老师忽然一回头：我们来合作一首诗吧，我打头，你们接上来。话音刚落，老师口占曰：白发三千路八千。然后快速扫了我们一眼，你们谁先来？当时我们谁接上了，接了什么内容，我已经想不起来。不过老师最后自己完成的这首诗我却永远记得：白发三千路八千，一轮明月映心圆。难忘今夜弦歌乐，愿结来生兄弟缘。诗题为《02 年中秋与七八从游会饮新月湖上》。在老师的个人诗集《玉元小草》（玉元者，玩也）中，我们经常会发现老师赠师友、赠学生的，那些温馨、好玩、有趣，令我们回味无穷的诗词小品。

童：王老师，不知道您是否还记得，您和学生们在白马山集体研读的过程，我也曾见证了这段美好。我记得当时您常常以诗词与对联创作来助兴呢！

王：诗词，我自知是小学生水平，但课余有时也喜欢玩玩。有一年暑假，我和他们中的几位在白马山读书、研讨，就写过十几首，其中有几首“诸生”很是喜欢，如：

一剪梅·与诸生白马山荡秋千

今日井蛙冲九霄，云海滔滔，银汉滔滔。往来箕斗任天高，身也逍遥，心也逍遥。还我童年意气豪，日作球抛，月作球抛。群仙笑我太狂骄，天也动摇，地也动摇。

意犹未尽，再填“减兰”付诸生

乘风归去，惊我白头牛与女。俯视万峰，势若波涛欲向东。疏狂一老，而今真识夕阳好。笑语冲天，且喜先生再少年。（二〇〇五年夏）

何方最后说：

参与《走进语文教学之门》一书的写作，在我人生中是一次非常宝贵的经历。它给我留下了两道光芒，一直在我的内心深处闪耀着：一是老师对我们一直期待着的关注的目光，二是《走进语文教学之门》闪烁着的使命之光。

此书的孕育、问世，我觉得好比一支小小乐曲的创作、演奏，在此过程中我诗兴大发，写了好几首旧体诗，我自己比较喜欢的有两首七律。

一是《丁亥春节〈走进语文教学之门〉统稿毕，与事诸从游索句甚殷，作此应之，并寄各位年轻朋友》：

卌载舌耕红紫香，推敲月下引杯长。
都无心事到蛮触，别有诗思追汉唐。

白发容吾甘寂寞，青春期汝溢芬芳。
珠峰依约频招手，万里碧空看雁行。

一是《〈走进语文教学之门〉出版，郑飞艺等友生结伴来金探视喜作》：

问道有缘曾比肩，重逢赓续好诗篇。
推敲直欲动牛斗，辩难一如调管弦。
中岁多歧多坎坷，高情似火似甘泉。
天公怜汝愿心切，增我青春二十年。

童：好个“疏狂一老，而今真识夕阳好”！虽年事日高，您的思想却真的是“似火似甘泉”，光焰逼人，汩汩如泉。这种精神确实值得我们学习。

王：不敢不敢！这本书出版于 2007 年，在此我要特别感谢当年在上海教育出版社担任该书责编的何勇先生，他的友善厚重、虚怀若谷给我留下了极其深刻的印象，该书的编撰与出版他实在功不可没。

萌芽于实践的语文教师论

童：王老师，您教了一辈子书，是老师；您是教授，当然是学者；您还是诗人，很多人，包括著名的前辈诗人与专家学者，都很喜欢您的旧体诗词。您真是我们晚辈景仰的楷模。

王：你这番话，虽然出自好意，但却只有一句话是说得对的，其他全错。这说得对的一句，就是说我教了一辈子书，是教师。我曾经被评为教授，但和我读书时候的教授、副教授相比，差得远了去了。学者，我曾经试图争取做个学者，但是非常遗憾，没能做成，只是在语文教学法方面写了自己的一点探究心得。我并不责怪别人瞧不起教学法教师，但我也并不因此而瞧不起自己，我觉得我在语文教学法里找到了自我，我喜欢，我高兴，我满意。至于旧体诗词，最多也只是刚入门而已，几位前辈的好评只是对我的鼓励而已，哪能当真？我自编的诗词集子，名曰“玉元小草”，玉元者，玩也。我要自豪地说，我是一个教师，其他的则都是由“教师”衍生出来的。教师是普通平凡的人，只是向真向善上比较自觉一点而已。

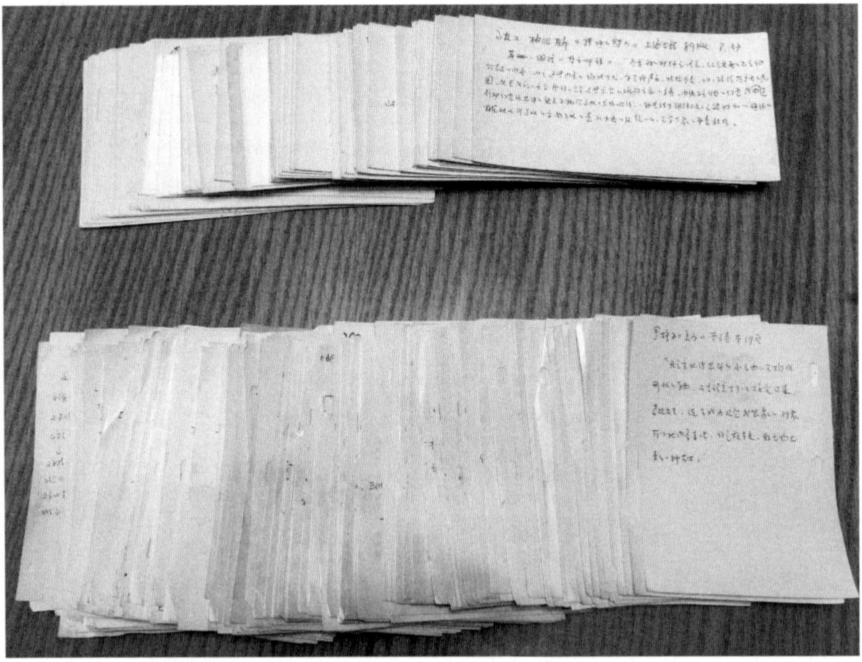

王尚文的一小部分读书卡片

童：您的学生、朋友都在您身上发现了您的“自觉”。据您的学生周文叶回忆，有一天晚上，您在 17 幢给教育硕士上完课后拖着疲惫不堪的身子走下楼梯时，突然停电了，听说有人被困在电梯里，就急忙拿出手机不断打电话求救，终于联系到正在值班的王景尧老师，直到那个人从电梯里解救出来，您才放下心来。① 另一位同学的回忆，也令我印象非常深刻：

2004 年 3 月 16 日，现代语文课程理念研讨会在浙江师范大学召开。……显然，先生是这次会议的主角之一，会议尚未开始就不断有人前来拜会、请教他，在交流的空隙，先生燃了一支烟，走到门口，与维护秩序的校卫交代了几句，很简短的一会儿，然后向校卫鞠了一躬。就这么一个细小的动作，竟使我一下子感动起来…… [《浙江师范大学学报》（社会科学版），2004-4-15.]

王：这有什么值得说的……

童：不，我不这样看。细节不细，最真实也最生动。“德高望重”这一评价，您有太多的注脚。方卫平老师说：“在编写《新语文读本》小学卷的过程中，他一般都非常尊重我的意见，唯独稿费分配，他大权独揽。从绝对数看，他当然属最高等级，但与其他同人的比例看，显然他是拿得太低了。我当然向他提出了我的方案，提高他的比例，但他一直固执己见，任凭我怎么说，他都不听。他说万事唯求心安而已。” ② 再如，您的朋友陈寿江老师总是念念不忘您当年对他这个陌生人的帮助。“……我终于找到了王先生的电话，冒昧打电话给他，说要寄钱买他的书，没想到他对一个素昧平生的读者竟十分爽快、热心：‘不用寄钱，凡我有的，你

① 周文叶：《正是橙黄橘绿时——王尚文老师在 2004》，《人文教坛》2005 年第 1 期。
② 方卫平：《青丝华发一灯红——王尚文教育思想研讨会有感》，《浙江师范大学报》2009 年 6 月 30 日第 4 版。

需要的，我都寄给您。’不久，我便收到了他寄来的著作。此后，我又收到他寄来的新作，但不是我开口索要的。这样我便得寸进尺，将我的习作寄给他修改，而他总是很认真地修改后又很快地寄回来。他还为我开列了一份阅读书目。正是有了他的鼓励、关心和指导，更坚定了我的研究方向和信心。”① 我还记得多少年前我还在衢州时，您来参加衢县师范毕业生聚会，其间您为帮助一位经济特别困难的同学，向我借了400元以凑足2000元给他的事。

王：我这一辈子经历了许多“运动”，其中有一个运动却很特别，叫作“评功摆好”。哈哈，你这是给我“评功摆好”来了。

童：据我所知，您的学生对您评价都很高。西渡在“王尚文语文教育思想研讨会”上的发言说起：“王老师的语文课和他独有的人格魅力影响了很多人一生的选择。我们那届学生中有十人上了中文系，其中有超过一半的是重点大学。实际上，在王先生给我们带课之前，我们当中并没有很多人对文学感兴趣，是王先生语文课的魅力让我们爱上了文学。当然，后来我们在一起也开玩笑，说都是王先生害了我们，使我们没有选择一个更实用的专业，工作、生活都受影响。事实上，我们对王老师都心怀感激。”最后他还献给您一副对联：

学海苍茫，欲济无舟楫，如痴如狂如醉，幸遇先生传薪火；
世路崎岖，启发有先觉，亦师亦父亦友，还求来世续弦歌。

在研讨会上，您在读的学生也送给您一副对联：

---

① 陈寿江：《学者人生》，《黔南日报》2007年1月17日第4版。

砚海耕耘积八百万字，乐在攀登，高度基于广度深度；
杏坛弦诵历四十九年，甘作奉献，立言总为立人立心。

王： 这只是对我的鼓励，为此我感到宽慰，但坦白说，其实我是应该而且能够做得更好的。

童： 关于语文教育，您似乎特别重视语文教师的作用，好几本相关著作，几乎都有专章论述，这是为什么？

王： 教师在教学活动中的主导地位，我以为无可置疑。由于语文是人文学科，语文教师的个性修养、专业水平所起的作用，又远远大于其他学科，例如，理科的题目一般都有标准答案，文科则基本没有，更不用说作文了。我觉得 1949 年以来，我们对这一点似乎不够重视，甚至完全忽视；这是一件很糟糕的事情。

童： 我记起来了，您认为“语文教师所能教给学生的只有自我”，十多年前您的这一观点，曾在《中国教育报》引发争论。

王： 譬如物理老师讲一个物理定律，比起语文老师讲一篇课文，物理老师自由发挥的空间要小得多，而语文老师则大得无法比拟。语文教师的任务、素质等，确实是一个非常值得研究的课题。

童： 记得您的第一本书《语文教改的第三浪潮》的最后一章就是“第三浪潮对语文老师的要求”，共有“树立语文教学的新观念”“美化自身心灵的素质”“实现在教学中对自我的超越”等三节。您要求树立什么样的新观念？

王： 我当时在书里说，语文教改的第三浪潮对语文教师一个最根本、最主要的要求是：充分认识语文教学的人文性，自觉纠正第一浪潮片面强调政治性的失误和第二浪潮片面强调工具性的偏颇，根据语文是人学这一客观规律，从仅仅着眼于“政治”“工具”转变到着眼于“人”，把培养学生的语言能力、提高他们的语文水平与满足他们作为人在精神方面的需求，与发展、丰富、美化他们的思想感情有机地结合起来，为培养他们作为人的主体意识，实现人的主体地位而做出应当做出的贡献。与此相适应，要树立新的教师观和学生观，树立新的教材观和教学观。我特别分析批判了韩愈“师者，所以传道授业解惑也”的陈旧观点……

童：您当时火气好大哟！

王：是有点火气，不过，不是针对韩文公，而是针对当时新编高中语文课本在课文“预习提示”所说的“文中对老师的职能作用，用六个字高度概括出来，发前人之所未发，符合一般规律”这句话。我认为，学生是接受教育的客体，又是生活的主体、阅读的主体、写作的主体、言语的主体、自我教育自我实现的主体。他们作为人的权利、责任，作为人的需要，作为人的个性不但没有消融在学生这一概念之中，恰恰相反，这一切的一切都应该由于他们是学生而得到更快的发展、更多的满足、更多的尊重、更多的信任。学生作为人有权要求教学成为人的发展的一种形式。学生异于一般人的基本特征不是别的，而是他们在不断创造他们作为人的主体地位以期最终能够完全实现人的主体地位。

童：您的观点很前卫……

王：知易行难啊，虽然是这么一个道理，但我自己在教学实践中的表现其实差得很远。

童：您还对几位前辈同行的见解发表了不同看法。

王：为了“人文论”，我确实“得罪”了不少人。让我惭愧、感动的是他们的谦逊、大度、宽容；从这一角度看，他们实际上比我更人文。

童：您在《语感论》的《“语感”与语文教学》这一章也有“‘语感中心说’与语文教师”一节，重点讲了“生活化”“对象性”“同步性”“感受性”“实践性”五个教学原则。其中主要观点承《语文教改的第三浪潮》而来，因结合语感教学而有新的发挥、发展。例如，关于实践性原则，您很欣赏吕叔湘介绍的20世纪20年代北大一位美国老师教莎士比亚剧本的教法：

上课，她和学生一起念，她念一段，同学们也念一段，念完了，她就问："有什么不懂吗？"一个同学说："这几个字我不懂。"她就解释。所有需要解释的地方解释完了以后，她就问："你们觉得这一段写得好不好？"有同学说："看不出。"她就说："再念一遍，再念一遍。"她又和大家一块念，然后她又问："全懂了吗？"可同学们的反应还不那么活跃，她又说："你们再念，再念一遍。"于是又念了。就这么念来念去，大家就觉得这戏是不错，是写得很好啊！好了，就下课了。

您说："这种教法当然不必完全照搬，但是她重视学生读的实践、重视学生自身对作品的感受却是值得我们认真学习的。"我觉得，我们语文老师有时是不是讲得太多了？

王：由于应考的需要，不讲不放心啊！对学生信任不够，可能是我们不少语文老师的通病。我有时讲得太多，倒未必是信任不信任的问题，而是图自己一时的痛快。

童：关于语文教师的理念，我觉得您最有价值的还是后来的相关短小言论和单篇论文。我最近搜罗了一下，前者如："语文教学就是教师和学生交朋友，引领他们，和他们一起读经典，学写作，望星空，其乐何如？这也许是前生敲破了多少木鱼才修来的，只有无比珍惜，才能对得起上天的托付。"我觉得非常有意思。

王：教育，在曾点看来是那么富于诗意，赢得了孔夫子的赞赏。我们不能自己把语文教育弄得苦哈哈的。

童：您在《教育如天，语文是地》的后记中说，"我从教近五十年最大的感悟就是把自己教成了学生”，意思隽永，内涵丰富、深刻，让我深受启发。还有关于应试教育与我们语文老师应做之事的论述，不啻夜半钟声！

王：今天我们要谈“语文教师”这个题目，昨天夜里我想到，语文老师的精神世界应当如日月丽天的晴空，日，教育爱也；月，对语言、文学通透的理解与感悟也。关于语言、文学的专业修养实在比教学方法、教学技巧重要十倍百倍，甚至千倍万倍。可我们现在往往是偏重教学技艺，偏轻语文素养，结果是连课本上试卷里也出现不少语病！我觉得，我们语文老师就要把自己修炼成语言本身的魅力、文学本身的魅力。若能到此境界，我们就是当代的曾点！

童：此时此刻，我想起了您百讲不厌、称赞不已的当年安徽图书馆图书管理员丁宁的事迹……

王：丁宁先生真正了不起！“文化大革命”期间，丁宁先生誓死保护省图书馆古籍部的古书，即使被打、被砸也没有妥协，她忍痛牺牲“小我”，为保护祖国文化遗产立下的特殊功勋，应当永远被后人铭记。丁宁先生是一位著名词人，是夏承焘的词友，她誓死保护古书的情景是她一生写得最好最动人的“词”。我觉得，她的事迹也是我们讲语文教师最好的例证。教育必须真诚，真诚是教育的灵魂！但我曾经听过不少这样的公开课，教师的表现使我坚信：他是为了公开课而这样做的，不是真正为了对学生进行有效的语文教育。丁宁先生不是教师，这场合更不是课堂，但我认为其中却包含了“教师学”的全部奥秘：她不是在显摆自己，而是在这特定的场合自然而然地这样做，她的真诚、她的学养让她自然而然这样做、必须这样做，是她本色的表露。她的这首“词”，她的这种境界，是我们语文老师永远的榜样！

童：她的事迹，我也是百听不厌。我是偶然联想起来，想不到您还就

此揭示了“教师学”的真谛。由此，我又联想起您关于“以人教之”的论述。

王： 就是你开头讲的《教师所能教给学生的只有自我》这篇文章，也是我自己比较喜欢的文章之一。我们一直以来总是习惯于把“教师”等同于“教书的”或“在学校教书的”。常常可以听到这样的问答：“‘你爱人干什么的？’‘在学校教书。’”我认为“以书教之”和“以人教之”是两种不同的教育观念：

以书教之，强调是所教的书，用韩愈的话来说就是所传之道，所授之业。师道尊严实源于所传授之道、业的尊严，如果师与所传之道与业有所偏离，师不但毫无尊严可言，几乎一定在打倒之列，明代的李贽就是一个典型。道和业在师之上，师只不过是道和业的载体，将之“传授”于生而已。生之于师，只是接受所传授的道、业，只要所授为道与业，可以不问师为何人，即所谓“道之所在，师之所在也”。

“以人教之”则不然，它强调教者这个人的作用，重视教者与学生作为人与人之间的关系。与把“教学”理解为“传道授业”不一样，“以人教之”的观念认为，教学的本质是正如海德格尔所提出的“让学”，即教师“让”学生自己去学，与所学的内容相比，“让学”之师的作用是更加重要的。雅斯贝尔斯则认为：“所谓教育，不过是人对人的主体间灵肉交流活动。”①

“让学”的前提就是激发学生学习的兴趣，点燃学生学习的欲望，使之产生学习的内在动力，具有学习的主动性、自觉性、积极性。这种内在的动力，不仅能使学习本身变得快乐，而且还能开发学生的潜能，鼓舞学

---

① 雅斯贝尔斯：《什么是教育》，邹进译，三联书店出版社，1991，第 3 页。

生自己去克服学习中所遇到的困难。总之，使学生学习的过程成为自身成长、发展的过程。我之所以对应试教育、“分数专政”深恶痛绝，与之不共戴天，就因为它连“以书教之”也不如，有些地方分数就是一切，排名压倒一切，为了分数、排名不惜一切，不但没有“教育爱”的任何影子，连人与人之间最起码的道德底线也彻底失守。

童：我觉得，您另外一篇论文《教师应当比学生更可教》也是一篇很有见地、很有分量的论文。您在这篇论文中提出“变基于自我付出的教为基于自我学习的教，变基于教师教的学为基于教自己的学”，具有普遍意义。

王：首先，我得声明，“教师应当比学生更可教”是海德格尔的话，不是我的发明。我所说的这只是我的一点学习心得。我的理解只是基于这一点常识，就是教育和教育者应该引导学生向善向好，难道这一点还有什么价钱可讲的吗？但我们有的现象却令人非常失望，有时为了应付上级的检查，有的学校公然逼迫、劝诱学生说谎，例如“双休日我们并没有补课”等等，而且说得要像真的一样。

让我们再回到语文教学，学生是否可教，关键在于教师是否可教。不可教的教师往往只会教出不可教的学生，只有比学生更可教的教师才能教出可教的学生。还是以《项链》为例，倘若教师只是认定它的主旨就是为了揭露资本主义社会的腐朽本质，别的理解必须全打零分，他的学生还有可教的余地吗？几乎没有！所谓“更可教”是因为教师自己的那个圆比学生的那个圆更大，圆周外面的世界也因而更大。他的未知也因而比学生更大，引发他好奇、质疑、探究的东西也更多。古文，胡适读了不少，因此他才会说所读的他大半不懂。这，你赞之为谦虚固然不错，目之为自豪大概也相去不远。青蛙在井底，由于所见之天才井口那么大，因而活得非常安心自在；只有当他到了海边，看到大海之无边无际，才产生了自身的渺小感、无知感、危机感，于是学的欲望油然而生。“让学”者不是井底之蛙，而是海边之蛙。正是基于海边之所见，他才产生了让井蛙跳出原来那口井的责任感、使命感，并且把他们领到海边和他们一起下海去求索；正是基于对自身渺小、无知的清醒认识，他才真正取得了教的起码资格。“让学”者自己必须是学习的深切爱好者、身体力行者。他不但先学后教，更在教中学，边学边教，特别是以教为学，和学生一起学。他由衷地关爱学生，因而他能向学而教，为学而教；他因此而不断改变自己，由此而不断走向新的人生。倘若视教为自我付出，他往往就会以学生的施恩者自居；如果视教为与学生一起学的机会与过程，他必然就会成为与学生平等的对话者，自己只是其中的首席而已。况且，由于教育在本质上是自我教育，一位教师之所以是优秀的教师，最主要的标志就是看他能否让学生进入自我教育的状态。合格的教师永远在学、在跳。学生学到的主要是跳的勇气、决心、毅力，是跳向井口更大的井的途径、方法，如何跳得更高、更远的心得，如何着力，何处着力，等等。他是在教，但却是基于自己学的教，教师因自己学而不断给教注入新的动力、活力；学，不但在教之前，更在教之中，对他来说，教就是学。学校是学生的学校，更是教师的学校；教室是学生的教室，更是教师的教室。最可怕的是，有的人明明是在井底，却自以为是在海边。记得有一次与我的硕士生黄琼讨论这个题目时，他说其实我们无不是井底之蛙，只是往往认井为海，而海也不过是更大的井而已。所以我想我们要不断地寻觅更大的海，奔向更大的海，就算真的由井底跳到了海滨，你依然还是在井底，因为一定有更大的海在海之外。我们每个人，尤其是教师，必须始终要有以海为井的虚心，这样才或许有所成就。

第四章　大学任教二十年：语文教材建设

编写浙师大版《初中语文课本（实验本）》

童：作为语文教育研究者，直接参与主持教材的编写工作，是您的一项重要工作内容吧？

王：你几天前提出让我谈谈参加编写浙师大版《初中语文课本（实验本）》的情况，我一直难以抑制内心的激动，甚至深夜难眠。毫不夸张地说，我这一生投入心血、热情、时间、精力最多的就是这套课本，而遇到困难最多的也是这套课本，六册五年得，编成双泪流！多少个不眠之夜，书里多少沟壑坎坷，书外多少艰难曲折，内心多少挣扎、焦虑、兴奋、快乐、痛苦、无助、喜悦、孤独、冷眼、期盼、愤慨、感激，等等，非亲历者实难有真切的体会。

童：我记得您写过一首相关的七绝：《编浙师大版〈初中语文课本（实验本）〉志感》，相当感人。

素心历历难逃佛，昔梦翩翩怒若潮。
万壑丛中荆棘路，夕阳为我唱离骚。

我想知道的是，您当初是为什么想编这么一套课本的呢？

王：1986年，我国有关方面放开了教材编写管控，语文教育界也呈现出了生机勃勃的春日景象。自1993年起，除人教版的语文教材外，北京、上海、广东、广西、辽宁、河北、四川、江苏、浙江等地共计有13套初中语文教材陆续由实验期进入试用期。当时《语感论》《语文教育学导论》已经先后出版，我正在考虑下一步的科研计划。在浙江省教育厅和学校相关领导的启发引导下，我萌生了尝试编写《初中语文课本（实验本）》的想法。正如王栋生兄所批评的——我幼稚病又发作了，一时整个人竟被点燃了似的，没有深思熟虑，没有认真了解有关情况，没有征询朋友意见，真正是不自量力，傻乎乎地跳将出来，一头扎了进去，扛起了编辑这副力不从心的沉重担子！其实一位语文教育界的前辈早就说过：编课本犹如入地狱。——很可能我当时没留意；其实现在想起来，由于头脑发热发昏，即使当时听说了，我也会不管不顾地闯进这地狱里面！无知者无畏，信然！王云峰先生写道："我和饶（杰腾）先生说，王老师这次不仅是走到地狱的门口，而且是把自己置身在炼狱之中。饶先生很同意我的说法，同时也教育我和占泉：搞语文教法的人，在目前的情况下，面对语文教学的这种现状，就应该力求改革，应该像王老师一样，有这样一种'我不入地狱，谁入地狱'的精神境界。"①

当读到这段文字时，我不禁流下了眼泪。

编写这套课本的特殊之处在于它的半官方半民间的尴尬地位，困难多多，层出不穷，特别是人手、资金的严重不足。我和我们几个师大的人从一开始就没有想过要拿报酬、补贴，但是，外请老师呢？好在大家都是意在共襄义举，从不计较，无偿地给予全力支持，这种精神着实让人感动！主要问题是在集体活动期间的膳宿经费，每次都让人犯愁，即使讨到一点，虽然本着节约再节约的原则，也总是拮据之极，最后往往入不敷出，为此平添许多苦恼。

---

① 李海林主编《立言·立人·立心：王尚文语文教育思想研究》，上海教育出版社，2010，第132页。

按常理而言，我一个教书的，怎么也不会跑政府机关。但开始编课本后，我有时就得去省教育厅。我记得很清楚，接待我的常常是一位姓王的秘书，人很和气，也很直爽。有一次，我又去找他了，一见面，他居然问我是哪一位，我说我是王尚文呀！他说："才三个月的时间，你怎么就老成这副模样！"我只有苦笑。——"老成这副模样"之后，我没有迷途知返，没有回头是岸，依然在拼搏、挣扎！没有松劲，更没有后悔。我的确觉得当时所用的初中语文课本大有可以改进之处，事关一代学生的成长，累和苦，值！老得快，值！

童：都说"付出有回报"，您和您的伙伴们的心血都凝结在这套教材当中了。

王：现在我翻翻这课本，说心里话，我都被自己给感动了！例如，对已经选入课本课文的审读，我敢说，像我和我的"编友"这么认真的可能并不太多。譬如老舍《我的母亲》有"我晓得我应当去找饭吃，以减轻母亲的勤劳困苦"一句，我发现"勤劳"不能成为"减轻"的宾语，二者不能搭配在一起，主张把"勤劳"改为"辛劳"，后来得到编委会的一致认同。《一面》中有这么一段文字：

这事现在已经隔了四年；在这四年里，我历尽艰苦，受尽了非人的虐待，我咬紧了牙，哼都不哼一声。就是在我被人随意辱骂、踢打……的时候，我总是昂着头。……

和我搭档的另一位主编傅惠钧指出："就是在我……"一句，用连词"就是"表示一种极端的情况，下文应当有与之相呼应的词，所以应在"总是"前面加上"也"，语气才顺畅；因后面有"我"作主语，为求简洁，前面的"我"就该删去。这些恐怕多数人都会忽略过去。第二册中的课文《〈狼〉原文与译文》，译文选自于在春的《文言散文的普通话翻译》，编入课本时遣词造句多处做了改动，兹将改动前后的对比列表如下：

原译文	改动后
那屠夫害怕起来，拿起一块骨头撂过去。	那屠夫害怕起来，拿起一块骨头扔过去。
一直到骨头已经用完	一直到骨头已经扔完
那屠夫感到很难应付，生怕前后两方面同时受到狼的突击。	那屠夫感到很难应付，生怕前后两方面同时受到狼的攻击。
过了一会儿，一头狼一直走开了。	过了一会儿，一头狼径自走开了。
那屠夫突然跳起来，用屠刀劈开那头狼的脑袋，一连砍了几刀把它杀死了。	那屠夫突然跳起来，用屠刀猛砍那头狼的脑袋，一连砍了几刀把它杀死了。
禽兽的变化机谋能有多少呢，只不过添出一桩笑话罢了。	禽兽的变化机谋能有多少呢，只不过增加一个笑话罢了。

通过对比，一望而知，修改后的句子更加准确、流畅，改动的每一处都是反复推敲、比较、修改的结果。

我这里只是姑且举几个例子，而且审读课文也仅是巨大编写工程中的一个环节，但已可窥见全豹。是的，我们是认真的，我们是很认真的，我们是十分认真的！——必须补充说明的是，为了避免有的课本常犯的乱改课文这一毛病，我们严格规定，哪怕只动一个标点，都必须经过编委会全体会议讨论通过，否则作为事故处理。在这里，我一定要再次感谢那些与我同甘共苦、一起拼搏的“编友”们，傅惠钧是汉语教研室的，工作很忙，是我把他硬拉进来共同主编的；其间一起工作时间最长的主要“编友”有王国均、胡小敏（以上两位是校内同事），吴克强、郑友霄、邵金生、朱昌元、董文明、徐天送等，而周槐庭、俞雅琳、郭秀凯、周云汉等几位则已先后作古，让我们不胜怀念！我还要感谢当时始终坚定支持编写工作的省教育厅分管领导，梅新林、杜卫等学校领导，温州市教育局领导；感谢浙江教育出版社，感谢浙江省教材审定委员会。他们的支持不可或缺，否则编写工作可能寸步难行或最终付诸东流。

浙江师大初中语文教材编写工作

简　报

第九期

教材编写组主办　　编：许慧霞

一九九八年五月十六日

师大版初中语文课本
通过省中小学教材审查委员会审定

省中小学教材审查委员会审查意见如下：该教材编得有个性、有特色。课文不组成单元，以文学作品为主，选文十分注重典范性，兼容了古今中外的名家名篇。所编的语文实践活动，具有实用性、兴趣性和完整性，内容丰富，形式多样，使学生有更多的动脑、动手、动口的机会。读写听说量较大，教师和学生能否承受，有待实践检验。建议设点试用，取得经验后再进一步作面的推广。

按：关于课本读写听说量的问题，我们已经根据减负精神作了调整，精、泛读课文各由23篇、24篇减为各20篇，语文实践活动专题由20个减为15个。

目　录

当时教材编写工作的简报

童：编写课本是件大事，确实不容易，更何况这是一套绝对不同于一般的课本。关于你们整套课本的编写理念，能不能跟我们说说？

王：我们重视语感的培养，但有的同行称之为“语感培养型教材”，我觉得有过誉之嫌。我们试图探索实现课本由“教本”向“学本”的转变，以学生的学习为出发点和归宿点，千方百计启发学生学习的兴趣，调动他们参与读写听说实践活动的主动性、积极性。教材所提供的不再只是教师传授的内容，更是学生主动建构意义的对象。课本可以说是众星拱月，“教本”所拱者，教师之教也，而我们所“拱”的则是学生之学，不单要教学生“学会”，更重要的是教他们“会学”。我们认为：“语文课本好比是戏剧的脚本，就听读活动而言，它应当提供好的‘台词’——优秀的言语作品，通过阅读、背诵、进入角色，即进入课文作者的感情世界，从而走向课文作者；就说写活动而言，他应当提供好的‘戏剧冲突’，让学生进入现实生活中可能有的角色，去进行必需的语文实践活动，从中不断提高自己的语文素质和人文素质。”① 例如选入王安石的《读〈孟尝君传〉》，我们有意同时选录了归有光、金圣叹、张中行等人对此文的评价文章。王安石此文，历来评价很高，但多数人都着眼于文章之短而有气势，而张中行不但看气势，更注意看内容，他拿历史事实进行比较分析，就得出了“内容稀松”这个与众不同的结论。课本提供了从多种角度评论的文章，目的就是提供给学生较为全面的资料，让他们获得丰富的教学资源，在不同的观点碰撞中吸引他们也参与其中，通过自己的思考来得出结论。

王云峰在《初中语文教材建设的重大突破》一文中评价说：“总体来说，浙江师大版教材是一套很好的‘学本’，而不是旧式的‘教本’。它

① 王尚文、傅惠钧、王国均：《学习民族语　铸造民族魂》，《语文学习》1999 年第 3 期。

在解决如何激发学生语文学习的兴趣、培养学生能力、提高学生的语文素养方面迈出了一大步。相信使用这套教材的学生会变得真正爱学、会学，学好语文。”“这是一套很有新意、个性鲜明的教材”，“突破了几十年来形成的教材结构模式，在现有的十余种（限于我们所见的）实验教材中，确实可以称得上‘独树一帜’”。①

童：在“学本”建设方面，王老师您能否谈得再具体一点？

王：好。我还是一点一点分开来说，会清楚一些。

第一个方面，强调语文学习习惯的养成。我们拟了“语文学习必须养成的十大习惯”，放在每册课本的首页，希望师生共同努力贯彻始终。这可能是语文课本编写的首创：

一、熟读、背诵课文的习惯

二、阅读优秀课外读物的习惯

三、推敲语言文字的习惯

四、积累语言材料的习惯

五、记日记的习惯

六、规范地书写的习惯

七、专注地听人说话的习惯

八、说普通话、说话文明得体的习惯

九、勤思考、爱质疑的习惯

十、勤查工具书的习惯

第二个方面，是在每篇课文前面都提出了相应的学习要求，这些要

① 李海林主编《立言·立人·立心：王尚文语文教育思想研究》，上海教育出版社，2010，第131—132页。

求我们总是努力做到紧扣课文实际，切实有效地激发学习兴趣，指点学习门径，避免空泛、笼统。例如鲁迅的《雪》，学习要求提出："不必执拗地去寻觅作者的原意，也不必匆忙地去概括文章的主题。静下心来，细细地读，先读懂字面的意思，然后玩索言语表达的独特之处，仔细体会字里行间的感情。只要读得有滋有味，觉得它美，就已进入鉴赏的境界。同时参考所附的赏析文章，看看对你有何启发。"

关于胡适的《差不多先生传》，学习要求提了如下两点：

一、反复朗读，从课文语言中体会作者对差不多的种种态度。

二、本文通过五个事例，生动地刻画了差不多先生可笑而可悲的形象。请你模仿作者的语言，用百字左右，再添一例，给差不多先生的形象"锦上添花"。

其中"锦上添花"的要求，富有挑战性，但多数学生是乐于接受的。第五册的《新诗六首》的学习要求是："读诗，不能只是从词语、句子去寻觅诗意，而一定要读，读出声音来；反复读，读给自己听，读给旁人听，读出味道来。"可能别的版本的课本都没有这样提学习要求的，但不能不说"读出味道来"确实是说到了点子上，我们认为一首诗学生能真正读出味道来，就已基本达到目的。语文教学提高学生语文能力的根本途径是学生的学；教师的教，其主要作用并非传道授业，而是让学生学。富于教学智慧的"学习要求"，是我们"学本"让学的主要方式方法之一。

童：确实，教材设计这样的学习要求，既新颖别致又具可操作性，真正体现了一种教育智慧。

王：第三个方面，通过对课文的评点引导学生自己真正走进课文。

这是我们作为"学本"的显著特色之一。关于这一方面傅惠钧贡献最多。鉴于我们赋予第一册把学生带入语言艺术世界的特殊任务，精读编几乎篇篇评点，以后逐册减少。傅惠钧说："评点，是对课文的内容、形式，特别是言语形式进行评论指点，是帮助学生感知、领悟的一种形式。"就评点的内容而言，主要是着眼于作品的言语，它所关注的是作者如何选用恰当的言语形式来准确地表情达意，让学生从中学习，从而理解作者运用语言的妙处。评点对象也可以是作品的写作技巧，如文章的谋篇、布局、过渡的方法，文章的叙述、描写、抒情、议论的技巧，等等。

童：评点，是传统文章阅读的重要手法，在传统语文教材中使用较多，在新时期的语文教材中有意识地运用，可能真的是首创。

王： 对，我们不仅有评点，而且评点的方式也是多种多样的。课本中比较常见的有以下三种：

一是，正面评点。针对文中某处表达，直接点出它的语用特点、修辞用意或表现效果，这是一种比较常用的方式，重在"评"。如阿累的《一面》中：

因为接连一个礼拜的夜班，每天都要在车上摇晃十一个钟头，我已经困软得像一团棉花了。

此处正面评点说"'摇晃'一词远胜'坐''站''忙'等"。"摇晃"传神地描绘出在车上工作的特点，并且把"我"工作的辛劳与困顿形象地体现出来。

二是提示，引起注意。用简练的话语指出某些言语表达的技巧或效果，也是重在"评"。如《老王》中写到"我把他包鸡蛋的一方灰不灰、蓝不蓝的方格子破布叠好还他”。此处提示说：“布，破旧之极，‘我’却把它‘叠好’还他，情叠其中。”“情叠其中”四字精练生动，评得恰切，点得到位，堪作范本。的确，有的地方学生阅读时容易疏漏，在此处提示一下以引起重视。

三是提问，引发思考。把问题提出来，让学生独立思考，体悟其中的妙处，重在“点”。如《皇帝的新装》中：“‘愿上帝可怜我吧！’老大臣想。他把眼睛睁得特别大，‘我什么东西也没有看见！’但是他没敢把这句话说出口来。”此处提问道：“‘没敢’可否换成‘没有’？”提问的长处在于可以引发学生积极的思考。学生有能力解决的问题，不必直接提示，较多采用提问的形式。

更富有启发性的是，有的课文也提出让学生动手评点的要求，如杨绛《老王》文中有一处评点“对本段描写，请自加圈点”。评点的几种形式各有所长，综合使用，可以相得益彰。

童：嗯，真的相当精彩！后来新课标教材中对“评点”阅读法的关注，应该是受了您这套教材的启发吧？

王：不敢说我们是开创者，至少我们是自觉地做了认真探索的。

第四个方面，每册精读课文的安排，都根据课文实际穿插了“学法指导”，计十余篇。这恐怕也为其他课本所少见。第二册“学法指导”的题目分别是：

开卷如开芝麻门

学会积累词语

学会阅读小说

学会复述

学会质疑

学会从字典词典中选择适当的义项

学会从原文与译文的比较中初步感知文言与白话的差异

学而时习之

学会查阅图书索引

学会浏览

学会想象

学会猜读

学会扩展阅读

学会仿写

学会根据上下文理解词语的特定含义和作用

学会阅读杂志

"学法指导"的短文，许多都写得生动活泼，充满感情，读起来就像和学生在亲切交谈，而且所讲内容都能结合课文，要言不烦，针对性强，如《〈狼〉原文与译文》后面所附的"学法指导"是"学会从原文与译文的比较中初步感知文言与白话的差异"。如果把六册的"学法指导"集中起来，就是一本比较完整的语文学法指导小册子。

童：20 年前的教材编写如此强调学生的"学"，强调学生学习方法的指导，相当可贵。据我所知，近两年面世的"统编"初中语文最新教材，也是将注重"学法指导"作为亮点来加以强调！

王：第五个方面，每册编排的"语文实践活动"。这是一个亮点，也是我们首次创制的重要项目。六册的语文实践活动中共设计了 105 个专题，以供说写教学使用。编写组在教材的编写构想中明确指出：语文实践活动应以学生为主体，以生活为本位（从生活的需要出发，为生活的需要服务），把作为人的自我还给学生，还给说和写，从学生作为人的生活需要出发，激发学生说和写的欲望，让他们觉得非说不可，非写不可，放胆说、放胆写，使语文实践活动成为学生心灵的“喷泉”。① 如专题“给爸爸妈妈写个简短的小传”，是这样启发引导的：

《诗经》中有这样的诗句：“父兮生我，母兮鞠（养育）我！拊（同“抚”，抚慰）我畜（养活）我，长我育我。顾（照顾）我复我（反复看我），出入腹（怀抱）我。”有父母，才有我们，才有我们的今天。孝敬父母是我们中华民族的传统美德。孝敬父母，就应该了解父母。他们的人生旅程，有阳光也有风雨，有鲜花也有荆棘。他们的经历，是一个时代的缩影，也是一部读不完的人生专著。我们学过《鲁迅自传》，请你仿照它给爸爸或妈妈写个小传。

给爸爸或妈妈写小传，你会发现他（她）身上有许多值得你学习、值得你骄傲的东西。“谁言寸草心，报得三春晖”。让我们更了解父母，更敬爱父母！

童：对语文课程的“实践性”的强调，对“综合性学习”的重视，是2001年以后的新课标教材的亮点。——浙师大版语文教材在这方面也走在了前面。

王：编写这样的专题，看似稀松，实则不易，何况有105个之多。兹录第一册所设专题的题目以见一斑：

一、进初中了，站在新的起点上，请你自选或者自拟一则座右铭，时时自勉，并在班上相互交流。

① 吴克强：《说与写：心灵的喷泉》，《语文学习》1999年第3期。

二、给班主任写一封自我介绍的信。

三、教师节到了，你想对老师说些什么？

四、寻找机会向同学介绍自己，并听同学自我介绍。

五、向新同学说清楚从学校到你家的路，欢迎他到你家玩。

六、相信你一定开始写日记了，如果今天很平常，你将在日记中写些什么？

七、你认为班上还有哪些事需要专人负责，你最适宜负责什么事，给班委写一封信提出建议并自我推荐。

八、你会做课堂笔记吗？请整理一堂自然课的课堂笔记。

九、向家人或亲友夸一夸你的新学校，然后整理成文。

十、在新学校，你一定又结识了许多新的朋友，请以“我的一位新朋友”为题写一篇作文。

十一、读书得学会做读书卡片。你会做吗？希望你努力培养这个好习惯。

十二、星期天，你去找同学他不在，请给他留张便条。

十三、你会打电话吗？模拟电话交谈。

十四、读《为了那句真话》，议一议，写篇短文章。

十五、生病了，怎样向医生说明病情？

十六、在老师指导下练习对对子。

十七、请把你看到的广告、标语、招牌中不正确、不规范的字记下来，并给有关单位写信，要求纠正。

十八、你的同学或亲友生病住院，你去探望，你会怎么说？如果你生病住院，亲友、同学来看望你，你又会怎么说？请分组模拟练习。

十九、春节将临，给师长、朋友寄一张自己制作的贺卡。

二十、你知道爸爸妈妈的生日吗？在他们生日的那一天，你会想些什么，对他们说些什么？

这些专题不少是通过调查、访问、考察得来，致力沟通课堂内外、学校内外，创设生活情境，让学生观察、思考生活，这样，语文实践活动不仅使写作有了一定的目的、对象、场合，而且也有了写作的材料。李维鼎先生在评价这些专题时指出："这些'活动'，都是学生的'生活'。这种'生活'，既是实实在在的'生活事件'，又是紧迫的'生活需要'；既是'语文活动'的'语境'，又是语文活动的'话题'。"①

童：听了您的介绍，对"六册五年得，编成双泪流"总算有了一点体会。一套六本，你们在开编时总会有一个总体安排吧？

王：那是当然！无论如何，总不能脚踏西瓜皮，滑到哪里算哪里吧。整套教材采取总—分—总的结构方式，每册各有不同的重点：第一册，激发学习语文的兴趣；第二册，打开通往语言艺术世界的窗口——以上为"总"；第三册，记叙、说明、议论、抒情等言语变体；第四册，感知、联想、想象、思维等言语心理；第五册，诗歌、散文、小说、戏剧等文学作品的鉴赏——以上为"分"；第六册，顺着文学发展的源流，进一步感受中国文学的伟大与辉煌——是比第一、第二两册更高层次的"总"。

每一册的结构，我们没有采用单元形式，更没有刻意追求第一课与第二课，第二课与第三课之间的纵向关系。课本由（甲）文选，（乙）语文实践活动，（丙）汉语、文化常识等三大板块组成。文选分精读、泛读两编，每册精读、泛读各20篇左右。精读编要求读读背背，偏重咬文嚼字；泛读编要求看看想想，偏重整体感悟。语文实践活动每册设计20个左右

① 李维鼎：《语文教材别论》，浙江教育出版社，2004，第21页。

专题，主要供说写教学之用。

童：这样的结构确实比较新颖，而且更加切合语文教学的特征。我想，选文更是语文课本编写的重头戏。请您谈谈有关选文的情况。

王：好的。我们选文的标准之一是经典性。语文课本容量都很小，若不经典，实在对不起学生！作为课文的作品，用钱理群先生的话来说，是关系到给学生打什么样的精神底子。课文若是经典的好课文，学生日后就不大会受坏作品的骗，上坏作品的当，起码阅读能够走在正路上，这对他们的成长甚至一生都无比重要。不过，我们同时还得讲究学生的可接受性，教材应该充分考虑到学生的实际年龄特征，多选取一些学生想读、爱读的作品，让学生真正喜欢读。歌德说，感情是每一个活着的和行动着的人的灵魂。兴趣是学生进行听说读写实践的原动力，但是由于种种原因，以前我们的语文教材忽视了这一点，而过多地考虑了思想教育的因素，给人一种似乎总是在板着面孔说教的印象。我们力求贴近中学生的生活，以儿童眼光来选文，精选具有文化内涵与生活活力的课文，如沈复的《童年记趣》，让每个学生都能“神游其中，怡然自得”，由此联想他们自己的童年，重温童心童趣；张爱玲的《天才梦》把自己的天才梦写得自由而可爱，而我们的学生正处于爱幻想的年纪，相信一定可以拨动他们的心弦。课文编选的原则，往往知易行难，每一篇作品的弃取，其实都是编写者参加的一场考试，是对编选者腹笥和眼光的一次检测。编选时我们总是尽量广泛地征求相关领域的专家和学者的意见，一点都不敢马虎。如果说我们的选文还有若干可取之处，除了“编友”的努力，还要由衷感谢专家学者的指点。此外，值得一说的是，我们自觉坚持课本是语文课本，而非别的课本，特别讲究“语文”的质量和需要。我们要特别感谢当时浙江省教材审定委员会学科专家们的胆识和宽容。

下面我想展示一下第一册精读编的篇目：朱自清《匆匆》，老舍《我的母亲》，巴金《日》，鲁迅《从百草园到三味书屋》，胡适《差不多先生传》，郭沫若《天上的街市》，艾青《太阳的话》，吴敬梓《王冕学画》，吴承恩《美猴王》，曹操《观沧海》，北朝民歌《敕勒歌》，唐诗两首（李白《望天门山》、杜甫《春夜喜雨》），宋词两首（辛弃疾《清平乐·村居》、刘克庄《清平乐·五月十五夜玩月》），孔子《论语》十则，庄子《北溟有鱼》，屠格涅夫《乞丐》，泰戈尔《金香木花》，安徒生《皇帝的新装》，高尔基《燃烧的心》，叶圣陶《稻草人》（原稿与修改稿）。

童：这些篇目，真的是精挑细选的精品，可以说篇篇都是古今中外的经典文学作品。这样精心打磨编写出来的课本，一定很受欢迎吧？

王：似乎相当不错，比较有代表性的是 1999 年第 3 期《语文学习》在发表一组评论文章时所写的编者按："当前语文教育改革，已经从学科性质讨论进入到教材建设阶段。据专家介绍，浙江师范大学新编的《初中语文课本（实验本）》，是较有新意、较有特色的一种。特从不同角度撰文介绍，以飨读者。"这套语文课本曾在浙江温岭市部分中学和河南新乡莘园外国语学校试教，并受到欢迎，但却未能坚持下去。

童：嗯，后来的情况，我也有所耳闻，总是感觉相当遗憾。具体原因可能是什么呢？

王：唉，时也，运也！因为不久就颁布了语文新课标，所谓新课标教材的编写工作也就在全国范围如火如荼地展开。于我们自己编写的课本，我们当然不无依恋惋惜之情，但我们当初编写的时候，就是出于一腔赤子之心，现在新课标出来了，虽然觉得不无瑕疵，但还是充满期待，为语文教改进入新阶段而欢欣鼓舞，没有半句牢骚。在我，只是对参与编写并为之付出时间、心力的老师、朋友感到歉疚。但我也深信，他们也一定会谅解的。——据有关研究者见告，后来有的新课标教材还是参用了我们的不少点子，为此我也颇感欣慰。再者，我们当时所写的《课本编写构想》《课文编写规范》《教学参考书编写说明与规范》等沉淀了我们有关教材编写的一些思考，或许对于后来的编写者多少有点参考价值。

童：嗯，教材的使用与推广确实是一件大事，不是我们一腔热情就可以搞定的。王老师，冒昧地问一句，现在再回过头去看，您觉得你们这套课本有没有值得改进的地方呢？

王：哈哈，我也正想谈谈它的不足。第一，课本六册的结构我们当时就不甚满意，这是一个大问题。第二，我们当时虽然重视课文的文学性，但毕竟和我后来的“汉语”“文学”分治的设想距离尚远。第三，课文的遴选，我们有时既不够大胆，个别的又嫌不够谨慎，留下了遗憾。此外当然还有不少。我要郑重说明的是，编写组同人一般都很尊重我的意见，对这些问题和缺陷，我自应负上全责。

最后，我想说的是，我至今仍旧非常怀念那些日子，怀念一起编写的朋友，对他们，我要再说一声：谢谢！

参编《新语文读本》

童：王老师好！您参加《新语文读本》的编写工作，听说是受钱理群先生之邀？

王：是的。我之所以参与《新语文读本》的编写工作，完全是因为钱理群先生的约请。我又是怎么认识钱先生的呢？这是一次偶然的机缘。

记得是 1997 年 11 月，我应邀参加教育部基础司召开的一次语文教改座谈会。这次座谈会参加的人不多，十多个人吧。我恰恰坐在钱先生的旁边。我读过钱先生的不少著作和文章，对他流露其中的人文情怀十分敬佩。但对于名人，我往往不愿意主动接近。记得在 20 世纪 80 年代初期，诗人艾青回到母校金华一中来，其时我正在该校任教，还是语文教研组组长。他一到校，大家就拥上前去，我却独自回到房间去了——其实我也是他的热心读者之一。这一次正由于我和钱先生坐在一起，休息时就自然交谈起来。交谈中发现钱先生不但可敬可亲，而且丝毫没有大学者的架子。于是我就请他给我当时主编的浙师大版《初中语文课本（实验本）》提意见，他欣然应允。座谈会开了一天。匆匆分手后不久，他果真写了一封长信来，奖掖有加，也谈了他关于语文教材的一些见解。我们就这样认识了。后来我参加《新语文读本》编委会，开始时也相当勉强，因为浙师大版初中语文课本还没有编完，忙得不可开交。但钱先生是那么真诚、热情，我就没说二话了，还当了所谓的副主编，实际上我只负责其中文言文单元的编写工作而已。

童：除了他的真诚、热情，我想，您认同钱先生的编写理念，应当说是主要原因吧？

王：应当说最初是由于他认同我编写浙师大版初中语文课本的基本理念。《新语文读本》是课外读本，和课本并不是一回事，但背后的语文教育思想是一致的。只是他看得更加高远、更加深刻，使我深受启发，特别是他为下一代青少年的精神打底一说，把最本质的东西拎出来了，对我素所主张的语文学科人文性做了极其富于概括力、说服力的阐释，我由衷赞同。此外，关于经典性、可接受性等原则，我们都是一致的。但是我开始时还是婉拒了他的邀请。原因是当时浙师大初中语文课本的编写任务尚未完成，我在给他的回信里写道：“我对浙师大、对编写组同人都负有一定的责任，我必须‘忠于’浙师大本，《新语文读本》初中部分的工作我不能参加了，尚祈见谅。但我可以提供有关资料供你们参考。浙师大目前并无编高中课本的打算，即使有，我也决不参加了，这是我早已打定的主意。因此，我愿意参加《新语文读本》高中部分的工作。说不上能做出什么贡献，能保证的唯‘尽心竭力’四字而已。”后来由于浙师大初中语文课本编写组同人的撺掇，认为可以两头都顾，就又贸然应了下来。“新语文”方面也很体谅，除了参加必要的会议，给的具体任务不多。待到浙师大初中语文课本出版，“新语文”的编写已经进入高中阶段。

童：您能否给我们介绍一下，您主持的文言文部分有怎样的编写特色呢？

王：我们当然无法跳出作家、作品这一铁门槛，但一改总是着眼从作家全部作品来挑选的惯例，由人转向了人的某一时段、某一特色来组织专题。如李白的专题是“李白与月亮”，苏轼的专题是“苏东坡在黄州”。此外还有颇能让人眼前一亮的角度，如第3册的“古典诗词常见意象举隅”，分别是“(一)大鹏”“(二)东山”“(三)斜阳、残阳、夕阳”，各收了具有典型性的作品；再如“民与君”“奇人奇事”专题等。这些专题的设计，犹如攀登险峰，有时跋涉多时，汗流浃背，结果却发现此路不通；有时发现还差一点点，还得继续拼搏。几分耕耘，几分收获，现在回过头来看看，还是颇感欣慰。

童：《新语文读本》之所以产生如此深远的影响，看来绝不是偶然的。

王：但是，后来发生了始料不及的荒唐事。经过大家近两年时间的拼搏，书稿终于编成就要交付出版了。却由于某种原因，主编不能实事求是地署钱先生之名。怎么办？当时编委会正在广州召开最后一次会议，我因故没有出席。忽然接到商友敬先生的电话，说是要让我挂第一主编。

我斩钉截铁地回答说："我这个人虽不怎么样，但小偷强盗之事却从来没干过。这不是要陷我于不义吗？"没几天，就收到了钱先生的一封来信。他在信中恳切地说：

现在，我最关心的是《新语文读本》的出版、发行。书一出，送到孩子们的手中，我们的目的就达到了。

在这种情况下，大家都希望你能出来担任领衔主编，与另外两位主编吴福辉先生、王晓明先生带领编委会同人一起将《新语文读本》的出版、发行工作最后完成。

我当然也会从旁协助你们工作。我准备仍按原计划写两篇文章——一是《答记者问》，全面介绍《新语文读本》；一是《编者手记》，讲编写工作的一些想法。这二文如你们认可，也要借助你们三位的大名发表。

童：为了让这套读本能够真正送到读者手里，钱先生是用心良苦呀！

王：对呀，万般无奈之下，我答应了。我叫来了儿子、女儿，对他们交代了事情的原委，我说，父亲要做一件对不起自己的事情。我在一篇回忆文章中写道：

《新语文读本》出版了，谁都为之兴奋不已。而我，却是"别有一番滋味在心头"。印在书上的我的名字，就像一枚钉子钉在我的心上，不是"惭愧"二字所能形容的。没有钱先生，就没有《新语文读本》。是他团结了编委会同人，是他凝聚了大家的心力，是他设计、策划、领导了整个编写工作。他的语文教育思想就是《新语文读本》的编写指导理念。从整体结构、单元组合等原则的确定，直至课文的筛选、阅读建议的编写，他都是统帅、核心、灵魂。最后全书的统稿也是由他独自一人用了两三个月的时间才完成。怎么就不能署主编之名呢？而且还得由他自己出面请求别人来署这个主编？

我虽未能脱略名利，但我始终耻于去要本不属于我的名利。为了稍稍减轻心里的重压，一有机会我就会说明事情的真相。在全国各地做有关《新语文读本》的编发介绍时，这是我少不了的开场白。记得在佛山报告会开始之前，一位年轻编写者就对我说："这你已经讲得够多了，时间宝贵，今天晚上你要再讲我们就要批斗你了。"结果我还是讲了。这也许是另一种自私吧。

童：参加《新语文读本》的编写工作，您一定有很多感想吧？

王：我对《新语文读本》贡献无多，但我的收获却很大。首先这是我一次极好的学习机会，最大的收获是再次更加深刻而真切地认识到了自己的浅薄和狭窄。在初中、中师和大学读书时，我读书算是比较认真的；在中师、中学教书的28年里，业余时间也喜欢读书，但仍然难免坐井观天。尤其是20世纪后期的外国哲学、外国文学著作所读甚少。对此虽然有些自知之明，但也常常难得糊涂。每次参加编委会会议，听了同人的发言，对他们的渊博深深敬慕的同时，自己的无知也就凸显出来了。所以每次开会回来，就有一种要抓紧时间读书的紧迫感。此后，时时处处都不能忘记自己的浅薄和狭隘，成了我的座右铭。

另一重大收获就是对钱先生的人文情怀有了进一步的体悟。我知道钱先生编写《新语文读本》是完全冲着事业、理想来的，根本没有任何名利方面的动机。对他来说下一代的健康成长、语文教育事业的正常发展高于一切。我在高师院校任教语文教学法多年，深知它的学术根基很浅，许多其他学科的老师对此不屑一顾。为此虽然感到遗憾，却也完全理解。而钱先生不但热情关注，而且亲自参与中学语文教育理论和教材的建设。作为一个语文教育工作者，我确实非常感动。在《新语文读本》编写过程中，遇到不同的意见，只要有点价值他总是从善如流。头两次编写会议，我带了我的学生董文明去参加。在诸位前辈面前，董文明当然只能洗耳恭听，难发一言。但每次会议钱先生都会诚恳地问他有何看法。但是，如果遇到有违他的理想、理念的主张、想法，他也会不讲情面地坚决抵制。记得有一次，他对他的几个学生严厉斥责。看他怒不可遏的样子，我呆住了。《新语文读本》对他来说是神圣的事业，他不惜为之付出自己全部的心力。最后的稿费分配是他征求吴福辉和我的意见后三人决定的。他拿的却是出乎意料的少，不管我和吴福辉怎么劝，他都不听。这一点，在分配《新语文读本》小学卷的稿费时，方卫平先生和我都有意向钱先生学习，庶几做到心安理得。

在编写过程中，我还结识了好几位朋友，如商友敬先生。早在参与编写《新语文读本》之前，我已读过他的文章，文字自然质朴，字里行间洋溢着真挚的感情，蕴蓄着渊博的学识。在《新语文读本》编写同人中，他是唯一一个自己“挤”进来的。因为他认同、赞赏《新语文读本》编写的理念，认为这是一个值得做、应该做的事业，表示“即使自付经费也要参加”。大家都被他的精神感动了。在整个编写、出版、传播的过程中，他做出了重要贡献，成为最主要的编委之一。我们因此相识，很快成为可以相互交心的朋友。不幸的是商友敬先生已于2008年过早地离开了我们。

童：您是《新语文读本》小学卷名实相副的主编，怎么说是“贡献无多”呢？

王：哈哈！“主编”应加“之一”，小学卷主编有三个，我确实只是其中之一。这里还需补充说明一下，《新语文读本》编写之初是以初、高中学生为对象的，当初并没有想到要编小学卷。

童：后来你们怎么又想到要编小学卷的呢？

王：中学卷出版后，在社会上引起了广泛的关注和强烈的反响，尤其是语文教育界、学术文化界的许多人士给予了高度评价。有上海的同行见告，业内评价：语文读物，新中国成立前以开明读物为代表，新中国成立后以《新语文读本》为代表。当时上海80%的学校将它作为课内教材最有益的补充。京、沪、穗等地的许多媒体进行了密集的报道，央视还对编写者做了专题采访。小学卷的编写，开始是李人凡先生代表出版社向钱理群先生提出来的。当时钱先生因另有安排，提出由我主持。出版社当即和我商量，希望我能接受这个任务。我说，小学卷应以儿童文学为主，我们浙师大儿童文学力量很强，全国知名；我得先征求方卫平先生的意见，他如愿意参加，我就答应再拼一场，否则，你们得另请高明。

十分幸运，卫平兄很干脆地答应和我一起编写，他还带来了以他的研究生为主的一支精干队伍，使我们信心倍增。我们很快组成了新的编委会，还动员、吸收了好几位中学卷的编委，时在1999年年底。非常感谢曹文轩先生也加入编写队伍，为主编之一。我想这多半是由于卫平兄和他是朋友之故。钱先生写来了一篇将近万字的信件，恳切、全面地阐释他的有关编写小学卷的基本理念和思路，其中还有不少具体的建议。钱先生是研究周氏兄弟的大学者。他在信中引用了周作人关于“无意思之意思”的论述：“大抵在儿童文学上有两种方向不同的错误，一是太教育的，即偏于教训；二是太艺术的，即偏于玄美。”这一观点让我们受益匪浅。因为我们一般总是偏于教育以至于“太”，往往把儿童当作“小大人”来对待，实际上是不尊重儿童，不承认儿童世界的特殊性，出发点虽好，而效果却往往适得其反。钱先生的这一提醒和告诫，对我们编写小学卷实在是太重要、太及时了。虽然他没有直接参加小学卷的编写，其实我们仍以他的语文教育思想为我们编写的指导方针。

童：你们编写小学卷的目的是什么？你们当时一定做过认真审慎的思考与研究吧？

王：记得一位加拿大的著名教育家曾经说过这样一段话："孩子们在我们生活中的意义和地位，应是当今教育最优先考虑的问题。"我们都怀抱着同样的真诚而美好的信念："为了孩子的成长！"为此，我们特别强调必须致力"发现语文之童趣，编写童趣之语文"，努力展示课本之外的万紫千红、课堂之外的万水千山，努力找到经典大气与童心童趣两者之间相切相交的点、线、面，既不因强调前者而忽略后者，也不因注重后者而牺牲前者。我们所面临的困难就在这里，我们的全部追求可以说也体现在这里。我们在编写过程中深深地感受到，所谓诗意和哲理，有时候即是童心童趣的表现，许多经典之所以成为经典，就是因为它富有童心童趣。可以说，小学卷编写工作的全部困难和全部意义就是在于寻找童心世界与经典世界相重叠、相辉映的语文世界。我们的整个工作就是在这样的追求中一路走过来的。当然，我们全力投入这项工作，还基于我们对小学语文教育现状的了解和深切的关注。据我们所知，小学语文教育工作近些年来虽有长足的进步，但存在的问题仍然不少，有的问题甚至比中学语文教育更加严重。我们希望通过《新语文读本》小学卷的编写，开拓小学语文教育的阅读视野和精神空间，以丰富多彩、生动活泼的读本世界，为小学生个体精神的自由、和谐与健康发展和语文素质教育的提高打下坚实的底子。我们也希望小学卷的出版，能为小学师生的语文学习和课外阅读提供更广阔的选择空间，为小学语文教改事业起到积极的推动作用。为达此目的，大家都怀着极大的热忱和高度的敬业精神来从事这项浩繁复杂又极具挑战性的工作。

另外，我们在小学卷的编写中，特别注意到了儿童阅读的弹性很大，他们善于运用模糊解读法，所以不能低估他们的阅读能力与阅读兴趣。我们认为选文的起点不妨稍高一点，并不要求学生对文本做非常全面、透彻的解读。这是符合维果茨基“最近发展区”学习理论的。选文既要注意学生的可接受性，同时也应有一定的超前性，为学生的阅读设置一定的难度，从而使学生在阅读中体会到一种成功的愉悦。我们发现，当时这一尝试还是比较成功的。当然难免也有个别篇目“度”的把握不是很准确。

童：这个过程，也一定是甘苦自知。您能否介绍一下你们工作的大体情况？

王：好的。在出版社的有力配合下，我们迅即开始了实际的工作，集体研究了编写理念、思路、策略、体例、选文原则等。整个小学卷的编写，既继承了中学卷的理念和传统，又针对特定的读者对象、遵循小学生语文阅读和小学语文教育的规律进行了新的探索和调整。由于选文是一切工作的基础，我们展开了寻觅文本样品的活动，先是大家根据各自的理解、标准找出各人心目中的样品，提交编辑集体逐篇审议。审议其实就是以众人之力来呈现相对比较理想的范本，为大家提供具体的参照，纠正各自心目中原先“蓝本”的偏颇。记得我出示的第一篇作品就遭到了否决，几乎一致认为“太难”“不够有趣”。我在大家的否决中受到了教育，更重要的是编好本子的信心更强更足了。审议结束，初战告捷，大家心中都有了较为理想的样本，接着分头开始“大海捞针”。在各位编委广泛阅读的基础上，经过约几个星期紧张的“上天入地、登山下海”的搜罗，交来的作品有 8000 余篇。我和卫平兄夜以继日地翻看这些文本，深受鼓舞，特别是对参加编写的几位研究生梁燕、钱淑英、郑飞艺、周燕、董文明等的眼力、功底有了进一步的信心，他们的参编热情也感染了我们。

我们比较具体地研究了每册文本呈现的方式，决定和中学卷一样，着眼于文本的内容组成一个个专题，其实专题就是话题。除了专题，我们还安排了贯穿十二册的栏目，如《有趣的汉字》《摇头晃脑背古诗》《中外诗歌名句》《格言集锦》《谚语荟萃》《语文兴趣活动》等。我们特别希望孩子的阅读能够得到孩子父母的关心与指导，每一册都设有《和爸爸妈妈一起读》这一专栏。除第一册由全部人员集体编写外，其他各册都有责任编辑负责本册的具体编写工作，并分成高、中、低三个年段编辑小组，以便与同年段的编辑讨论切磋，相互帮助。大家分工明确，极大地调动了各册责任编辑的积极性，都千方百计从读者的心理特征、阅读水平出发，精心设置本册的专题，除了在 8000 多篇的文本库中挑选作品，还根据专题的需要，漫山遍野地另外去寻觅高质量的合适文本。各册责编之间也出现了相互推荐、相互“出让”选文的感人场面。

童：小学卷的第一册特别关键，我记得起头的是“我是谁”专题，实在是太有意思了！

王：当时我们决定先集体编写第一册试水，以求在集体探索过程中感悟如何落实全书编写理念，如何寻求结构专题的最佳方式，不断积累经验教训，并大体上做了分工。我自告奋勇愿意先试第一课。

你说的第一课《我是谁》，这是任何一个人都可以问自己一辈子的问题，可深可浅，意味深长，作为我们《新语文读本》小学卷开宗明义第一课的课文，实际上它写出了一个大大的“人”字，可以看作是我们的一面旗帜，一个宣言，没有比这更合适的了。然而先得解决“我是人”这个答案如何呈现的问题。正当我百思不得其门而入之际，当时正在读高三的女儿王诗客给我解了围，她提出如下方案，可以说是差强人意，后来得到大家的认同，我们就采用了：

wǒ shì shuí
我是谁

wǒ shì dà xiàng
“我是大象。”

wǒ shì xiǎo niǎo
“我是小鸟。”

wǒ shì lǎ ba huā
“我是喇叭花。”

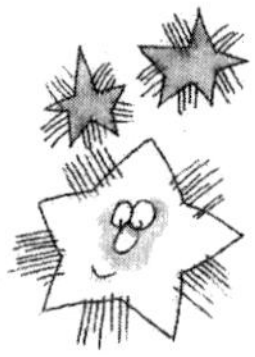

wǒ shì xīng xing
“我是星星。”

wǒ shì rén
“我是人。”

《我是谁》

接下来是如何展开的问题，要做到经典大气和童心童趣的有机结合难度确实不小。任务我虽应承下来，其实心中不太有数。怎么办？上图书馆！我从早到晚扎扎实实在图书馆里泡了好几天。这几天别的都好说，就是烟瘾难熬，实在熬不住时就跑到馆外吸一支，既麻烦又费时；好处是可以吸收一下新鲜空气，整理一下思路，明确下一步的探寻方向。在试编的那些日子里，我真正是“为伊消得人憔悴”！草稿终于拿出来了，它由各自相对的十多个“段落”组成:《我是谁》《“人”这个字》《柏拉图说“人”》《动物眼中的“人”》《丰子恺的第一幅漫画》《世上只有一个我》《喂，我在这儿》《我的名字》。几乎每篇课文都堪称经典，如《喂，我在这儿》是丹麦画家莫根斯·雷默的作品：

喂，妈妈……
喂，爸爸……
喂，各位……
我在这儿！

有的选文，我大胆做了一点修改。如黄永玉的《动物眼中的“人”》漫画四幅，第一幅画是一只翘着一条长尾巴的猴子，原有一句话是“不管我有时多么严肃，人还是管我叫猴子”；我看这话不太适合一年级的孩子，就改为“真可笑，人怎么没有尾巴”——改后似乎更贴近单元题目“我是谁”，更贴近与这个单元“认识人类”“认识自己”的主题。《丰子恺的第一幅漫画》，题为《清泰门外》，画的是一个老太太牵着一个小孩。我就出了这样一个思考题：“想一想，说说画上的老奶奶是什么人。”并给出答案样本：

丁丁说，/她是我奶奶。/她爱我，/我爱她，我们一起去到外婆家。冬冬说，/她是我外婆。/她爱我，/我爱她。/外婆陪我过家家。真真说，/我不认识她——/有次迷了路，/是她把我送回家。/自从那天后，/我常想念她。

最后启发儿童“我说……”试图联系儿童的生活，启发儿童的想象，引起儿童情感上的共鸣，从而使他们产生一种表达的欲望。

童：良好的开端是成功的一半。不过，整个第一册要编好，肯定也不是一件容易的事情吧？

王：是的。在开始编写第一册时，大家都感到由于刚上学的孩子阅读能力十分有限，很难做到经典、大气，但后来还是取得了比较令人满意的效果，第一册就收录了达·芬奇、莱辛、列夫·托尔斯泰、泰戈尔、布莱克、洛尔迦、斯蒂文森、胡适、艾青、陶行知、刘大白、柯灵等中外著名作家的诗文作品，收录了丰子恺、黄永玉、卜劳恩、比尔·沃特森、莫根斯·雷默等中外画家的绘画作品。为了吸引小读者，我们在专题的标题设计上也反复推敲，力求完美。如第一册除了“我是谁”，还有“背起书包上学堂”“敲开家的门”“长胡子的儿歌”“太阳、月亮和星星”“小巴掌童话”“梦是一只蝴蝶”“你说为什么”“寓言是一面镜子”等。其中“长胡子的儿歌”系由“爷爷奶奶读的儿歌”演变而来，是卫平兄的杰作。第一册初稿完成后，我们还到一年级小学生中间，到富有经验的小学语文教师中间去，让他们试看试读，听取他们的意见。在广泛吸收意见的基础上，我们又认真进行了修改，最后一致通过。紧接着各册责编就又忙开了。各册责编编辑的初稿，先在年段组集体打磨，后由编委会全体会议审议，提出修改意见和建议，各册责编再一次进行修改补充。整套读本可以说是反复琢磨比较，广泛征求意见，数易其稿，才形成了最初的定稿。对我们编委会成员来说，我们在编写工作中，努力做到不以教育者的姿态出现，而是和孩子们一起在与经典、大师的对话过程中实现共同的超越。

童：可以想象，《新语文读本》小学卷面世之后，反响很好吧？

王：选目之经典、新颖，是小学卷的亮点之一。整个初稿出来后，南京师范大学文学院教授张中先生看了整个12册的选目后说：“要是我读小学时能读到这样的选本该有多好啊！”周有光先生在《我读〈新语文读本〉》一文中说："我一本一本翻看，越看越有趣。这部书是给七岁到十二岁的小学生看的，我这个九十七岁的老小学生，看了也同样兴趣盎然……这部书的视野广阔而先进。书中引用的作者来自五大洲，西欧东欧，西亚东亚，北美南美，都有代表作者。小学生不知不觉地在阅读中开放视野，这是全球化时代的需要。视野开放，就能自然地发挥独立思考。"①

我们可以很自豪地说，和别的所有同类选本不一样的是，我们的选文不是来自别的选本，而是来自原始书籍。最典型的例子就是陈玉兰老师所选的古诗，唐诗来自《全唐诗》，宋词来自《全宋词》，因而能够出新，其中如《夜深》（唐·韩偓）、《丙辰年鄜州遇寒食城外醉吟》（唐·韦庄）、《柳枝辞》（唐·成彦雄）、《柳枝辞》（唐·徐铉）、《清平乐·春寒雨妥》（宋·朱敦儒）、《长相思·小楼重》（宋·张孝祥）等都是她第一次发掘出来选入的。

特别值得一说的是清代诗人袁枚的《苔》这首小诗，在其他的教材与读本中很少见到，幸运地被我们团队的陈玉兰老师发掘出来选入了读本。

苔

白日不到处，青春恰自来。

苔花如米小，也学牡丹开。

2018 年春节期间，央视《经典咏流传》播出的一期节目中，支教老师梁俊和贵州大山里的孩子一起演唱了梁俊自己谱曲的《苔》，让这首诗

① 方卫平：《中国儿童文化（第一辑）》，浙江少年儿童出版社，2004，第 95 页。

一夜成名。据称，节目播出当晚至少一千万中国人记住了《苔》，一个晚上的传播可能超过了它在三百年内的传播总和。

童：正应了一句话，世界并不缺少美，而是缺少发现美的眼睛。您和您的编者伙伴，就是世间大美的发现者与呵护者。

王：我觉得，我们确实一直在向这个方向不懈努力，取得了一定的成绩。中小学教材研究者陈乐华老师以第八册为例指出：

> 其中首次出现在小学语文读本里的中外名家有：席勒、惠特曼、普希金、兰斯顿·休斯、索尔仁尼琴、亚伯拉罕·林肯、亨伯希·伯尔、米斯特拉尔、顾城、雪莱、戴望舒、欧·亨利、卓别林、沈从文、沈约、纪伯伦、莱辛、莎士比亚。从这些名字我们可以看出，编写者如果没有开阔的文化视野、对待人类精神财富的宽容的态度和选择时超拔的眼光，是不能做到的。我们生活的世界是复杂的、多义的，所以不同民族、不同国度、不同时代、不同个性的人们对它的解读也应该是丰富的、立体的，《新语文读本》小学卷对各种有益的思想、各种震动人心的情感的兼收并蓄，无疑较之对世界单一的、机械的、实用主义的解读进了一大步。①

童：除了选文至精，《新语文读本》的整体体系，以及每一个专题的精心设计，也是它成功的重要原因吧？

王：没错，与选文相关的是"专题"。每册读本主要由专题组成，专题的内容和结构是个关键，在各责编提出初稿的基础上，年段组反复推敲，编委会又仔细斟酌，全盘考虑，及时调整。大家本着高度的责任感，

① 陈乐华：《以经典引导儿童——〈新语文读本〉小学卷研究》，载李海林主编《立言·立人·立心：王尚文语文教育思想研究》，上海教育出版社，2010，第176—177页。

以无比的创造热情投入工作，百花齐放，百家争鸣，热火朝天，出现了许多让人意想不到的美好景致。如有的专题致力儿童感官的开发，陈乐华老师举例说，第三册第十三单元“睁开诗的眼睛”，诗人们对“夜”的感受力令人叹为观止：

智利诗人聂鲁达《如果白昼落进……》：“每个白昼 / 都要落进黑沉沉的夜 / 像有那么一口井 / 锁住了光明。/ 必须坐在 / 黑洞洞的井口 / 要很有耐心 / 打捞掉落下去的光明。”

芬兰诗人索德格朗《星星》：“当夜色降临 / 我站在台阶上倾听；/ 星星蜂拥在花园里 / 而我站在黑暗中。/ 听，一颗星星落地作响！/ 你别赤脚在这草地上散步，/ 我的花园里到处是星星的碎片。”

爱尔兰诗人斯蒂芬斯《夜》：“夜在地上爬着行进！/ 偷偷地爬着，没有声音！/ 她爬近了树木，就停留！/ 隐藏了树木，然后又 / 沿着草地，傍着墙偷偷前进！/——我听到她头巾摩擦的声音，……”

在这些诗中，诗人们对声音与画面如此真切而形象的描绘，让人的感官随之变得细腻而敏锐，原来，夜晚是如此美妙的时刻，黑暗也蓄着无穷的魅力。①

又如第九册第五单元“对声音的好奇与想象”，其中几篇作品对声音的描摹更是令人感奋不已。且看其中一个片段《在音响的森林中徘徊》（节选自法国作家罗曼·罗兰所著《约翰·克利斯朵夫》）：

忽然声音来了：有些是沉着的，有些是尖锐的，有些是当当地响着，

① 陈乐华：《以经典引导儿童——〈新语文读本〉小学卷研究》，载李海林主编《立言·立人·立心：王尚文语文教育思想研究》，上海教育出版社，2010，第 178 页。

有些是低低地吼着。孩子一个又一个地听上老半天，听它们低下去，没有了；它们有如田野里的钟声，飘飘荡荡，随着风吹过来又吹远去；细听之下，远远的还有别的不同的声音交错回旋，仿佛羽虫飞舞；它们好像在那儿叫你，引你到遥远的地方……愈趋愈远，直到那神秘的一角，他们埋进去了，沉下去了……这才消灭了！……喔，不！它们还在喃喃细语呢……还在轻轻地拍着翅膀呢……

有的话题光看题目，就让小读者兴趣盎然，如“我们就是这么顽皮”“看自己睡觉”“颠倒的世界”“世界的边沿在哪里”“爷爷奶奶小时候”“我和影子的游戏”“在胡子里飞翔”“在书页间旅行”“把鸟儿养在天空里”……真的是又新奇，又好玩。

童：嗯，这些有趣又有意思的题目与内容，大大地激发了小读者的阅读兴趣与欲望。——读本里是不是还有其他宝贝呢？

王：有呀！我们贯穿每一册的专栏，也都是各位编委心血的结晶，其中“语文兴趣活动”由郑飞艺负责，是最受读者欢迎的栏目之一。小学卷第三册中有“（八）观察与发现”：

请读一读下面的小幽默。

好　客

杰克总是用这句口头禅欢迎他的客人——“我真希望你别来，因为你不知道那样我会多想你。”

你常用什么样的话欢迎客人？又常用什么样的话送别客人？

不同的客人，你的话也会不同吧。想一想，写出几句来，比较比较。

你看，多么有童趣，又是如此有创意！

我们还可以看一个例子，来自小学卷第八册中的“（八）亲近自然”：

你有过在自然中独处的体验吗？去寻找一方自己的天地！

选定了自己的一方天地后，或四处走走，或找一个舒服的地方坐下来。你就可以开始充分感受自己的天地了。

“自己的天地”里，引起你注意的第一样东西是什么？

听到了什么？用文字、拼音描述那些声音，试试。

闭上眼睛，集中精力去闻，抓住它们描述一番。

是否找到了一棵很有吸引力的树，或是这样的一块石头？写下来，且图文并茂，行吗？

我毫不夸张地说，小学卷出来以后，评价之高，反响之热烈，大大出乎我们的意料。读本也一直畅销不衰，孩子往往争相阅读，爱不释手；父母们也说“众里寻他千百度”，现在终于找到了。2016 年我和郭初阳、颜炼军合编的《人之初：现代蒙学四十六课》出版，出版社竟在腰封上称我为“千万级畅销书《新语文读本》主编之一”，当然意在促销。

童：哈哈哈，“千万级畅销书《新语文读本》主编”，这个评价您是实至名归，真的是恰当得很哟！

最新版《新语文读本》

参编《现代语文》读本

童：王老师，《现代语文》读本，是您所做的另外一个重量级读本，您也跟我们介绍介绍吧！

王：这个读本，我本来想搁下不谈了，因为篇幅所限；但实在难以割舍，就简单说一说吧。

这套课外读本，从着手编写到最后定稿，前后花了约 3 年（2002—2004 年）时间。它具有两个非常鲜明的特色，在同类读本中是绝无仅有的。一是只收现代语文作品，没有文言文；二是按照正式教材课本的规范和要求来编写，甚至比教材的要求还严格，比课本还课本，力图按照语文教育、语文能力提升的规律来安排结构、体例。这套书原来计划就是向教育部报教材的，后来由于教育部对新教材审核“关了门”，才作为课外读本出版。专选现代文的原因，是鉴于当时文言文在中学语文课堂中的地位越来越高，比重越来越大，语文教育隐隐约约出现了脱离现代化轨道的苗头。这种趋势在一定程度上导致学生现代语文能力的下降，我们认为这应当引起大家的关注。

童：为此，我记得您曾经专门撰文做过呼吁。

王：是的，我在 2004 年 4 月 22 日的《中国教育报》发表《语文教育呼唤现代化》一文：

中小学普及教育的根本目标应该是培养适应现代社会工作和生活需要的现代公民。具体到语文教育，学生迫切需要掌握的是应用现代语文的能力。这是一个生活在现代的中国人所必须具备的最基本的生存技能之一。语文活动与人的生命活动密切相关，一个生活在现代的中国人所应具备的语文素养应该是现代汉语文的基本素养。语文教学活动也理应以现代汉语文的基本能力的培养作为主要任务。因此，现代语文理所应当作为语文教育的主体。由此看来，在中小学语文教学活动中文言文分量不断加重的倾向不但不是一个可喜的现象，而且是一个值得忧虑的倾向。它轻则影响语文教学的效果，不利于学生提升现代语文的素养，重则影响学生心灵的成长，甚至成为不适应现代社会的“废人”“畸人”。

这该不是杞人忧天吧！事实上，与文言相比，现代语文更代表了一种先进的、现代的文化。语言的现代化，不仅是文化现代化的重要组成部分，同时也是人的现代化的重要组成部分。文言不但不能适应现代社会的要求，反而成了中国社会的现代化走向富强的阻力。大家可以设想一下，如果我们废止白话而回到文言，我们的社会生活直至外交活动将会出现怎样的情景！可以说，现代语文既是中国社会拥抱现代化的利器，也是中国社会现代化取得的重要成果。我们要适应现代化的需要，要培养现代人才，就要用这个先进的、现代的文化去教育当代的中小学生，把他们培养成具有现代意识和灵魂的现代人。

童：出现这一倾向的重要根源可能是，我们总有不少人认为只有文言才是真学问真本事，白话人人会说，中小学生不学自会嘛！

王： 其实这是一个很大的误会。自“五四”新文化运动以来，经过近百年的发展，现代语文已经成为一种成熟、精致的语言，它的词汇比文言更丰富，语法更严密，表达也更精确，需要中小学生认真去学。许多优秀的现代语文作品富有很高的审美价值或学术价值，在国际上享有很高的地位，也值得中小学生认真去学。总而言之一句话：即使仅仅为了达到语文表达文从字顺、清楚明白的起码水准，中小学生也非得花大力气、下苦功夫不可，不学不行，不认真学也不行！实际上，当时的出版物上已经可见国民整体语文水平下降的趋势，而且越来越严重。当然，中小学生也需要学习一部分优秀的古代诗文。作为一个现代中国人，如果对我们的古代优秀文化一无所知，也是我们教育的一个难以饶恕的失误，只是不能把继承发扬我们传统文化的担子全都压到中小学生的肩上。

童：“求乎其上，得乎其中。”——《现代语文》读本的编写，一定有着自己追求的高标准吧？

王：当然有的。“比课本还课本”是我提出的要求。我的理由非常简单：课外阅读因无教师在场，若要取得较好的效果，读本就得负起辅导的责任。再者，我觉得在编写浙师大版初中语文课本的过程中，我和我的“编友”所摸索出来的经验，所取得的一点成果，与其丢掉烂掉，不如由《现代语文》读本继承下来——这也得到傅惠钧等同人的欣然同意。

西渡和我邀请了敬文东、张桃洲、臧棣、杜丽等担任编委，他们大多兼有高校教师和作家、诗人的双重身份，阵容不可谓不强大。大家工作时也非常刻苦、认真。记得在我审读书稿时，快轮到臧棣了，他来时我还在看别人的稿子。他在我前面来回走了好几趟，等我请他时，他有点尴尬地把稿子给了我，我请他坐下，他竟嗫嚅着说：“我有点紧张。”我大笑道：“你这个大诗人见我一个破教书匠，紧张什么？”“我真的写得很认真，但语文教育我不太懂。”我看了他的稿子，觉得他是花了心血的，深为他认真负责的态度所感动。

几年前我奉学院之命到云南讲课，不料由于水土不服，竟至胃出血而住院。这次在北京，由于熬夜，我又开始出现在云南时出现过的症状，西渡十分紧张，还好“编友”杨更生带来的正露丸救了我。

童：明白了，成如容易实艰辛。其实《现代语文》读本的结构、选文等方面也很有特色。

王：这套读本由“触摸语言世界”而“走进对话天地”而“尽赏万紫千红”三级结构而成，在原浙师大本的基础上大大向前迈了一步。每册都配有“阅读知识与策略”，三册有约五十个专题，以“用心读”开首，以“书分四读——闲、精、速、摘”收尾。另有二十几个“汉语常识”的专题，分布于前四册。各册的单元不采用时下课本和课外读本常见的主题分类结构，而是着眼于叶圣陶先生所提倡的培养学生语文能力的需要，如“触摸语言世界”上册的五个单元，分别是《点亮语言的灯》《叫醒你的耳朵》《感受语言的体温》《如临其境》《跃然纸上》。编写组同人在选文上付出了极大的努力，下足了功夫，选文新颖，质量上乘，受到专家、媒体近乎一致的赞扬，《人民日报》2004 年 6 月 22 日刊登文章称其“代表现代语文发展高度和水平，符合初中生兴趣和接受能力”。每篇课文前有“导语”，后有“访问文本”，有的课文还有“评点”和“相关链接”。如第一册第一课的导语是：“世上有许多美的人和美的事，但是，如果没有语言，我们又如何留住这些美的人和美的事呢？”课文一旁附有评点；访问文本的提示是：“这一篇《好的故事》是对美的不朽的赞颂，同时也用诗的语言创造了不朽的美。美的语言就像一盏盏永不熄灭的灯，照亮了世界，也擦亮了我们的眼睛。从此，我们的心灵世界就有了光。”相关链接是《〈好的故事〉的音乐性》。

童：这套读本出版以后，也受到了读者的普遍认可吧？

王：读本出版以后，赢得一片赞语。中央电视台、中国教育电视台、北京电视台、浙江电视台、北京人民广播电台等电视和广播媒体，《人民日报》《光明日报》《中国日报》《中华读书报》《中国图书评论》《中国新闻出版报》《新京报》等三十余家平面媒体，新浪网、人民网、中华网、人民教育网、语文教育网、搜狐网、光明网、中国图书网等几十家网络媒体做了广泛报道。《中国教育报》说："倡导回归语文本位，语文界一片掌声！"《教师报》说："迄今为止编得最好的一套中学语文读本。"《语文建设》说："学好语文不再难。"

但是，世界上有时就最怕这个"但是"，我们必须直面之：这套读本销售不太理想，只能说勉强可以。何以故？说起来也非常简单，读本的魅力远远难敌中考、高考分数的"魅力"。我们的基础教育必须根治"分数至上"的顽症，否则，难有希望。

童：嗯，目前我们全国范围的高考改革正在大刀阔斧地进行中，却也是举步维艰，阻碍重重。——这是一个浩大的工程，需要全社会一起来做长期的努力。

王：关于教材，我还和西渡等编过《大学语文》（浙江人民出版社2008年出版），和吴克强、李海林、李维鼎、赵志伟等编过《中学语文教学研究》（高等教育出版社2010年第2版）。因篇幅所限，就不多说了。

第五章　退休生涯

写作《后唐宋体诗话》

童：王老师，退休后您本来可以开始优哉游哉的休闲生活，又怎么会想起写这本《后唐宋体诗话》的？

王： 我 65 岁退休，之后又被人文学院返聘了 5 年；2008 年返聘也结束了。你这个问题其实包含两个相互关联的部分，第一个部分是怎么会想要继续写书。这其实在《后唐宋体诗话》这本书的后记中我有所说明："大学读书期间及毕业以后，夏瞿禅老师、马骅老师、吴熊和老师、蔡义江老师等一直很关心我，虽然联系不多，但我深感有负于他们的期望，数十年来，我总觉得还欠他们一份应交的作业。本来时隐时现的愧负之情，不想竟在此时淹没了我。现在不补这份作业，更待何时？"

第二个部分是怎么会想到写这么一个题目。这，说来话长。少年时代起，在祖父、伯父的影响下，我对诗词有了一点兴趣。后来时断时续多少也有些接触，慢慢发现近现代以来，旧体诗词的写作一般似乎都在古人语言、意象、格调的圈子里打转，安于守旧，乐于模仿，少有创新，甚至多有以"乱真"（乱古人作品之真）骄人者。当然，也有试图走异路的诗人，但不多，作品也少。终于在一个偶然的机会读到聂绀弩的《散宜生诗》[①]，惊为天人，大受震撼，从中我似乎看到了旧体诗词创作的康庄大道，它虽然不属于古典文学的范畴，但我觉得研究这个题目是有价值

① 此指人民文学出版社 1982 年版《散宜生诗》。

的。于是我就开始酝酿这份“作业”的具体内容。自知于此道已荒疏多年，困难是显而易见的。但兴趣一旦重新被点燃，一股莫名其妙的勇气（其实是傻气）竟不断推动我不顾老迈奋力向前。

童：王老师，这本诗话，您能否为我们做简单介绍呢？

王：好的。大概你也听说过鲁迅的如下论断：“一切好诗，到唐已被做完，此后倘非能翻出如来掌心之‘齐天大圣’，大可不必动手。”我认为，此说似乎不太准确：因为宋人走出了新路，取得了几乎可与唐比肩的巨大成就；如果说诗到唐宋已被做完，则大体近于事实。

唐宋两词，既是朝代名称，从诗看，也是风格的标志。唐人有宋调，宋人有唐音，但唐音宋调作为旧诗又有更多共同的特质，形成了完备、丰富、精致且有极强自我繁衍能力的题材系统、意象系统、语言系统、格律系统、技法系统、风格系统等。宋后之元、明、清不是没有拓展，不是没有创新，更不是没有优秀的诗人诗作；但其创新、拓展基本上是局部的、个人的，也就是说，唐宋所形成的整体特质，并没有在整体上、群体中被突破、被超越，大体上走的还是唐宋的路子，即没能翻出如来的掌心。元诗、明诗甚至成就更高的清诗，元、明、清只有朝代的意义，而没有风格的标志含义。从整体看，他们只是丰富了唐宋，未能真正走出唐宋的樊篱，突破唐宋的窠臼。我称之为“唐宋体”。

新诗兴起之后，一直在活跃着的唐宋体似乎出现了难以逆转的颓势，尽管仍有不少可读的甚至堪称优秀的作品，但终究没能形成自己的气候。可喜的是，以聂绀弩为代表，包括胡风、启功、李锐、杨宪益、邵燕祥、何满子、黄苗子等诗人，在唐宋体之外另辟新境，另创新风，形成了一个几乎全新的流派、风格，“唐宋体”的基因才发生了变异。我称之为“后唐宋体”。其实“后唐宋体”可以追溯到黄遵宪、梁启超等人“改革”“革命”的尝试，但影响不大；后来胡适、鲁迅、周作人、陈独秀等才真正开了先河，而聂绀弩则使这一诗体得以成熟。

童：您这本诗话追本溯源，指点近现代旧体诗诗坛，专节“话”及的诗人就有29位之多，篇幅或长或短，但都写得非常到位。“后唐宋体”是您首创的概念，您能不能跟我们具体谈谈呢？

王：20世纪的旧体诗词作品之多、作者之众，绝不下于唐诗宋词。说实话，我所读的可能仅仅是九牛一毛。但一斑可窥全豹，其庞杂已经让我震惊不已。梁启超说，20世纪的中国面临千年未有之大变局，就文学而言，最重要的变革就是文言向白话的转变。胡适提倡这个变革，开始有很多人不接受，但不可否认，现在白话文写作已成为主流。语体的变革自然包含了观念的变革，两者相辅相成，不可分割。因为“语言是思想的直接现实”。

旧体诗词，作为白话文运动的“敌人”之一，在此时代潮流中，面临前所未有的巨大挑战，不得不进行必要的调整。为了表现新精神、新感情、新境界，一些特别敏感的旧体诗词作者以极大的勇气冲出唐宋以来的典雅文言这一樊篱，冲破与此相适应的老调子、旧模式，将现代白话化入文言，创造了一种新的旧体诗词语言，而这一努力至少可以追溯到黄遵宪、梁启超，后来逐步趋向成熟，最终形成我所谓的“后唐宋体”。我执着地认为，不能也不应该把新诗兴起以来的旧体诗视为一个单一的存在，仅仅看作是古典诗歌传统的简单延续，而无视其中唐宋体与后唐宋体的质的区别。唐宋体往往是一东二冬地沿着唐宋以来的路子继续前行，“旧”的成分多了一些，许多作品如果混在唐宋元明清诗人的集子里，确实足以乱真，实际上这也是他们中不少人的自觉追求。而后唐宋体则是“新”的成分显著占主导地位，可以说“基因”已经发生突变，而与新诗精神相通，自成一家。我以为这一区分非常重要。如果继续笼而统之地称之为旧体诗，或因其都是“旧体诗”而误认为具有跟古人基本相同的特征，实难令人接受。因为，无法如实地反映 20 世纪旧体诗已经发生裂变的实际状况。我提出“后唐宋体”这一概念，并非为了标新立异或哗众取宠，只是想借此提醒人们关注这一实际存在的巨大分野。

我非常尊重坚持用典雅文言写作的唐宋体诗人，我的老师夏瞿禅先生就是其中成就极高、颇具代表性的诗人之一。但是，我更赞赏从事后唐宋体探索并取得不俗成绩的诗人们。我写这本诗话的目的，不是要否定唐宋体。——我相信，永远都会有唐宋体的爱好者、创作者，一定还会有非常优秀的诗人和诗作出来；但真正与时代精神匹配的却是后唐宋体。我写这本诗话意不在贬斥唐宋体，而在为后唐宋体鼓与呼。

童：以前的旧体诗词，好多都差不多像是从同一个模子拷出来的，读来几乎没有什么新意。有人说《红楼梦》里人物写的诗，优秀的不多，平庸的不少。如第三十八回中贾宝玉的咏螃蟹的七律就非常一般：

持螯更喜桂阴凉，泼醋擂姜兴欲狂。
饕餮王孙应有酒，横行公子却无肠。
脐间积冷馋忘忌，指上沾腥洗尚香。
原为世人美口腹，坡仙曾笑一生忙。

所以林黛玉说：“这样的诗，一时要一百首也有。”在 20 世纪的旧体诗中，确实有不少就是“一时要一百首也有”的作品，您以为如何？

王：唐诗宋诗确实已经把旧体诗几乎写完了，以后的诗人就几乎只能是在唐宋诗人所开创的路上亦步亦趋，难以超越前人。在梁启超所说的变局中，这一超越的任务就历史地落在了后唐宋体诗人身上。你所说的贾宝玉的这首诗，其价值，我看远不如齐白石题其画的七个字：“看你横行到几时？”自明清以来，多数唐宋体诗作已经失去关注现实的兴趣，也无意攀登人性的时代高度，诗的艺术已经蜕变为与诗貌合神离的技艺。

近数十年来，我觉得旧体诗的创作也是总在前人的庇荫下徘徊，似有一股衰颓之气。《二十世纪诗词注评》收一诗人的两首诗。一为七绝《金陵杂感》：

南朝金粉久飘零，逐鹿中原梦未醒。
千载兴亡问翁仲，荒陵无限草青青。

注评者称：“非为怀古，实乃史鉴也。‘问翁仲’一语，用意极见深刻。”只是早有古人深刻在前了：宋人洪咨夔《行临安县圃》“百年翁仲领兴亡”，有什么两样？“故物陵前惟石马，遗踪陌上有铜驼”；“想铜驼巷陌，金谷风光。几处离宫，至今童子牧牛羊。荒沙一片茫茫”……这类篇什，真是多了去了。另一为五律《登焦山枕江阁》：

登高望平楚，万里意悠悠。
泽国鱼龙怒，长江日月浮。
风尘几两屐，天地一扁舟。
到此悲兴废，苍茫发古愁。

注评者谓：“中二联语工意永，洵为佳句。”只是读时会有“似曾相识”甚至非常熟悉的感觉。这四个意象在古诗词里太常见了！“鱼龙怒”，秦观《和游金山》：“风暗鱼龙怒”；戴复古《满江红·赤壁怀古》：“千艘列炬鱼龙怒”；等等。“日月浮”，陆游“不尽山河大，无根日月浮”，等等。

至于“风尘几两屐”，可能源于《世说新语》“未知一生当着几量屐”，古人也写过“刘翁平生几两屐”；而“天地一扁舟”则会更多一些，如“何时挂长剑，天地一扁舟？”“腰缠十万贯，骑鹤下扬州。诗翁那得有此，天地一扁舟”。而且，整首诗的作意也比较常见，可以说几乎没有什么新意。总之，假若抹去作者的名字，这两首诗混入古人集中也分辨不出来。举这些例子，我意不在颂扬谁或贬抑谁，只在指出唐宋体作品的一种相当普遍的现象而已。

童：您的老师夏承焘（字瞿禅）先生呢？您在诗话里为什么没有专节对他进行论述？

王：我在杭州大学求学期间及毕业以后，瞿禅老师一直对我关爱有加，我像他的其他学生一样永远怀念他。几年前，我写过一首诗聊表对他的敬意和感激：

诗国风流一脉传，余波织就永嘉篇。
心通孔墨充寰宇，气夺苏辛极泰巅。
天下门生承玉液，掌中皓日泛虞渊。
春风夏雨深蒙惠，片片丝丝绕梦边。

他对我国古典诗词研究所做出的巨大贡献，历久弥新；他的诗词创作的成就无疑是难以超越的一座高峰。他的一首五律《自赠》（见本书第20页），似有突破唐宋窠臼自起炉灶的意向。1937年国难当头，为浙江抗敌后援会作《抗敌歌》，激昂慷慨，遣词造句自出机杼，面目一新。同年又作《军歌四章》，虽仿黄遵宪《出军歌》，但内容更富时代性，语言也更通俗浅近，胜黄作多矣。但即使是他，也未能真正超越唐宋体。这里我没有苛求他的意思，平心而论，作为一个学者、诗人能够取得他那样的成就，已经非常了不起了。

你既提到他，我不妨就此借题发挥，以证明唐宋体超越之不易。“莫拾千夫唾，虚劳一世心”，他分明已经看到唐宋体的局限。自元明以来，有无数诗人几乎就是以拾唐宋诗人之余唾为生，这两句诗他是自警以警人。“江湖秋浩荡，魂梦夜飞沉”，他要表现他所体验到的生活和情感，但是“一山放出一山拦”，相对于诗学之深，他并不讳言自己“诗功”之浅——当然他的“浅”又不知比多少人深了去了——我以为这并不完全是出于自谦。关于诗词创作，他总是要求能入能出，实际上入易而出难，即使能出，往往也只是出某一位或某几位诗人词人的范围，而难出唐宋体这一“十万大山”。他在他的词集前言中说：“早年妄意合稼轩、白石、遗山、碧山为一家，终仅差近蒋竹山而已。”这话既有自诩的意味，但更多的是遗憾。绝大多数唐宋体作者毕生就在学前人而近前人的追求中兜圈子，“出”者少之又少，凤毛麟角而已。我以为夏老师这段话具有典型性。

我对夏老师的作品十分喜欢，也相对熟悉一些，在拙著写作过程中曾多次有意作为专节谈论，但都未能满意，这也是我此书写作的一大遗憾。

童：我记得您在后记里还说“这是一本我最个人的书”，能否给我们解释一下？

王：我曾经说过，任何人只要张开嘴说话，尽管他是在说天说地、说东说西、说七说八，也不管有意还是无心，其实都同时在说自己。和我别的书不同的是，尽管我别的书也说自己，但不自觉的多，写时我总是以为我是在说一个事实、一个道理，它们都是客观存在的。但这本书则不同，我都是在有意地说我自己。从“后唐宋体”这个名词概念的确立，到它的理论背景、作品源流等的追溯、梳理等，都出自我个人的建构，整本书几乎都在写我自己的感觉、感受、感情，除了所引用的文字，即使说的是事实、道理，我也毫不掩饰我自己的态度。例如，聂绀弩的《北荒草》是我诗话探讨的重点对象，一开始我就这样写道：

它是旧体诗诗史上一座突然耸起的高峰，如若有幸登临其上，往后看约八百年，是“一览众山小”，对于不少唐宋体作品，只能说它们“好得很平庸”（借用一位诺贝尔文学奖得主评论某些外国文学作品的话）；往前看呢，“齐鲁青未了”。没有《北荒草》，就没有诗人聂绀弩；没有《北荒草》，后唐宋体就还只能处于学步阶段。现代文学史著作自此之后，如果还对旧体诗视若无睹，那就只能说明著作者的无知与狭隘。据友人见告，不少人于我对唐宋体的批评非常愤慨，我完全理解他们的心情；但我由衷恳请他们花点时间读一读《北荒草》，也许就会重新思考我关于唐宋体和后唐宋体的言论。

我自信书中有关见解、论断、述说等都是我自己掏心掏肺掏出来的，没有什么依傍，真所谓“一家言”也。我记忆犹新的是，其中有“无知与狭隘”的结论，是否有点过了？为此，我曾经犹豫过、斟酌过，考虑再三，最后还是一仍其旧，没有动它。因为《北荒草》之新之美，其价值绝不亚于许多新诗，只要不存偏见，我想又有谁能横加否定呢？况且，诗话这种文体的特殊性也决定了它和诗史、诗论不太一样，很像友人之间促膝谈心，比较随意，更易见出作者的本真状态。

童：我觉得，写柳亚子的那一节就显示出您行文的锋芒一面。一开始您就直截了当地以两个“不”字下了论断：“柳亚子诗近万首，但好诗不多；又曾领袖南社，但其诗对诗坛创作影响不大。”

王：关于柳亚子，有论者称他为“旧文人”。我觉得，这“旧文人”三字确实下得有理。其“旧”就体现在他骨子里可能还有封建时代“士”

的思想，“在比较顺利得意时，我们的英雄就高歌猛进；在遇到挫折时，则低吟‘不如归去分湖好，烟水能容一钓舟’，或‘无分东山理丝竹，钓竿天地一渔蓑’”。——无奈钓舟“烟水能容”而诗人心中难容。1949年“毛主席电召北行”参政，颇受礼遇，“归心慵梦江南好”，这下“去住”总该“定”下来了吧？然而消停了几天之后，便又开始折腾了。一会儿嚷嚷着要归隐，声称“安得南征驰捷报，分湖便是子陵滩”；一会儿又向毛主席要颐和园，“昆明湖水清如许，未必严光忆富江”，“倘使名园长属我，躬耕原不恋吴江”。——我以为，他要的实际上并非颐和园，醉翁之意不在山水之间，而是希望自己得到重用。又如《感事呈毛主席》一作：

开天辟地君真健，说项依刘我大难。
夺席谈经非五鹿，无车弹铗怨冯驩。
头颅早悔平生贱，肝胆宁忘一寸丹！
安得南征驰捷报，分湖便是子陵滩。

我是这样评论的：格调虽然不高，但绝非粗率、浅直、狂怪之作，还颇有曲折腾挪之致。首联以歌颂起笔，气魄宏大，恰到好处，对句虽有酸味，但也无可奈何不得不说，令人联想起刘姥姥进荣国府初见凤姐时的心情，“未语先红了脸。待要不说，今日所为何来？只得勉强说道……”不过，对作者来说，“说项”有何难哉？不是刚刚说过“表扬吾辈责”吗？若不“依刘”，难道还想另起炉灶、自立门户？他实际上是要高位实权，但总不能如此实话实说、直话直说吧！妙是妙在后半篇，颔联一退一进，尾联一进一退，发牢骚与表忠心，相互交替，相映成趣。他这毕竟是真情流露，但分寸还算是拿捏得比较恰当的。

平常写文章，我一般总是要求自己尽量做到“温、良、恭、俭、让”，但这本诗话有些地方确实有违这一宗旨，有时没有拿捏好分寸，有点“张牙舞爪”。

童：“张牙舞爪”倒不至于，是“率性直言”吧！还有，我注意到了，您还给著名诗人改诗？

王：什么改诗，的的确确都是吹毛求疵！我十分相信、尊重邵燕祥和柏杨的为人，他们若有机会见到我的求疵之举，只会付之一笑，决不会生气骂人的。邵燕祥的《五十九岁现象》：

待要交班悔已迟，黄昏将近夕阳时。
有权堪用直需用，莫待无花空折枝。

其中“莫待无花空折枝”，古人成句，用在此处别有谐趣。可商者唯“待要交班悔已迟”，我身边好几位读者都理解为所“悔”者是要交班已迟，意即没有找好接班的却就要“交班”了，此其所以“悔”也。此乃读者未联系全诗之误；但此句本身似亦可两解。为避免歧义，“待要交班”能否改为“班待交时”；“交班”“交时”都是两平，突出了“时”，也许就不会引起误会。又，《书愤》“垂垂老矣吴刚斧，西绪弗斯上下山”一联中，“西绪弗斯”一译“西西弗斯”，为与出句相对，用“西西弗斯”似乎更好。

还有柏杨的《怀孙观汉》：

万籁都从耳底收，孤鸟长啼山更幽。
东风吹合离离草，残日会逢晚晚秋。
漂泊地涯惊泪眼，伶仃海外托归舟。

天生我辈人间世，一点赤心证白头。

声律方面的两个问题，只要作者稍稍一“管”即可解决。一是首联出句失对，因此又与颔联出句失粘，倘改成“长啼孤鸟众山幽”就可避免。改句虽损失了“更”的意味，但鸟啼与山幽的因果关系依然存在，毕竟前人的“鸟鸣山更幽”早已脍炙人口。二是尾联对句孤平，只要以“丹”替代“赤”即可。倒是在无暇去“管那哀呼合不合韵律”的情况下，此诗之基本合律让人啧啧称奇。

最近我在电脑里发现一封吴非兄转来的邵燕祥先生给他的信，其中提到这件事，果然不出我所料。信中说：“王老师如此用心研究拙诗，令我感激莫名。我可引王公为知音了。所指摘各处极是，以后当注意力求少些瑕疵，当然更要注意别写出毛所谓的‘谬种’，只是各人心目中的‘谬种’容有不同耳。”

童：您对所评论的诗人，都以一首诗或词作结，写得都很准确妥帖。这在诗话中似乎也是一种创造。类似这样的例子还有吧？

王：以诗评诗，古已有之；以诗评词，夏瞿禅老师就有《瞿髯论词绝句》，中华书局 1979 年出版。“以一首诗或词作结”，应当说要写得好还是相当有难度的，你给我下的评语显然过誉了。兴趣，真是个好东西，鼓励我知难而进的就是兴趣。我姑且举几首吧。

评黄遵宪①

倡言革命亦英雄，新派可怜霸图空。
兵败千年唐宋体，“只缘身在此山中”。

① 编辑所加。

满江红·评谭嗣同①

死抑生耶？无须问，戴头屹立。刀斧下，一星升起，曙光初熠。十六字诗星汉动，五千年史丰碑赤。叱风雷，读血写篇章，山河泣。英雄路，多鬼蜮；风雨骤，灯明灭；有千层罗网，万重荆棘。天降斯才为草薙，人生此世供饥溺。燃犀看，深处现光芒，鱼龙蛰。

评陈独秀②

千秋青史说丰功，霜剑风刀道益隆。

晚岁能知难独秀，诗人此处最英雄。

评释敬安③

娑婆世界一僧来，火宅丹心绽白梅。

五蕴虽空难弃世，揭谛路上总徘徊。

鹧鸪天·评聂绀弩④

诗史千年日影斜，斯人天降到中华。肩挑日月收黟雾，口吐虹霓布彩霞。　和血泪，走龙蛇。新开天地栽新花。高拱唐宋群峰外，看低同光无大家。

童： 嗯，都是三言两语，跃然纸上，让人印象深刻。——我觉得写邓拓的那首七绝也很不错。

王： 这首诗是这样的：

---

①②③④　编辑所加。

勇掷头颅浩劫时，诗魂踽踽欲何之？
书生难得遇明主，热血斑斑莫笑痴。

末句意在惋惜他未能完全解开心中“士”的情结。

童：有人说，您提出“后唐宋体”这一概念，似乎是想提出一个新的旧体诗史观。您是否同意呢？

王： 开始，我并没有这样想，但在写作过程中我对此已经有所意识。想到题目之大，特别是自己基础之薄，能力之弱，无异于以蚊负鼎，屡有却步之想，搁笔之念，总忖着：还是别去捅这个马蜂窝吧！不过，一想起求学期间夏瞿禅、马骅、吴熊和、蔡义江等诸位老师对我的鼓励，为了向专家学者和广大读者请教，只得贾勇向前，别无选择。即使成为众矢之的，也心甘情愿，无怨无悔。我努力以我手写我心，我就在字里行间站着、走着，即使丑陋邋遢，即使步履蹒跚，我就是我，我总是我，我只是我，决不遮遮掩掩、羞羞答答，犹抱琵琶半遮面，没有必要。

记得有哲人说过，所有的历史都是当代史。思考20世纪的旧体诗史，我确实有着极其强烈的现实感。但我要郑重申明的是：这本小小诗话，根本无意于对20世纪的旧体诗诗史进行整体描述，只想提出“后唐宋体”这个概念，试图打开一个小小的新窗口而已。当然，这不但与旧体诗史观是相联系的，而且也和现代文学史相关。上面我已经提到，如果说在后唐宋体出现之前，现代文学史尚有理由将旧体诗拒之门外，那么在后唐宋体出现之后，现代文学史就没有理由采取“鸵鸟政策”，无视其作为现代文学的存在。

童：无论您书中说的“唐宋体”，还是“后唐宋体”，都面临一个同样的问题：在相对固定的语言形式中，要容纳现代生活和存在经验并不容

易。在新诗诞生之初，这是旧体诗被诟病的重要原因之一。您觉得，“后唐宋体”中是如何较好地克服这一弊病的呢？

王：文学，尤其是诗歌，是语言的艺术。唐宋体所追求和坚持的典雅文言，要容纳如你所说的现代生活和存在经验，确实面临不易克服的困难，更别说容纳现代公民的意识和情感了。这其实就是白话之所以能够替代文言成为主流的主要原因。正如朱光潜所说：“读文言文……他总不免像看演旧戏，须把自己在想象中搬到另一种世界里去，与现实世界隔着一层。”读一般的唐宋体诗作，确实也免不了有“与现实世界隔着一层”的感觉。至于写作也是同样情况，朱先生在《从我怎样学国文谈起》一文中回忆，当年读古文时，“头脑里甚至筋肉里都浸润那一套架子，那一套腔调，和那一套用字造句姿态，等你下笔一摇，那些‘骨力’‘神韵’就自然而然地来了”。唐宋体这一套“架子”“腔调”“姿态”与现实世界隔着可能还不只是一层而已。后唐宋体可以说正是应运而生，它融合了现代白话，以完全不同于唐宋体的“架子”“腔调”“姿态”去拥抱现实生活，表现现代公民的精神、意识、情感。如果说唐宋体是多少有些遗老遗少气息的“龙钟老人”，后唐宋体就是一个生龙活虎的“时代新人”，纵然尚未完全成熟，但前途未可限量。

童：您这本诗话出版之后，学界的反应如何呢？

王：我感觉，反应是有的，当然并不热烈。如《名作欣赏》主笔续小强发文称：“尚文先生提出的这个问题非常重要。重要性在于，一是后唐宋体概念的提出及阐释，照我看，应该能够进入文学史；二是这归功于我们理论家的理解、研究、梳理，当然还有慧眼，但更取决于鲜活生动的文学现实。长期以来，对旧体诗的定位、归位，我们文学研究者所做的工作是极其不够的。如此，便给社会造成这般误解，旧体诗死掉了，无非是一种雅兴、附庸风雅而已。甚至，无形中给爱好者、创作者套上一个‘封建’‘格调落后’的枷锁。我原先从编辑的角度也想过这样的问题，我的切入点是，一种文学形式的演变，究竟是研究者决定的必然，还是写作者创作的自在。我们是一个大的诗国，这样的写作者有多少啊。它甚至已经内化到我们日常生活中的许多方面，比如对子、赠言，等等。如此存在是不容忽视的。”又说：“尚文先生目录非常清晰，由理论高处入手，从文学现实切入，有历史的眼光，有深刻的见解。源流的梳理很重要，看许多文学史，在这个问题上已经谈了很多，如此切入，是极大的丰富。例谈与举要，为我们勾勒出了一幅较为完满的图景，这难道不是现代以来文学史中很重要的内容吗？”

童：这一评价很高呀，您为什么说“当然并不热烈”？

王：往好里说，我是有自知之明。我自己的才能、水平远未达到“热烈”的火候。数十年来每有编、写，每次我都只求自己尽心尽力，而不太在乎“反应”。我非常感谢素不相识的史仲云先生将此书收入《思想与文化丛书》，并得以在中国社会出版社出版。感谢续小强先生在他当时主编的《名作欣赏》上连载了此书的一些主要部分。上面所引文字，都仅仅是对我的鼓励而已。同时，我要特别感谢诗人西渡为此写序。

童：诗人西渡为此书写的序里，从新诗人的立场对您书中的观点提出了一些疑问，比如，“后唐宋体”写作的可延续性问题。当然，我们看到，现在写旧体诗的人很多，据说在百万以上，每年出版的旧体诗集也不少。您觉得“后唐宋体”的当代生长空间在何处呢？

王：三十多年前我教过西渡一年的语文，我不但欣赏他的诗才，还十分欣赏他的人品。在序里他对我颇有溢美之词、过誉之处，如说我具备了“旧（学）修养、新眼光”，是“真诗人”等，实不敢当；也愿意借此机会对在该文中所提的质疑做点回应。

其一，西渡认为一种新的诗歌体裁要成立，一需要新想象，二需要新音乐。而后唐宋体限于旧诗格律和规范，几乎不可能产生新音乐。我以为西渡说得有道理，但也不能绝对化。后唐宋体的音乐之新，如果以唐宋体作为对比，一目了然；虽然还是五言七言、平平仄仄，但由于现代白话的化入，腔调就发生了质变。语言之新是音乐之新的根本，比平仄格律作用要大，不可低估。我们还是让作品自己来说话吧。试看聂绀弩的《削土豆伤手》：

豆上无坑不有芽，手忙刀快眼昏花。
两三点血红谁见，六十岁人白自夸。
欲把相思栽北国，难凭赤手建中华。
狂言在口终羞说：以此微红献国家。

词之于诗，仅仅句式长短的变化就创造出了新的音乐。后唐宋体的语言是新的，其音乐自然也就有新味，特别是和当代的语言环境与氛围也是协调的。而且，我们还要看到后唐宋体在格律规范方面的突破，如邵燕祥的《戏咏五次文代会》：

尽是作家艺术家，出恭入定静无哗。
不愁百万成虚掷，安得金人似傻瓜。
已验几回诗作谶，可知何日笔生花。
掌声拍报平安夜，大会开得很好嘛！

我看说这几首诗的音乐、腔调不新是不太公平的。当然，和新诗的音乐性有待开拓和完善一样，后唐宋体的格律和规范确实也存在巨大的上升空间，我们不能因有此上升空间而泄气，而要鼓起勇气，齐心协力地努力探索。

其二，西渡说："王先生认为后唐宋体恢复了旧诗的青春，主要以聂绀弩诗为证。但聂绀弩的诗究竟具有普遍的意义，还是一种特殊的天才现象？聂诗究竟有无可能挽旧诗于末路？"这确实是一个问题。我敢肯定的是，聂绀弩虽然不可重复，但后唐宋体的作者作品，绝非只是拙著里提到的那一些，遗珠多多。如熊鉴先生，因我孤陋寡闻，当时未能发现，内心愧疚不已。放眼网上诗词，堪称后唐宋体佳作风起云涌，让人应接不暇。浙江师范大学陈志文先生曾有一首七律请我"指教"：

古 村 落

老屋堪怜似老人，残躯不复往年春。
飞檐尤抱汉唐月，断壁空归土地神。
一脉儿孙从此出，满园花草与谁亲。
绕梁故燕徒三匝，不忍新巢筑近邻。

这是一首属于后唐宋体的好诗。更让我惊异的是，他是从事城市规划研究的专家。他告诉我，在他的诗友中，写后唐宋体者大有人在，业已成为网络诗词一道亮丽的风景线。聂绀弩并不孤独，他不必像陈子昂那样慨叹"后不见来者"。后唐宋体既应运而生，必将应运而盛。

在序的末尾，西渡说我以后唐宋体为"诗歌的发展方向"，其实这是误会。实际上我始终认为白话新诗是我国诗歌发展的主流，从来没有含糊过、动摇过。

童：冒昧地问一句，您现在回头看，觉得这本书有何不足或缺陷吗？

王： 怎么会没有呢？出版没多长时间，我就发现“后唐宋体举要”这一部分漏了不少优秀的诗人和作品，坐井观天之讥理所当然，这还好说，倒是自己内心的愧疚难以排解，希望以后能有修订的机会加以弥补。

童： 漏掉的部分，您能否举例一二？

王： 最典型的例子就是刚才提到的诗人熊鉴，有《路边吟草》诗集，广有影响，深得好评。兹从多年前的笔记里录出两首，以见一斑：

赠书画家梁冰先生

云烟落纸响沙沙，谁道书痴大傻瓜。
苦海弄潮三十载，敢驱风雨戏龙蛇。

丙子端阳前一日又因咯血住院①

瘟神不误四年期②，摧落桃花又满蹊。
噩梦未随左道逝，伤痕犹待后人医。
前朝遗老怀殷纣，举世贪官笑伯夷。
腾沸一生无出处，几番和泪乱淋漓。

我敢肯定，如果认真搜集，网上海量作品里肯定会有不少的佳构杰作，只是这本诗话出版之后，我又回到了语文教育研究的本行了。不过，我坚信，关于当代旧体诗的研究一定会有人继续下去，正如旧体诗的创作一样。

童： 王老师，最后我还想问一下，您的《玉元小草》诗集和这本《后

---

① 第一次咯血在一九九二年春。
② 医生云，支气管扩张咯血约三四年发作一次。

唐宋体诗话》都由李锐题写书名，您是怎么和他老人家结识的？

王：谈不上结识。我有一位年轻朋友因研究毛泽东的关系，和他相熟，我是通过这位朋友得到了李锐题写的书名。《后唐宋体诗话》正式出版后，因其中有一节专写他的，就送了他一本，后来他又再要了两本。其实我和他既无一面之雅，也没有通过一封信，但我心里敬仰他。

王老头博客

童：王老师，您曾在新浪网开了博客。我们今天来谈谈您的博客，好吗？

王：好啊！我的平庸，表现之一就是常常不免于随大流。电视机普及之际，我也去买了电视机，而且几乎每天都要在电视机前消耗一些时间，几次想戒，都未能成功。更早一点，大家都戴像章，我也就戴了，还略有收藏。现在呢，都在玩手机，我也在玩，也往往一早醒来，就习惯地伸手去摸手机。2011 年，开博客之风刮来，我也就开了一个“王老头博客”。勉强坚持到 2017 年，不是虎头蛇尾，最终是连“尾”也没了。

童：我是您博客的热心读者之一，觉得您很多博文都很有意思。譬如《教育禅》这一专栏，就“教育禅”这三个字不但新颖，而且意味无穷，很有吸引力。

王：后来（博客）之所以夭折，主要原因当然是我缺乏毅力，还有就是因写作语文教育方面的小册子而难以分身；从客观原因来看，谈教育禅实在太不合时宜了，终觉无趣，于是知难而退。不过，我特别感谢当年参与其事的杨更生、陈德款、欧东栗、董文明、颜炼军等朋友。

童：我觉得，您《教育禅》中《开头的话》就是难得的好文章。

王：我觉得我写的都是真话、心里话，也有让人读了可能会认真想一想的话。比如下面的段落：

此所谓道是教育之道，即教育本真的价值，也就是教师生命的价值。五蕴皆空，一心不死，在即时的修炼中自我救赎，并通过自我救赎，救赎我们的学生！

从教就是旨在求道的修炼。所谓教育禅，其核心就是教育爱——首先是对学生作为人，特别是作为成长中人的同情、体恤。这种爱，这种同情、体恤，完全基于人道，基于自身对人，特别是对人的尊严和权利的认知与感情，基于对教育本真价值的理解与感悟。这是一种实践，一种思维方式和生活方式。其底线是决不助纣为虐，决不同流合污，对学校内外所有的恶浊卑鄙，保持必要的距离，例如决不参与造假与欺骗；例如对所有的学生一视同仁，决不势利；例如决不以分数为唯一的标准去评价学生；等等。这虽然是底线，却不容易，所以就得修炼，从而淡泊世俗，淡泊功利。在教学上，从培养学生的兴趣开始，这就要求自己热爱自己的专业，乐于进修。这种教育禅的修炼，是减法，在世俗所热衷的功利方面；同时，也是加法，在人生价值和教育价值方面。总之，有得有失，有苦有乐，因失而得，因苦得乐。修炼到一定的境界，其得，虽天下不与易也；其乐，虽南面王不及也。

这《开头的话》所说的意思，我至今仍常常思考，常常生出无力回天的感叹。

童：看看您第一期的目录，有《思考篇》《案例篇》《借镜篇》《文学篇》等栏目，相当丰富。

王：现在看看，其实，我只有惭愧。勉强坚持一段时间以后，越到后来就越是“瘦骨伶仃”了，最后常常是每期一篇。

童：不，好东西不少。我记忆特别深的，如《写作文与说人话》《住手！董校长们》等抨击教育中丑恶现象，振聋发聩！还有《我的空无，我的恐惧》《你想不不朽也不可能》《“放下”为是》等讨论人生哲学的文章，也让我深受启发，由此对您的精神世界有了进一步的了解。

王：“文革”后期我曾对人生哲学发生了浓厚的兴趣，读东读西，读来读去，觉得还是王海明的《人性论》比较切实，解决了我多年以来不少困惑，自己也写了一点读书笔记类的文章。荀子曰：学不可以已。其实，思也不可以已。

童：博文中有一篇您质疑杨绛先生百岁感言《世界是自己的，与他人毫无关系》的文章，印象也相当深刻。

王：当时我以“不懂”起头，向她提出了这样的质疑：

……文章结尾的这句话：“世界是自己的，与他人毫无关系”，我却没有完全看懂，不敢不懂装懂，兹提出来向各位博友请教。

“世界是自己的”，对，每一个人都有属于自己的世界，这特定的世界当然是每个人自己的，外人可以了解、探究，但毕竟不能替代或颠覆，即使任由别人发号施令，左右一切，这也是你自己的决定，而非别人的。打个比方，你自己就是你的世界的国王，是否向试图入侵的“敌人”屈膝投降，只能由你自己做主，你必须对此负责，除此没有任何别的选择。我不懂的是说自己这世界“与他人毫无关系”。我想，一个人的精神世界的产生、形成、发展变化的过程，就是不断与他人交往、对话的过程，包括读书、上网等，它存在的基础就是和他人的关系。即使是“内心的淡定与从容”，也完完全全源于和他人的关系，或者说，只有在和他人的关系中才得以表现。只有“结庐在人境，而无车马喧”才是一种境界。在鲁滨逊的孤岛上，本来就没有车马，当然也就没有车马之喧了，鲁滨逊也就不会或者说不可能想到这样的意境。再说，杨绛先生写这篇感言，也是基于她与他人——她心目中的读者的关系；否则，她干吗写？她对他人说“与他人毫无关系”，分明就是基于她和他人实实在在的关系。

童：说实在的，我认同您的质疑。其实，您的博客粉丝并不少。比如您的旧体诗，阅读并留言评论的就很多呢。

王：说起旧体诗，我是犯了言行不一的毛病。

童：这话怎么说？

王：因为我的理论主张是“后唐宋体”，而我实际写的却是“唐宋体”。

童：您博客上还发表过李海林老师关于您旧体诗词的评点。评价很高，不少评点都相当到位。

王：是的，我觉得，我们是“心有戚戚焉”。比如：

梦游黄山

扶梦心先到，身回惊讶时。道如世路险，峰比人生奇。

李（海林）曰：后两句出奇也。本说世路如山路，此说山路如世路，本说人生如山峰，此说山峰如人生，反焉正焉？近山而远人世，山险而尚有近亲之感，世在而早远离我而去。一近一远，人生感慨，尽在不言中。

忆　母

忍病熬饥笑语馨，朝朝风雨候鸡鸣。而今渐已得温饱，墓木葱茏墓草青。

李（海林）曰：尚文先生乃刚烈之士也，然内心极柔软。"而今渐已得温饱，墓木葱茏墓草青"，闻之心碎也。

童：还有，李老师还曾给您改诗？

王：是的。我有一首《友人以玉观音像寿余七十，作〈虞美人〉为报》：

东西问道磐陀路，七十无反顾。一尊玉佛自娉婷，领我余年西向作雄行。　　平生夙愿当前了，几世能修到？朝朝寻觅夜凝思，难得相逢灯下白头时。

李（海林）曰：尚文先生吾师吾友也。故有胆改丽辞"领我余年西向作雄行"为"领我余年西向作漫行"。不知尚文先生以为然否。

我觉得，改得很好！用"漫"字，显得从容淡定，谢谢海林兄！

童：博客中您还记录了和诗友相互切磋的佳话。如：

尚文友七言绝句二

小区花园有一枯树，友人怜之，作此为辩。

墨梅无叶骨撑空，尘世沧桑一梦中。

意态浑如僧入定，超然万紫与千红。

年轻诗人陈志文先生建议"超然"改为"无关"，赢得您由衷赞赏。

王：嗯，还有朋友帮忙修改对联的，也很有意思。在博客中也多有记录：

学校60周年校庆，老头奉命献丑，为作一联。

年周甲子犹有朝阳气象喜臻佳境名驰中外

岁在丙申恰逢火红时代勇着先鞭光照春秋

爽明先生将“犹有”改为“正焕”，点石成金；李丹先生指出“‘朝阳气象’与‘火红时代’平仄有误”，说得极是。谨向两位致谢！

今天我的同行朋友、浙师大附中副校长童志斌先生前来寒舍，建议将“朝阳气象”改为“朝日光华”，我觉得改得好，既解决了平仄问题，辞采也更亮丽了。谢谢，谢谢！

童：我当年的一点粗陋建议，您还记得呀？

王：哈哈！“白纸黑字”，铁证如山！

童：说到您的旧体诗词，我还记得王栋生老师在一篇评论您的文章引用过您一首五绝的前两句：“川上子何在？江边我独行。”

王：后两句是“众星无一语，天地只滩声。”诗题好像是《川上》。

童：我记得，您还在博客上发表过您的白话笔记小说，读者甚众，获得不少赞语。我们可以来看一篇最短的：

婴儿呱呱坠地

由于诸多偶然的交集，一个婴儿从27层楼的窗口掉了下来，无可奈何，不由自主。

他混混沌沌，不知所以，不知所在，不知所之；他落入一个他不明白的偶然的时空里。

开始他觉得新奇好玩，继而他哭喊，他恐惧，他茫然，于是试图适应……

他挣扎，明知无用，也仍然没有放弃，他想挣扎，他要挣扎，他在挣扎。

他想寻求帮助，但是由于离开了母亲，也没有引起任何其他人的关注，他孤独，寂寞。

他惊魂甫定，试图抓住一点什么，但什么也没有抓住。

一切，在他都是陌生的；一切，对他也是陌生的，而且似乎冷漠。一切都飞逝而过。

他有那么多的疑问，他觉得自己本身就是一个问号。

他蒙蒙眬眬，似知非知，似懂非懂；最后，连他自身也觉得似有非有，似在非在。

他不再哭泣，终于渐渐冷静下来，并且一再试图摆脱困境，但好像已被深深淹没在一个巨大的黑洞里，一切都是徒劳的。

但，即使徒劳他也不放弃努力，仿佛努力本身就是目的。

他分明看见自己在大楼墙壁上匆匆坠落的身影，经过处什么也没有留下；但他没有惋惜，没有留恋，深深意识到一切原本如此，原该如此。刹那就是沧桑。

眼看就要撞向地面……

母亲发现心爱的儿子从窗口掉落后，立即给110、120打了电话。他们马上迅速地行动起来进行救援，一张大网终于接住了他；他，一个白发苍苍的老人。

我觉得，荒诞之中有深意，挺耐人咀嚼的。

王：呵呵，纯粹是游戏之作啦。所谓白话笔记小说，我曾经写过近百来篇，根本没有什么价值。俗话说“老病心清”，我的致命伤在“主题先行”，就是我在另一处批判过的“把小说写成了寓意极为平常的寓言”，无药可救。倘若一定要为之辩护，作为语文老师，练练笔，总多少有点益处，如此而已。

编撰《人之初：现代蒙学四十六课》

童：有一本书，先后被中国教育新闻网评选为2016年度“影响教师100本书”之Top 10图书，被《新京报》评为教育类3本最佳书籍之一，被“华文领读者年度好书榜”评为教育类7本好书之一——这就是您编写的《人之初：现代蒙学四十六课》，您当初是怎么想到要编写这本书的？

王：人愈老，愈会真切地感到人生“譬如朝露，去日苦多”，应做之事虽然仍旧很多很多，只是能做之事却是愈来愈少，谚曰“一岁年纪一岁人”，真无情之铁律也！特别是人到古稀，常会冒出“快做”的念头。快做，得先从“很多很多”里挑选必须马上就做的一件出来。经反复考虑与权衡，我决定尝试从事编写现代蒙学读本，这虽不纯属语文教育范畴，但关系极为密切。

起因是这样的，2011年，《人民教育》约我对郭初阳老师《弟子规·入则孝》的教学发表一点看法。由此我梳理了一下心头郁积已久的对于古代启蒙读物几乎风靡全国这一现象的思考，觉得根本不问当年撰写《三字经》《弟子规》等的立意、旨归而一味膜拜，这是与我们今天的教育宗旨完全错位的。在大江南北少年儿童一片“非圣书，屏勿视，敝聪明，坏心志”的背诵声里，我不禁深深为之忧虑。我以为，见书就信、见“经”就跪，那是精神上的奴隶，用鲁迅的话来说，这“是退婴的病根”。世界潮流，浩浩荡荡，国家要崛起，社会要进步，退婴根本没有出路！于是，我萌生了自己动手为今天的少年儿童编写一本启蒙读物的想法，以使他们能多一种选择。

童：您一向是果断的行动者，想定了您就着手做了。

王：说实话，开始我被自己的疯狂念头吓了一跳，我何德何能，竟然不知天高地厚，狂妄一至于此！继而又转念一想：我，一个当代中国教师，为什么就一定没有尝试的资格？！充其量不过失败罢了，失败整个儿是我自己的，损不着我们孩子的半根毫毛！不去试试，那才是真的对不起我们的下一代，会内疚一辈子！别的事退避三舍，已经难以原谅，这件事若再临阵脱逃，我作为教师的良知何在？于是决定"上"！——后来书初步编成之后，我曾请求周有光先生赐序，他在所写序言第一段就此事说明了他的看法，基本观点和我一致。他说：

我国是文明古国，蒙学教育源远流长，蒙学读物代有兴替。"三、百、千"和《弟子规》等，曾经是历史上最受欢迎的启蒙读物，历来评价最高，但却不是当今的少年儿童合适的启蒙读物。道理十分简单，时代变了！就是出现最晚的《弟子规》，距今也有约两百年的历史。而就在这两百多年里，人类社会经历了天翻地覆的变化，我们不能让我们的孩子"不知有汉，无论魏晋"。从前受"三、百、千"和《弟子规》启蒙的人们，如果只囿于"三、百、千"和《弟子规》的水平，今天也必然会成为启蒙的对象。现在，不断有人热心提倡少年儿童学习"三、百、千"和《弟子规》，用心可嘉，但万难达到启蒙的目的。当今世界正经历前所未有之大变革，面对不断涌现的新的价值观念和知识领域，我们必须为青少年探索新的人文启蒙路径。

我深知，蒙学读物应该是经典，起码具有经典性，这是必须坚守的底线，也是我一向坚信不疑、坚定不移的信念。我虽没有能力撰写经典，但为青少年成长助一臂之力的心意，则对天可表。我几乎日日夜夜都在念叨着：启蒙！启蒙！经典！经典！我深感庆幸的是，命运往往每次都给了我及时的眷顾，拯救我于穷途末路。一天深夜，忽然灵光一闪：为什么不能像当年参与编写《新语文读本》那样，不是自己来写所谓的“经典”，而是把古今中外的经典请出来和我们的下一代直接对话呢？我为自己这一念头而兴奋不已，浑身来了劲儿，遂口占一绝道：

春风醒我少年梦，精卫翩翩志未休。
万紫千红遍华夏，山青欲染老人头。

童：知易行难。真的做起来，肯定也不容易吧？

王：你说得对。前面的曙光似乎已经看见了，但真正找到具体的路径，还差得很远。曾经设想过好几个方案，最后决定以人生关键词为纲，以有关的经典论述作为主干，以一个故事和一首诗进行阐释，共同组成一课。这已经是 2012 年春了。

编选伊始，我就明确规定了两条，一是人文读本，而非语文读本，为此我写了如下四句话：

启蒙发覆，此为津梁。
以立天地，以迎朝阳。

这是我的奋斗目标，也可以说只是理想而已。二是边学边干，首先是学，即自我启蒙。《人之初：现代蒙学四十六课》里这几十个关键词就像几十座高山，等待我去攀登，虽然辛苦，却每每有自我解放、进入新境的喜悦。我所选择的关键词，都是基本的人文常识，应该是青少年读者精神成长的“基因”，千万马虎不得。

记得关键词最初是 36 个，也曾有过 58 个，最多时有 64 个。有的关键词放上又拿下，拿下又取回。以“中庸”为例，上上下下就不止三五次。而确定每一条经典论述、每一个故事、每一首诗的背后几乎都有一段坎坷曲折的历程。编写，说容易也容易，因为差不多每个关键词，几乎都可以轻易在网上找到一大把相关材料。不说三天，三个礼拜就完稿是绝对不成问题的。由于我的住处离浙江师范大学不远，找书还算比较方便。而选择的过程一方面是逼自己读了不少书，另一方面也领略了不少完全出乎意料的荒唐。例如在编选经典论述的过程中，发现有些材料文字、标点错讹不说，就连署名也是张冠李戴，甚至同一本书中选了同一外国作者的文章，前后的译名却不相同。有时找了很多书也没有找到精辟而又适合这本书读者对象的与关键词匹配的内容。若是译文，为信达雅，凡是有不同版本的，我们都尽量多找以供比较，实在不合适的只得求助于相熟的翻译家另译。

故事，几乎没有一选就中的，与其相信“最好”，不如相信“没有最好，只有更好”。有时好像已尽所能，但还是两手空空。不过遇见好东西时的兴奋激动，也是难以用言语表达的。好诗，从来就不是某一观念的阐释，要找到合适的诗作几乎不可能，只能要求竭尽全力。还是举“中庸”这个例子，我总是像攀岩那样，在绝望中仍不停止努力。“我们的读者是青少年！”我总是拿这句话激励自己，鼓舞自己，不断追求“更好”。

童：我们都知道，《人之初：现代蒙学四十六课》的作者还有两位年轻人。你们的“三人行”组合是怎么来的呢？

王：经过一年多的努力，我总算拿出了初稿，并得周有光先生赐序，也得到了其他几位朋友的鼓励，如前年暑假在浙江遂昌白马山邂逅傅国涌先生，他硬是挤出宝贵时间认真通读全稿，在不吝啬赞扬的同时也几乎是逐篇提了修改建议。后来我虽然参照几位朋友的意见，认真做了一次修订，但由于头上总是悬着“我们的读者是青少年！”这把剑，怎么也不敢造次。因为在编选过程中，我再次深深意识到了自己的孤陋浅薄，考虑再三，于是决定找郭初阳、颜炼军两位青年才俊合作。他们的见识学问我是了解的，特别是两位腹笥之富更令我佩服。由于他俩都是大忙人，开口时，我颇踌躇，不料他们都非常愿意来共襄义举。特别让我高兴和放心的是，他们深知其中的艰辛，已有“攀岩”的思想准备。就这样，书稿进入了一个质量大幅度提升的阶段。提升的主要表现有：一是经典语录，尤其是故事和诗歌被更换了七成以上，例如“合作精神”，用了科埃略的《老鼠夹和他人的重要性》，顿觉容光焕发，生色不少。诗歌是颜炼军的本行，但他也还是屡改屡换，丝毫没有当作小菜一碟的意思。二是非文学文本，即便是选自较有威信的出版社出版的书籍、刊物，他俩尤其是郭初阳仍是反复推敲它的真实性等各方面的问题，就像是法官审案，认真地审视每一个细节。我们三人的合作是我最愉快最充实的经历之一。郭初阳曾在著名的良渚文化村两次招待我和颜炼军，吃住全包。每次集中几天，先是通盘考虑专题的增删，对存留下来的专题，逐篇审议，决定弃取；再对存留的诗文，逐字逐句审读。“三司会审”之后，对需增补的专题或某专题的诗文进行分工，每人各自负责寻觅相关的材料。记得“金钱”专题的《石币之岛》一文由郭初阳提供，是在七八篇待选者中胜出的，确实很好，但为一处行文，我们仍足足争论了两个小时。因为，我们的读者是青少年，不允许有不当的引导！

童：你们三人的合作过程，一定有很多有意思的故事吧？

王：是呀。据郭初阳兄回忆，“从 2013 年起，本书的近五十个关键词已经确定，自爱、自知、自信、自省、自胜……从一连串以‘自’开头的词语，能看出王先生的立意，乃是希望年轻读者知道，认识自己与探索世界是同等重要的人生事务；人是万物的尺度，而开始丈量时的定点就是自身。一翻开这本书，西班牙作家乌纳穆诺的句子就映入眼帘：‘对于宇宙而言，我是微不足道的，而对我自己，却是一切。’知道一己的渺小，也明白此身可贵的人，才有可能成为一个思考着的行动者，成为一名知其不可为而为之的参与者，成为一位爱人如己的实践者。”

下面是他回忆里一个颇能发人一笑的细节：

有一次三人聚会商议时，午后困乏却不敢稍事休息，炼军和我用咖啡，王先生则泡一壶浓茶提神。老先生中气很足，偶有惊人之举，记得谈论“亲情”选文时，选文太多，一时迷乱，老先生在一叠书中翻检，读到一篇，兴致上来，突然猛拍一下桌子，挺身立起，伴着一声大喝：“好，就这篇！”炼军和我正围坐在同一张桌旁苦思冥想，突如其来的拍桌声、大叫声、霍然而起的风声，着实把我们吓了一跳，等我们回过神来，仍有余音回荡，咖啡杯里的小银勺还在叮当作响，荡漾着杯中的风暴。“哪一篇，哪一篇？”我们惊问道。“这篇——西西的《煎锅》。”王先生一脸天真的得意，“好，实在是好哇！”服务生跑过来看，以为店里有人在吵架，我们镇定下来因势利导：“请给我们加一点水，谢谢。”

哈哈！要是他不提起，我自己早忘了。辛勤劳作总是会有回报的，郭初阳兄认为，柏拉图《洞穴比喻》之于“理性”，张问德《答岛田书》之于“祖国”，弗兰克《德黑兰的死神》之于“命运”，马塞尔·埃梅《最后一名》之于“挫折”，汪曾祺《鉴赏家》之于“友谊”，米尔顿·弗里德曼《石币之岛》之于“金钱”……无一不是让人拍手叫好的契合之作。甚至还有富余需要割爱的篇章，“比如‘自胜’一章，经典论述有老子和柏拉图，诗歌有曼德尔施塔姆[①]，故事的版块，多丽丝·莱辛的《海底隧洞》讲述一个少年冒险挑战自我的经历，再合适不过了，可惜单篇就有七千多字，存档了很久，终于忍痛割爱，最后选用了另一位诺贝尔奖得主的名篇，非常切题，篇幅也正合适。”

童：郭初阳兄是我老朋友，属于潇洒才子，其学问与识见常让人惊叹。另一位小伙伴颜炼军我不熟悉，一定也很优秀吧？

王：小颜当初参加编写的动机就“不纯”。他说：“几年前我到杭州生活，不久有了女儿……想到作为父亲，若给女儿编本书读一读，就像给她买一件我猜她会喜欢的玩具，虽然很可能猜不中，但有机会为什么不试试呢？抱着此等私心，我最后决定与他们俩一起编选此书。”

他回忆道：“最困难的事，莫过于选择与关键词匹配的文本。王先生一开始的设想，是尽量以纪实性作品作为故事。我们翻阅了大量的传记性文字，最后发现此路不通。首先，因为纪实性作品所涉及的材料和事实的真伪，往往对作品的主题有重大影响，古今中外都有许多八卦野史和翻案文章，这给我们的甄别造成了极大困难；其次，这本书是一本课本式的读物，从上课的角度而言，以文学作品为主更合适；最后，因为不同历史时期、不同国家、不同学派对这些关键词的理解都有差异，以文学作品来呈现，应最具开放性。因此，我们最后一致决定，每课的故事部分以文学作品为主，但也不排斥好的纪实性作品。如果拿现在出版的《人之初》和最初的版本相比，这可能是最大的区别。”

他也说选文的确定“真是一个充满否定和痛苦的过程”。“三人行，必有不同意见。比如，对于同一个关键词，三个人找到的不同作品经常要‘较量’。许多次，我们之间因为趣味、理解的差异而陷入暂时的僵

---

① 曼德尔施塔姆（1891—1938），苏联诗人。

局，大家通过互相写信、打电话说服对方，直到达成一致。有时，大家在一段时间内都找不到合适的作品，甚至会数日陷入沉默。突然有一刻，谁发现了一篇十分合适的好作品，就会无比的高兴。比如，关于‘祖国’一课的故事，在没找到合适的作品前，大家就陷入过这样的状态。‘友谊’一课，一直没找到合适的作品作为故事。最后关头，初阳兄发现了汪曾祺的《鉴赏家》，既合适，又避开了一般选本中常见的汪曾祺作品。”

童：这本书面世之后，读者的反应如何呢？

王：关于对此书的期待，小颜似乎比我悲观一点。他说：“我坚信，作为一个现代蒙学的大胆尝试，我们编选此书的设想和期待，本质上不可能实现。大多数人都将势不可当地成为社会各个格子里的一员，平庸地活着，这是教育十分令人绝望的一面。但是，我们如果通过这本书，或由此延伸到的其他书籍而得知，书里所思所写，在人类历史的某些偶然时机曾闪现过，我们也许就不会放弃这个作为幸福之源的生命意识：永远存在别样的生命形态和生命追求，永远有少数更高价值尺度的追求者。如果让每个现代人都多少获得这样的参照，是否可以算是蒙学或者一切教育工作的价值所在？我不确定。”说实在的，关于教育，任何一个认真的人哪能避免悲观之想，问题在于，我们不能因此而只是叹息吐槽而已。听责编陈卓先生说此书的销量目前已经过 6 万册，已经远远超出了我们的预期。

我由衷感谢我们的泰山北斗周有光先生，祝愿他在天堂安息！我感谢关心本书编写并给予帮助指导的其他朋友，特别是和我同甘共苦的郭初阳、颜炼军，正是他们的参与，这本书才真正达到了出版水准，才能够比较放心地奉献给我们的青少年读者。我热切期待读书界的大方之家和读者朋友的批评建议，以便再版时能够更上一层楼。当然，我也要感谢东方出版社，正是由于他们对教育事业的忠诚和努力，这本书才有机会送到读者手中。至于我自己，“山青欲染老人头”，当然只是美丽的想象而已，现实是依旧青灯对白头，却也多了一分“万紫千红遍华夏”的期待。

写作《语文品质谈》

童：昨天我又重读了《语文品质谈》中《从语感到语文品质》一文，朴实甚至显得有些平淡的文字里，确实有让人感动的东西。在某种意义上说，语文品质从语文教学论的角度看是对语感的发展，所谓发展一般就包含对原本东西的否定、扬弃，这对于一个年将八旬的老人来说，不仅要跨过体力脑力不如从前的坎儿，而且要否定、发展自己过去得来不易的成果，无疑是重新起步攀登一座山峰。可您却根本不以为意，义无反顾地踏上了新的征途。这确实让我为之动容。

王：哈哈！你总是善于发掘别人的优点并给予表扬。开始探讨“语文品质”，确实并不轻松，因为这首先是一个语言学问题。读本科时，语言、语言学就是我的短板，后来研究方向由苏东坡转向语文教育以后虽也猛补过一阵，还是不敢造次，还得老老实实读书，认认真真思考。否定自己，觉悟到今是而昨非，我觉得是一件大好事，说明自己有点长进了，如能对自己所热爱所投身的事业有所补益，何乐而不为？

说到这篇文章，其中写道，我有关语感的论述和语文教学实践“确实还有点‘隔’。为此，我心里时时感到愧疚和不安。2014 年总算有机会腾出一段时间思考相关问题，‘众里寻他千百度，那人却在灯火阑珊处’——终于在一天夜里脑子里蹦出‘语文品质’这四个字，从此这四个字便一直纠缠着我，挥之不去”。据傅国涌先生回忆，应该是2013年。《语文品质谈》最后一部分是相关的读书笔记，其中有一则写道：“我爱家乡白马山的蓝天白云，清凉萧爽，几乎年年夏天都要去住些日子。今年天分外热，也分外蓝。早晨日出之后，我正在湖边晒太阳，沉醉于阳光的和煦，迷恋于天空之湛蓝。突然听到有人赞叹：‘这天蓝得一丝不挂！’好一个‘一丝不挂’！”后来傅国涌先生在朋友圈里回忆说，说这句“这天蓝得一丝不挂！”的就是他，他明确讲到2013年我就已经和他谈起过语文品质的相关内容。

童：您迈出由“语感”到“语文品质”这一步，确实不容易……

王：有关准备虽然早已开始，但正式开始写“语文品质”方面的文章却是由于别人推了我一把：住在我楼上的蒋风老师代一家杂志社向我约稿。我在杭州大学上学期间，蒋老师曾经教我儿童文学，师命难违，我没有别的选择，就答应了。在走出我家门时，蒋老师又回过头来叮嘱道：“你稿子写好后，直接交给我，由我转发。”听起来，似乎有点不大放心的样子——这就是我关于语文品质的第一篇文章《试说“语文品质”》。由此逐步进入状态。后来收入《语文品质谈》第一、第二两辑的文章，都先后在《语文学习》上连载，在此我要再次感谢张少杰、易英华等各位编辑的大度宽容和热情支持。

童：我想，从“语感”到“语文品质”，还是有一段不短的距离吧？

王：那是当然！感觉到“语感”与语文教学实践有点“隔”只是个开始，后来逐步走到“语文品质”，主要还考虑到必须纠正语文教学泛语文化、非语文化这几乎已入膏肓的顽症等因素。这就关系到如何定义“语文品质”。我曾一再申说：

只要是语言作品，就一定都有一个“语文品质”的问题。好比任何人用笔写字，不管他写点什么，为什么而写，写给谁看，就一定都有一个字写得好坏的问题；字写得好与坏，就是一个书写品质的问题。这个书写品质，和他书写的目的、写给谁看的对象虽然相关，但评判者却完全可以单从书写品质的角度做出判断。所谓“语文品质”，就是指一篇语言作品遣词造句、谋篇布局的质量高下。它是语言作品的作者语文能力、语文水平的客观表现。

“所谓‘语文品质’……”这一句，是语文品质这一概念内涵核心之所在，关键之所在。我应约为另一家杂志社写的有关“语文品质”的文章，其中有一段写道：

和其他客观对象一样，对于语言作品，我们也可以从种种不同的角度去衡量它的品质，例如从内容看，可以看它是否真实，是否正确，描述是否混乱，说理是否充分，等等，这些可以统称之为语言作品的内容品质；也可以从它的遣词造句、谋篇布局看其语言表达方面的品质，这就是我所说的语文品质。

但在发表时，“这就是我所说的语文品质”前面的那个逗号却被改成了句号。这一改动看似极不起眼，却是说明何谓“语文品质”的典型例证，以及何以必须讲究的深刻理由。厉害了，这个句号！“我所说的语文品质”居然瞬间就变成了“他”所说的语文品质！就是这个句号彻底改变了“语文品质”的内涵，从而有可能进一步加重语文课程的病症。遣词造句、谋篇布局岂是雕虫小技？语文品质哪能视而不见？

童：这个例子太有意思了！从第二辑里《吕叔湘“语文质量”说浅见》一文可知，吕叔湘许多年前就曾提出过和“语文品质”类似的“语文质量”问题。

王：是啊！我在这篇文章里说：

近日重读《吕叔湘语文论集》（商务印书馆1983年版），惊喜地发现吕先生早在1963年写的《关于语文教学的两点基本认识》一文中就已提出“语文质量”这一概念。他虽未就这一概念本身展开系统、深入的论述，甚至没有给出一个明确的界说，看起来好像只是在行文时不经意地带出而已，但其意义却千万不能也不容小觑。我阅读时不胜感叹：倘若我们语文教育工作者当年就能够充分重视吕先生提出的“语文质量”及相关理念，五十多年来我们的语文教学可以少走多少弯路啊！联系我自己近年关于“语文品质”的思考，不禁想起《庄子·秋水》里的话：“吾非至于子之门则殆矣，吾长见笑于大方之家。”接着我以多方面的事实和理由说明我所说的“语文品质”其实就是吕先生所说的“语文质量”，只是比他晚了五十几年。

……

如果我一开始想到“语文品质”这个概念拟作较为深入系统的探讨时，就能发现吕先生的“语文质量”的说法，我大概就不会再用“语文品质”，两者同义，何必另起炉灶呢？不过现在，我却希望能够继续沿用“语文品质”。主要理由是，据《汉语大词典》的解释，比起“质量”，“品质”一词似乎与人的行为和作风所显示的思想、认识、品性有较为密切明显的联系。而我始终认为遣词造句、谋篇布局固然是一种技能、技巧，但往往不可能和言语主体的思想情感个性等完全脱钩，恰恰相反，两者的联系常常是相当紧密的。

童：应该说这是您和吕叔湘先生的一次偶然巧合。这一巧合，我也觉得很有意思。

王：定义解决之后，最艰难的就是确立语文品质基本要求亦即基本标准。读书、思考当然是解决问题的前提，但读书、思考并不意味着就一定能够解决问题。“文革”前比较流行的“准确，鲜明，生动”显然已经不能完全适应时代需求，必须另辟蹊径。我在此处搁了不少时间。由于语言是关系、是对话的思想，此前毕竟曾经认真学习过、消化过，我从人们言语的诉诸性、应答性出发走向言语主体间的关系，并进一步关注制约遣词造句的种种因素，走过一条又一条崎岖曲折的羊肠小道，终于得出如下见解：“衡量一篇语言作品的语文品质如何，应当有个标准。由于相关标准不止一个层次、一个方面，还得建立一个标准体系……它包括如下两个层次，‘基本要求’和‘审美层次’。关于基本要求，有四个方面。就文章本身字词句段之间的关系而言，是‘清通’，也就是文从字顺，符合语法、逻辑和言语习惯；篇章结构合理、条理清晰。就文章与外部世界的关系而言，首先是‘适切’，指文章表达的含意与作者的言语意图要贴合，内外无间；其次是‘准确’，指文章所表达的与表达对象的实际情况要一致，不能走样；最后是‘得体’，指文章的语气、言语色彩等要契合文章作者与读者的真实关系，文章作者要摆正自己的位置，认清自己的角色。”

童：很明显，这属于语用学范畴，当然也属于您多年来多次讲到的“新语文学”的范畴。看来，您从语感到语文品质，已经在建设新语文学方面也做出了重要的贡献。

王：语言学与新语文学，我都还是在摸索中。我提出的遣词造句基本标准，也只是一时的应急措施而已。我坚信，不久的将来，一定会有更科学更合理的新标准出来，这毋庸置疑。

童：您过谦了。这方面，我觉得，语言学家傅惠钧教授对您做出了比较客观的评价。他在《语文品质谈》序言里说：

尚文先生的语文教育研究有个显著的特点，即通过开拓语言研究的新领域来定位语文学科的对象范围与研究重点，从而解决当下最为关键也是急需解决的语文问题。而正是这种努力，使得他的语文教育研究更具引领的作用。

尽管尚文先生没有着意去构拟这样一门“新语文学”，但是，在我看来，他的“语感论”和“语文品质论”，就是“新语文学”或说是“王氏新语文学”的两个重要支点。以“人的言语活动”为对象，语感立足于言语主体，语文品质对应于言语形式，这是语用研究的两个重要视角。它们互相联系、互为补充。当然，“新语文学”是一个大话题，内容自然也不止这些，尚文先生也有其他方面的论述，但本书的研究显然是其中重要的部分。

王：这只能看成是惠钧兄对我的鼓励。我从一开始就觉得“语文教育学”作为一门学科，其学术根底确实相对薄弱，急需从相关学科特别是语言学来辅助学习。

童：《语文品质谈》，您追根溯源，从考证“言之不文，行而不远”是否为孔子所言谈起，一直到汉代王充的《论衡》中《语增篇》《正说篇》，从南朝梁沈约的“通声律始可言文”到《文心雕龙》的《神思》《体性》《章句》《物色》，从南朝宋范晔的《狱中与诸甥侄书》到唐代王昌龄的《诗格》、刘知幾的《史通》，从南宋朱熹与其弟子回答的语录汇编《朱子语类》到明末清初金圣叹评《水浒传》，一一加以梳理，您的勤奋由此可见。

王：兜了一大圈，无非为了证明“讲究语文品质，自古而然”。

童：我觉得更让人受益的是第二辑《语文教育前辈谈语文品质》对胡适、叶圣陶、陈望道、朱光潜、朱自清、吕叔湘、王力、张志公等八位关于遣词造句方面论述的梳理、分析与评判。

王：哈哈！我人微言轻，只得劳他们的大驾为“语文品质”站台。

童：站台，也不能一概而论。其实您还对吕叔湘、王力、张志公等提出了质疑，让我深受启发。譬如您并不同意吕叔湘的如下观点："使用语文是一种技能，跟游泳、打乒乓球等技能没有什么不同的性质，不过语文活动的生理机制比游泳、打乒乓球等活动更加复杂罢了。"您认为他这是没有如实提到言语主体的思想情感在"使用语文"过程中的作用。

王：一直以来，我深感困惑的是，我们语文教育的理论与实践不是东歪，就是西倒，要么是语文＋政治，甚至是政治压倒语文；要么就是所谓"纯语文"，即脱离人文的语文，工具的语文，总是难以真正走在正路上，而且还不兴争鸣、辩论。

童：记得我在您这儿看到过李海林老师为您的《教育如天，语文是地》修订本所写序言中的一段话：

王尚文语文教育思想，处在一种非常独特的理论位置上，所以，我发现，他被处在两极对立的人共同误解着。工具主义语文教育观者觉得王的语文教育思想直指我的理论核心，是我的敌人，封杀和冷淡是非常明显的。他早期的语文教育研究也确实把重点放在揭示工具主义语文教育观的荒谬和肤浅上，那种犀利，那种透彻，30 多年过去了，我现在仍然还可以记得当年读王先生那些文章的畅快和醍醐灌顶。而另一方面，坚持经义语文教育观（现在称为人文教育）的人物，则感觉到王先生语文教育的一些论述不彻底，还带着工具主义的尾巴，走到半路上又返回去了。他们哪里知道，语文学科不应该汇入到无所不包的"人文教育"洪流中去，语文应该有区别于其他学科的价值。王先生不止一次撰文强调，"人文原在语文中"，但是似乎没有几个人真正听懂这句话说的是什么。

这段话真的"于我心有戚戚焉"！可贵的是您总是一直坚持您认为是

正确的观点，从不摇摇摆摆。譬如说，20 世纪 90 年代那场语文教学大讨论中，大家几乎一边倒地倾向人文，根本没有工具论的声音，您就在一篇长文中一再呼吁要展开不同观点之间的充分、深入的探讨，不能以势压人，“工具论”过几天由于心里不服自然又理直气壮地昂着头冒出来了。后来“人文说”似乎取得了胜利，大奏凯歌把语文给压倒了，您又连续发文一而再、再而三地吁请“紧紧抓住语文的缰绳”，“语文要走在语文的路上”。

王：李海林兄说两方面的人对我都有所误解，有这可能。但我一直对他们深怀尊敬，此心对天可表！因为我深信他们也都是为了语文教育能走向正道，取得更大成就，否则，所为何来？不同的见解全都是学术上的歧见而已，即使在气头上骂几句，也完全可以体谅。至于我自己，虽然未能完全脱略名利，但在 20 世纪 80 年代决定由苏东坡研究转向语文教育研究的时候就反复想过必以事业为先为重，否则还不如继续和苏东坡泛舟于赤壁之下，还转向什么？——这，有点扯远了。

童：听说 20 世纪 90 年代末，市里某民主党派曾力邀您加入，并想让您担任领导职务，结果被您婉拒了。

王：是有这么一回事。来找我的是民主党派的一位领导。我当时就想拒绝，但心想还是先来个缓兵之计，答应先考虑考虑。过了一两天，我也郑重其事地写了一封婉拒的信，说“参政议政，正是我之所短，而且也非兴趣之所在……我已虚度 58 年，齿摇发华，气短神疲，本职的教学科研工作已经常感力不从心，实在不能似也不应旁骛他涉了”。当时我住六楼，一般不会轻易上下，就请几乎天天在我家里和我一起编浙师大版初中语文课本的年轻博士王国均回家时代为付邮。第二天国均兄来时，笑嘻嘻递给我一张纸，对我说：“你昨天信口未封，我就顺便打开看了，写得很好，就复印了一份。”

童：有意思，有意思！

王：要不是你提起，我都忘了。时间宝贵，我们还是回到“语文品质”的话题吧。

童：我很佩服您时时表现出来的执着。譬如书中《叙事说理的语言表达》这一节对钱锺书的质疑。

王：这篇文章的篇幅并不是很长，但却费了我不少时间、心力。因为是发表和钱锺书相异的见解，我格外谨慎，为省时省力，曾动放弃之念，但终究不能也不敢，何以言之？钱锺书在《谈艺录》中写道：“瓦勒利[①]尝谓叙事说理之文以达意为究竟义，词之与意，离而不著，意苟可达，不拘何词，意之既达，词亦随除；诗大不然，其词一成莫变，长保无失。”此说若能成立，那么叙事说理之文的言语形式与言语内容两者就可分为两张皮，这牵涉两个根本性的大问题：一、事实上能不能分为两张皮？二、若能，那么我们语文教育界不少人的有关一系列共识几乎就都得彻底推倒，还得肃清它的流毒，绝非小事一桩。请原谅我用“大是大非”这个词，在这大是大非面前能含糊过去吗？重要的是能采取这种态度吗？更重要的是这种态度是应当采取的吗？如果真的是我错了，认错就是应该的、必须的。这么一想，躲懒的想法就逃得无影无踪了。通过摆事实、讲道理，我最后得出的结论是：钱锺书强调“诗藉文字语言，安身立命”，完全正确；必须补充的是，所有与“言”相对的“意”都借文字语言安身立命，难有例外，并非独以诗歌为然。这里所说的意，其内涵除了最基本的意思、意义，还应包括“情态”“意趣”等，有时后者更为重要。无论意思还是情态，它们都只能寓于词中、词与词的关系之中，而且也总是意随词变，不可能“离而不著”，就诗而言，绝对如此，而叙事说理之文则有如下三种不同的情况。一是字句变而意义、意思还在，情态、意趣则已走样或消失。二是

---

① 法国诗人，今多译为“瓦莱里”。

字句变化甚微而意义变化至巨。三是字句之变不大，所造成的意义变化也看似并不起眼，这也是常见的情况，但若仔细品味，不但所表达之意有所区别，尽管有时比较细微，而且语文品质也因之而有所差异。当然也有个别几乎全等的例子，如所谓绝对同义词。——记得写完这篇的时候，我不禁想起了《庄子·养生主》里的句子："吾见其难为，怵然为戒，视为止，行为迟。"最后则是"提刀而立，为之四顾，为之踌躇满志，善刀而藏之"。

童：我想，这也许就是您常说的写作之乐吧！

写作《漫话文学语言》

童：王老师，在我看来，《漫话文学语言》应该是《语文品质谈》的姐妹篇，是这样吗？

王：你说得对，它们的确是姐妹篇。《语文品质谈》探讨的是记叙、说明、议论等所谓实用文语言，发轫于2013年，2018年1月由华东师范大学出版社出版。《漫话文学语言》谈的是文学语言，主要部分写成于2017年底，2018年上半年又补写了几篇，8月12日书稿编成后交华东师范大学出版社出版。我在给林茶居兄的信中说：

今寄奉我最近完成的拙著《漫话文学语言》，请审正为感！文学语言，在生活中人们接触得并不少，就语文教学而言，起码也是半壁江山，可一直以来我们关注不多，认真探讨的著述更少，我为此颇感焦虑，于是在《语文品质谈》脱稿后即开始专注于文学语言问题的钻研，初步成果就是这本小小书稿。它虽离不开理论，但多以我自己的阅读体验穿插其间，而所举例子则几乎全是优秀名家名作，不少是著名经典。去年年底，我曾将已写成的十几篇寄《语文教学通讯》高中刊，该刊于今年一月开始逐月连载。我年轻时痴迷文学，后来也一直是文学爱好者，本书的写作让我极为兴奋，虽年衰而不觉，虽艰辛而无感，它和《语文品质谈》一起是我自己最喜欢的一对“孩子”！记得我曾在你的关心下修订了《教育如天，语文是地》，也曾给你寄了该书修订本的书稿；但现在我最急切的还是《漫话文学语言》能够由贵社及时付梓，“姐妹”同出一门，当是好事幸事，而且《语文品质谈》的编辑、装帧等见者无不夸赞有加，其“妹”之美当可期待焉！当然你们若感为难，我也完全能够体谅，只是希望及时示知而已。临纸不胜期待！

很快他便回信说，“于我而言，这真是今年最大的意外之喜。感谢信任，感谢赐稿！”不久他又来信说：“上段和相关同事商量，大家的意见是，将《漫话文学语言》作为明年的重点书来做。”看来，“姐妹”要相差好几岁呢。

王尚文登上杂志封面

童：您曾经说，《漫话文学语言》可能是您最重要的著述之一。您能否跟我们谈谈这部书的写作过程呢？

王：好的。关于文学语言，我是一定要写点什么的，但年近八十，精力所限，觉得还是“漫话”为宜，不过态度还得严肃认真，不能有丝毫马虎。书的内容分两个部分，前一部分写文学语言的一般特征、功能、风格、基本形态，以及文学语言的欣赏等，虽未表明章节，但实际上是有一条暗线把一篇篇文章联系起来的；后一部分是读书笔记，比较零碎，从《语文品质谈》看，这种笔记还是比较受欢迎的。查日记得知，我是 2017 年 7 月 1 日动笔写《从一个“似乎”说起》的，因已酝酿多日，比较顺手。3 日取快递途中，邂逅中文系刘彦顺教授，他是中国文艺理论学会理事。——常言道，隔行如隔山，不但学院与学院间、系与系间是如此，就是同一个系不同教研室之间往往也是如此。不过，也有例外。多年前我还在岗时，有一次学院组织春游，出发时在车上我和他刚巧坐在一起，相视一笑聊开了；他给我留下了极好的印象，诚恳，热情，很有独立见解。——这次相遇，我立刻想起刚写成的稿子可以向他请教，请他把关，毕竟他是专业的，他爽快地答应了。阅毕拙稿，他给了我真诚的鼓励，说我依据的理论是当前最前沿的，又主要结合自己的阅读体验来写，“很好”云云。于是我信心更足了；同时，他也对某一句子提出了很好的修改意见。6 日，出发到早已联系好的遂昌白马山避暑写作，到后才发现这原本的神仙世界却已灰尘满天，原来正在开发房产大搞基建。我知道，牢骚、生气只会伤身不能改变什么，于是就客客气气向宾馆抱歉“失信”，告别而去。后来我住进了南部大山里的桂洋，山里人确实朴实友善，我很快安顿下来，在自带的电脑上工作起来。一切都挺顺利的，只是有一天晚上打字时，突然一阵迷糊，不知身在何处、在干何事，但很快冷静下来，一会儿就完全恢复了。后来浙医一院王雪芬主任医师告诉我，这极有可能是过度疲劳所致，让我注意劳逸结合。花费将近两个月的时间，我总算基本完成既定计划，接下来就是不断地修补充实。

童：您常说写东西有苦有乐，这一次也差不离吧？

王：这次可以说一篇有一篇的苦，一篇也有一篇的乐。比方说，第一篇我究竟怎样开头？可谓煞费苦心，真的是应了“万事开头难”这句话，后来还是读《张爱玲传》临近结尾处，大约是第 453 页上的一个小小发现解开了症结，好像那个“似乎”是有意来给我解围似的——在那语境里有无“似乎”这个词就成了文学语言与非文学语言的分水岭，文章因此得以顺流而下。

我书里所说的道理其实一般都是常识，困难往往是在寻觅合适的例子，做出有说服力的说明和论证。由于我希望例子出自名家名作，这就增加了寻觅的难度，而最难的是要在名家名作里找到反面的例子。例如，第二篇说文学作品可以虚构人物、情境，但也得把握好其间的分寸，不能胡言乱语。记得为了找反面例子，我翻了好多书还是一无所获。后来发现张爱玲《琉璃瓦》中就有一处瑕疵：

> 到了介绍的那天晚上，姚先生放出手段来：把陈良栋的舅父敷衍得风雨不透，同时匀出一只眼睛来看陈良栋，一只眼睛管住了心心，眼梢里又带住了他太太，唯恐姚太太没见过大阵仗，有失仪的地方。

人是有两只眼睛，但两只眼睛同时只能看一个对象，现在不但“同时”要看要管两个地方，而且眼梢还另有重要任务，这就过了。

这和莎士比亚的《哈姆雷特》第一幕第二场国王所说的“一只眼喜上眉梢，另一只眼却泪水涟涟”（傅光明译本第 16 页）还真的不一样，因为读者一望而知这是以形象的语言表现既喜又悲的感情，不会觉得真的是一只眼的表情是喜，另一只眼的表情是悲。我以为这个例子相当典型，况且张爱玲的名气也是够大的吧！高兴之余，真想抽支烟！我是遇到困难时想抽烟，高兴时也想，几十年的老烟枪了，真拿自己没有办法！但烟已戒了五年多了，如再抽哪怕一口，就极有可能前功尽弃，终于还是熬住了。

第三篇是以杜拉斯《情人》汉译为例，说明文学是文字组合的艺术，其主体部分是比较几种汉译文字的优劣，如开头一句“我已经老了”，王道乾的翻译用了句号，孙建军的用了逗号，究竟是句号恰当，还是逗号恰当？我花了九牛二虎之力，说是说清楚了，但总觉得没有完全到位：

第一分句“我已经老了”，相比于其他两种译法，王译、孙译几乎完全相同，除了一个标点。这一句，只要你看它读它想它，它就会不断分泌出一种沧桑感：青春已逝，往事不再，前路茫茫，无可奈何，唯一可以确定的就是死期已经不远。这一句王译用的是逗号，孙译用的是句号——在此我必须郑重申明的是，本人法文一窍不通，本文意在比较不同汉译本身，而非他们与原作的关系。——我喜欢此处用句号，使它独立成句，况且意思本已完足，也有条件独立成句。我以为它若是独立的一句，会更有震撼力；若用逗号，和下文粘连在一起，则有拖泥带水之嫌。

真的没有完全到位！怎么办？除了惭愧，我渴望读者朋友不吝赐教。

童：我想也并非只有“苦”，其间一定也有“柳暗花明”渐入佳境的欣喜吧？

王：当然，也有自觉说得比较好的，如第四篇《惟陈言之务去》中的一小段。

黄山谷云：“老杜作诗，退之作文，无一字无来处。盖后人读书少，故谓韩杜自作此语耳。”于此倘若理解为韩愈作文下笔之时、杜甫吟诗开口之际，全都要考究拟用之字是否已见于前人的典籍，那就是一个骗人的谎话，实在不可思议，从古至今任何一个天才都绝无可能做到。杜、韩当然是“自作此语”，毋庸置疑。假如理解为韩、杜所用之字无一是自己所生造者，那几乎人人如此，又何必韩、杜？其实这话是着眼于韩文、杜诗在读者心目中的观感，这一点王国维就说得比较清楚：“读杜诗韩文，总感觉无一字无来历。”诗人们自小寝馈典籍间，腹笥极为丰富，遣词造句谋篇布局时，一似前人相关语词句式篇法就会不招自来匍匐其前听候调遣，好比丰腴土壤中自可长出健壮可人的萌芽枝叶，读者和诗人虽都难以一一指陈它们的来处，读者却总感到似曾相识。

至于结合自己阅读体验稍好一点的，如《“一枝动，百枝摇”》中关于契诃夫的《苦恼集》《小公务员之死》，我自己前后间隔约 20 年不同阅读体验的对比。记得动手写这一篇是在桂洋的一个下午，想来想去，实在没招，我就索性离开电脑，走出房门，到外面走走去。

桂洋夹在两座大山之间，中间是一条公路，几乎所有的房子都沿公路两旁而建。人们都在自己家门口活动，相互的交往都很开放、随意，因此我每每出门都会有机会跟他们接触、聊天。这次在返回路上，听见他们在说邻村一位老农不久前孤独死去，“真罪过！”我问：“他的子女呢？”“只有一个儿子，早就走在他前面了。”不知怎的，我立刻想起了契诃夫《苦恼集》里的马车夫，脑子里浮现出小说里的种种情景。回到房间，就在电脑上找出《苦恼集》读了起来，终于有所发现，并由此而及《小公务员之死》，总算越过了一个山坡。

限于时间，就不一篇一篇地啰唆了。只是解读《报任安书》这一篇似乎不能不说一下。我是偶然发现清人笔记里有司马迁宫刑乃其自请一说，我本来就对司马迁深怀崇敬，遂下决心从《报任安书》入手探个究竟。我很快发现《报任安书》的确另有巨大的解读空间。我反复朗诵、默读，尽可能地查阅相关资料。我碰到的第一个关口是“极刑”的词义，原来并不是只有“死刑”一解，后来我请教了古汉语学者陈年福教授，他提供的扎实依据坚定了我的信心。庆幸的是，我这把小火终于照亮了《报任安书》字里行间崎岖曲折的羊肠小道，走进了司马迁的内心世界，进一步发现了它的壮阔瑰丽，感受他所承受的非一般人所能忍受的痛苦，特别是冒着世世代代人十分可能而又难以申辩的莫大误会，我的眼泪和司马迁的流在了一起。后来小颜把这篇解读转给了浙大江弱水教授，他读后说：“情理俱胜。”让我高兴了好一阵子。

童：您这篇文章，我也曾先睹为快，确实是一篇不多见的好文章。当时好像有人请您发到语文教育以外的“高档”刊物，被您婉拒。您是怎么想的？

王：我的想法很简单，我并不认为我们语文教育的杂志就比另外的“低档”；是的，我们语文教育的研究学术根底确实有待加强，但也因此更加需要我们大家一起来努力，不能先就瞧不起自己。

童：王老师，您说得对，值得我们同行学习、思考。

王：曾经有人问我，人何以能够幸福？我的答案非常简单：如实地认识自身的渺小，往往就会因渺小而努力做力所能及之事。歌曲《青藏高原》唱道：“我看见一座座山，一座座山川，一座座山川相连。”有的人却永远看不见，而只看见自己伟大得像一座山，于是就总是责怪别人不来称赞他，膜拜他，因而只能生活在失落、不满、嫉妒之中。年纪越大，越能看清这一点，自己太渺小了，做得实在太少了，时间宝贵，要继续努力啊！人生的充实甚至美好就在自身的渺小中自然呈现出来了。

童：您这见解新颖独特，如雷贯耳。

王：咱们共勉吧！——我还想说几句的是，写东西真的离不开朋友的帮助。我没有订《中华读书报》，也不常去图书馆读报，2017 年 9 月 13 日《中华读书报》范子烨先生的论文《五柳先生是谁？》是朋友发现后觉得好推荐给我的，并不知道我写东西恰恰有此需要；要不是朋友帮忙，就极有可能找不到这样好的例子。凑巧的是，范子晔先生在文章一开头就说：

> 多年前，一位中学生曾经问我：为什么“不慕荣利”“忘怀得失”的陶渊明会为自己作传，并且借古代一位贤妻之口赞美自己？《归园田居》其五说“方宅十余亩，草屋八九间”，《五柳先生传》却说“环堵萧然，不蔽风日”，这两种自述是否有矛盾？

下文接着说：“我在语塞的同时，也陷入了深深的思考。”由此我们完全可以断定作者的相关研究确实发轫于这位中学生的问题。这位中学生应该说是他的忘年交了吧。《礼记 · 学记》上说：“独学而无友，则孤陋而寡闻。”孤陋寡闻，能写出像样的东西来吗？但孤陋寡闻，几乎人人难免，只有深自警惕，才有慢慢改善的可能。我平日不喜也不善交际，但还是有些朋友，他们中有不少就是我曾经的学生。我由衷感谢我的学生们！

童：我也是您的学生啊。我最后想问的是，您自己觉得这本书是否有不足，若有的话，是何不足？

王：显而易见的是，关于文学语言，所写太不全面、太不深刻了！以全面、深刻来衡量，只能说：不及格！这并非自谦，而是事实。我之所以出版它，意在说点有关常识，希望能够引起读者继续探究的兴趣，如此而已。

参考文献

[1] 王尚文. 语文教改的第三浪潮 [M]. 桂林: 广西师范大学出版社，1990.

[2] 王尚文. 语文教育学导论 [M]. 武汉: 湖北教育出版社，1994.

[3] 王尚文. 语感论 [M]. 上海: 上海教育出版社，1995.

[4] 王尚文，叶柏青. 对韵新编 [M]. 北京: 中央编译出版社，1998.

[5] 王尚文. 语感论 [M]. 修订本. 上海: 上海教育出版社，2000.

[6] 王尚文. 语文教学对话论 [M]. 杭州: 浙江教育出版社，2004.

[7] 王尚文. 语感论 [M]. 3 版. 上海: 上海教育出版社，2006.

[8] 王尚文. 走进语文教学之门 [M]. 上海: 上海教育出版社，2007.

[9] 倪文锦，王荣生. 人文·语感·对话: 王尚文语文教育论集 [M]. 上海: 上海教育出版社，2010.

[10] 王尚文. 后唐宋体诗话 [M]. 台北: 台湾秀威资讯科技股份有限公司，2011.

[11] 王尚文. 语文教育一家言 [M]. 桂林: 漓江出版社，2012.

[12] 卡西尔. 人论 [M]. 甘阳，译. 上海: 上海译文出版社，1985 : 170.

[13] 雅斯贝尔斯. 什么是教育 [M]. 邹进，译. 北京: 生活·读书·新知三联书店，1991: 3.

[14] 李维鼎. 语文教材别论 [M]. 杭州: 浙江教育出版社，2004.

[15] 周燕. 也谈“母语”的“母”[J]. 语文学习，2003 (6).

[16] 海德格尔. 诗·语言·思 [M]. 张月，石向骞，曹元勇，译. 郑州: 黄河文艺出版社，1989.

[17] 马克思，恩格斯. 马克思恩格斯选集: 第一卷 [M]. 中共中央马克思

恩格斯列宁斯大林著作编译局，译 . 北京：人民出版社，1972.

［18］斯米尔诺夫 . 苏联心理科学的发展与现状［M］. 李沂，等，译 . 北京：人民教育出版社，1984.

［19］马克思，恩格斯 . 马克思恩格斯全集：第四十二卷［M］. 中共中央马克思恩格斯列宁斯大林著作编译局，译 . 北京：人民出版社，1979.

［20］马克思，恩格斯 . 马克思恩格斯全集：第三卷［M］. 中共中央马克思恩格斯列宁斯大林著作编译局，译 . 北京：人民出版社，1960.

［21］杨泉良 . 语文教学的当下视野［M］. 广州：暨南大学出版社，2012.

［22］王鹏伟 . 和名师一起读语文新课标［M］. 北京：教育科学出版社，2013.

［23］谭轶斌 . 语文教学的现实与图景［M］. 北京：商务印书馆，2014.

［24］周正逵 . 语文教育改革纵横谈［M］. 北京：教育科学出版社，2013.

［25］顾之川 . 顾之川语文教育论［M］. 福州：福建教育出版社，2013.

［26］史铁生 . 想念地坛：史铁生散文［M］. 杭州：浙江文艺出版社，2015.

［27］杜草甬 . 叶圣陶论语文教育［M］. 郑州：河南教育出版社，1986.

［28］顾随 . 中国古典诗词感发［M］. 北京：北京大学出版社，2012.

［29］加达默尔 . 真理与方法：哲学诠释学的基本特征［M］. 洪汉鼎，译 . 上海：上海译文出版社，2004.

［30］金生鈜 . 理解与教育：走向哲学解释学的教育哲学导论［M］. 北京：教育科学出版社，1997.

［31］莫兰 . 复杂性理论与教育问题［M］. 陈一壮，译 . 北京：北京大学出版社，2004.

［32］山东师范学院中文系文艺理论教研室 . 鲁迅论文学与艺术［M］. 济南：山东人民出版社，1979.

［33］文艺理论译丛编辑委员会 . 文艺理论译丛［M］. 北京：人民文学出版

社，1958.

［34］中华人民共和国教育部.普通高中课程方案（实验）［M］.北京：人民教育出版社，2003.

［35］中国社会科学院语言研究所词典编辑室.现代汉语词典［M］.北京：商务印书馆，2005.

［36］李海林.立言·立人·立心：王尚文语文教育思想研究［M］.上海：上海教育出版社，2010.

［37］史密斯.全球化与后现代教育学［M］.郭洋生，译.北京：教育科学出版社，2000.

［38］方卫平.中国儿童文化：第一辑［M］.杭州：浙江少年儿童出版社，2004.

［39］聂绀弩.散宜生诗［M］.北京：人民文学出版社，1982.

［40］胡海舟.着意于精神　着力于语言：例谈阅读教学人文性与工具性的融合统一［J］.新语文学习（教师版），2010（3）：49—50.

［41］朱光潜.思想就是使用语言［J］.张金言，译.哲学研究，1989（1）：28—33.

［42］王尚文，傅惠钧，王国均.学习民族语　铸造民族魂［J］.语文学习，1999（3）.

［43］普林姆敦.海明威访问记［J］.海观，摘译.文艺研究，1980（2）：140—144.

［44］王思海，张建新.孩子的心情谁来管［J］.瞭望新闻周刊，2006（14）：61—62.

［45］周文叶.正是橙黄橘绿时：王尚文老师在2004［J］.人文教坛，2005（1）：47，19.

［46］方卫平.青丝华发一灯红：王尚文语文教育思想研讨会有感［N］.浙

江师范大学报，2009-06-30（4）.

[47] 陈寿江 . 学者人生 [N] . 黔南日报，2007-01-17（4）.

[48] 吴克强 . 说与写：心灵的喷泉 [J] . 语文学习，1999（3）.

附录

附录 1　王尚文简明年谱

1939 年 3 月

生于浙江省遂昌县一个农民家庭。

1950 年

小学毕业考入遂昌县中学读初中。

1953 年

初中毕业考入衢县师范就读。

1956 年

师范毕业考入浙江师范学院中文系就读，学院于 1958 年改名为杭州大学。

1960 年

1 月，在《光明日报》“文学遗产”栏目发表《试谈李白诗中的一些艺术形象》。

8 月，毕业于杭州大学中文系。

9 月，分配到金华师专（后恢复为金华师范学校）任教语文。

1961 年

6 月，在《光明日报》“文学遗产”栏目发表《读李义山的〈行次西郊〉》。

1962 年

调入金华一中任教语文。

1988 年

调入浙江师范大学中文系，任教语文教学法。

1989 年

在《浙江师范大学学报（社会科学版）》《温州师范学院学报（哲学社会科学版）》发表《从“心”“言”关系看语文课的工具性》等论文。

1990 年

3 月,《“语言”“言语”和语文教学》发表于《杭州师范学院学报（社会科学版）》第 1 期,《论语感》发表于《语文学刊》第 1 期。

8 月,《语文教改的第三浪潮》出版（广西师范大学出版社）。

1991 年

在《教育研究》《中国语文教育论丛》《浙江师范大学学报（社会科学版）》发表《语文教学的错位现象》等论文。

1993 年

在《浙江师范大学学报(社会科学版)》《语文学习》发表《语词与意象》等论文。

1994 年

9 月,《语文教育学导论》出版（湖北教育出版社）。

在《北京师范大学学报（社会科学版）》《浙江师范大学学报（社会科学版）》发表《更新语言意识　深化语文教改》等论文。

1995 年

8 月,《语感论》出版（上海教育出版社）。

在《语文学习》《课程·教材·教法》《云梦学刊》发表《为“语感中心说”申辩》等论文。

1996 年

在《浙江师范大学学报（社会科学版）》《语文学习》发表《语言·

言语·言语形式——试论语文学科的教学内容》等论文。

1997 年

在《语文学习》《浙江师范大学学报（社会科学版）》发表《“人文说”和“工具说”的分歧》等论文。

荣获“浙江省教育科研重大成果”二等奖、“浙江省人民政府优秀教学成果”一等奖。

1998 年

8 月，浙江师大版《初中语文课本（实验本）第一册》出版（浙江教育出版社）。

11 月，《对韵新编》出版（中央编译出版社）。

1999 年

在《语言教学与研究》《浙江师范大学学报（社会科学版）》发表《语感管窥》等论文。

6 月，浙江师大版《初中语文课本（实验本）第二册》出版（浙江教育出版社）。

9 月 2 日，与钱理群通信《要有入地狱的思想准备》。

9 月 17—20 日，出席北京《新语文》编辑筹备研讨会。

9 月，浙江师范大学第一届“教育硕士”入学。

荣获“曾宪梓教师奖”。

2000 年

1 月，在《云梦学刊》发表《语感是言语形式感》。

3 月，浙江师大版《初中语文课本（实验本）第三册》出版（浙江教育出版社）。

7 月，《语感论》（修订本）出版（上海教育出版社）。

12 月，浙江师大版《初中语文课本（实验本）第四册》出版（浙江教育出版社)。

被评为浙江省功勋教师。

2001 年

3 月,《新语文读本(高中卷)》《新语文读本(初中卷)》出版(广西教育出版社)。

7 月，浙江师大版《初中语文课本(实验本)第五册》出版(浙江教育出版社)。

2002 年

1 月,《新语文读本(小学卷)》出版(广西教育出版社)。

6 月，浙江师大版《初中语文课本(实验本)第六册》出版(浙江教育出版社)。

7 月,《中学语文教学研究》出版(高等教育出版社)。

10 月,《阅读的秘密在哪里——与语感专家王尚文的对话》由对话者西渡发表于 10 月 31 日《中国教育报》。

登中央电视台《东方之子》栏目，获其专题介绍。

2003 年

在《中学语文教学》《语文学习》《语文教学通讯》发表《自由——创新的前提》等论文。

2004 年

2 月,《语文教学对话论》出版(浙江教育出版社)。

4 月，退休后被返聘至原岗位工作。

5 月,《新语文读本农村版(小学卷)》出版(广西教育出版社)。

6 月,《现代语文(初中读本)》出版(中国计划出版社)。

在《教学月刊(中学版)》《语文学习》《中国教育报》《中学语文教学》《中国儿童文化》发表《"生成"与"入侵"》等论文。

2005 年

6 月，在浙江省中语会年会上被选为浙江省中语会会长。

在《语文学习》《语文建设》《福建教育》发表《谈“话”说“文”论“语文”》等论文。

2006 年

1 月，《语感论》（第三版）出版（上海教育出版社）。

在《新语文学习》《语文教学通讯》《语文学习》《语文建设》等发表多篇论文。

2007 年

5 月，《走进语文教学之门》出版（上海教育出版社）。

7 月，《新语文读本（小学卷）》（修订版）出版（广西教育出版社）。

在《语文学习》《社会科学论坛》《新语文学习》等发表《体验：文学教育的必由之路》等论文。

2008 年

4 月，退休后返聘工作结束。

9 月，《大学语文》出版（浙江人民出版社）。

在《语文教学通讯》《语文学习》发表《必须重视汉字教育》等论文。

2009 年

4 月，“王尚文语文教育思想研讨会”在浙江师范大学举行，由浙江省教研室、浙江师范大学教师教育学院、浙江师范大学人文学院联合举办。

在《课程・教材・教法》《语文学习》《人民教育》发表《语文课是语文实践活动课》等论文。

2010 年

8 月，《人文・语感・对话——王尚文语文教育论集》（倪文锦　王荣生主编）出版（上海教育出版社）。

9 月，《立言·立人·立心——王尚文语文教育思想研究》（李海林主编）出版（上海教育出版社）。

在《语文学习》《语文教学通讯》《名作欣赏》发表《“三读”教学法》等论文。

2011 年

5 月，《后唐宋体诗话》出版（台湾秀威资讯科技股份有限公司）。

9 月，《后唐宋体诗话》出版（中国社会出版社）。

在《小学语文》《名作欣赏》发表《再说“语文”》等论文。

2012 年

6 月，《语文教育一家言》出版（漓江出版社）。

在《中学语文教学》《书屋》发表《邂逅“好教师”——读帕克·帕尔默〈教学勇气〉》等论文。

2013 年

在《光明日报》《教育研究与评论·中学教育学》《语文建设》发表《让每一粒种子都有发芽成长的机会》等论文。

2014 年

在《语文学习》发表《惭愧与责任——追本溯源话浙派》等论文。

2015 年

在《语文学习》《语文建设》《中学语文教学》《语文教学通讯》发表《语文品质最基本的要求（二）：适切》等论文。

2016 年

1 月，《教育如天，语文是地》出版（华东师范大学出版社）。

在《语文学习》《语文建设》《中学语文教学》《名作欣赏》《语文教学通讯》发表《“得体”的“超语言学”内涵》等论文。

10 月，《人之初：现代蒙学四十六课》出版（东方出版社）。

2017 年

在《语文学习》《中国教育报》《全球教育展望》《语文建设》发表《胡适·白话文·语文品质》等论文。

2018 年

1 月，在《语文教学通讯》高中刊开始发表“漫话文学语言”系列文章。

2 月，《语文品质谈》出版（华东师范大学出版社）。

在《语文教学通讯》（初中刊）发表《守护语文教育的价值——五十余年语文教育生涯回顾》等论文。

附录 2　王尚文主要论著

（一）专著

书名	出版社	出版时间
语文教改的第三浪潮	广西师范大学出版社	1990 年 8 月
语文教育学导论	湖北教育出版社	1994 年 9 月
语感论	上海教育出版社	1995 年 8 月
对韵新编	中央编译出版社	1998 年 11 月
语感论（修订本）	上海教育出版社	2000 年 7 月
语感论（第三版）	上海教育出版社	2006 年 1 月
走进语文教学之门	上海教育出版社	2007 年 5 月

续表

书名	出版社	出版时间
后唐宋体诗话	台湾秀威资讯科技股份有限公司	2011 年 5 月
后唐宋体诗话	中国社会出版社	2011 年 9 月
语文教育一家言	漓江出版社	2012 年 6 月
教育如天，语文是地	华东师范大学出版社	2016 年 1 月
人之初：现代蒙学四十六课	东方出版社	2016 年 10 月
语文品质谈	华东师范大学出版社	2018 年 2 月

（二）参编教材与读物

教材名称	出版社	出版时间
初中语文课本（实验本）第一册	浙江教育出版社	1998 年 8 月
初中语文课本（实验本）第二册	浙江教育出版社	1999 年 6 月
初中语文课本（实验本）第三册	浙江教育出版社	2000 年 3 月
初中语文课本（实验本）第四册	浙江教育出版社	2000 年 12 月
初中语文课本（实验本）第五册	浙江教育出版社	2001 年 7 月
初中语文课本（实验本）第六册	浙江教育出版社	2002 年 6 月
新语文读本（高中卷）	广西教育出版社	2001 年 3 月
新语文读本（初中卷）	广西教育出版社	2001 年 3 月
新语文读本（小学卷）	广西教育出版社	2002 年 1 月
中学语文教学研究	高等教育出版社	2002 年 7 月
语文教学对话论	浙江教育出版社	2004 年 2 月

续表

教材名称	出版社	出版时间
新语文读本农村版（小学卷）	广西教育出版社	2004 年 5 月
现代语文（初中读本）	中国计划出版社	2004 年 6 月
大学语文	浙江人民出版社	2008 年 9 月

附录 3　王尚文语文教育思想经典摘录

语文教学就是教师和学生交朋友，引领他们，和他们一起读经典，学写作，望星空，其乐何如？这也许是前生敲破了多少木鱼才修来的，只有无比珍惜，才能对得起上天的托付。

培养学生正确理解和运用祖国语言文字的能力，提高学生母语的听说读写水平，是语文教育的原点、基准，是语文教育的“独当之任”。“理解”不能笼统地指向语言（汉语），应当明确化为理解如何运用语言文字。也就是说，我们不能把“正确理解和运用祖国的语言文字”解读为：正确理解祖国的语言文字 + 正确运用祖国的语言文字。除语文课程之外的所有课程都有一个共同的正确理解所学的教科书的语言文字的任务。如果不突出“运用”的特殊重要性，就不能突出语文内在的质的规定性。若将“理解”与“运用”割裂开来，将其对应于阅读教学，那么，就会自然而然地仅仅指向于语言文字所表达的意思，语文课程中的阅读就不能和其他课程中的阅读真正区别开来。过去，我们曾将语文课上成过政治课，现在又出现了“非语文”“泛语文”的倾向，这种片面的解读似乎难脱干系。

所谓人文或人文性，就是把人当成人，使人成为人。在这个意义上说，教育，实际上就是人文，或者说应该就是人文。——难道教育能是别的什么吗？这是就广义而言。狭义而言，人文、人文性与科学、科学性，与工具、工具性相对，直接指的是人本身的存在，人的情感、心理、个性、思想的成长、提升与发展。就基础教育的学科而言，数学是工具学科，物理、化学、生物等是科学学科，政治、语文、历史等是人文学科。人文性说的是学科性质，学科性质渗透于学科内容，并不直接就是学科内容。就好比语文和政治都属人文学科，人文性是它们共同的本质属性，这并不意味着语文和政治就都要教学同样的内容，只是指出语文、政治不同的学科内容都必须从各自不同的角度、方面，以各自的优势渗透人文精神，体现人文性。

人在语言中思考、生活，人在语言中沟通、交流，人在语言中发明、创造，人在语言中提升、前进，人的内生活和外生活都不能没有语言的支撑，人的所有能力都以语言能力为其前提或为其核心。“语言是思想的直接现实”（马克思），不是外在于人的工具，它就是人本身。

汉语是我们民族的精神家园，是我们每一个人的精神之母，而不是可以随便丢弃或交换的什么“工具”。我以为，把我们汉语降格为只是工具，这是有辱我们汉语尊严的极其错误的看法，是我们无论如何都不能也不应接受的。

我们完全可以断言，优秀作品的语文（即语言文字的运用）本身就是人文的体现；而我们要感知、体悟优秀作品的人文精神、人文情怀，就是要咀嚼、体悟优秀作品的语文，即如何遣词造句、谋篇布局。此处，语文、人文本为一事，岂可分为彼此二者呢？语文就像人的眼睛，从中可以看到人的精神状态、心灵活动；而人文则像是语文的神经，假若神经是麻木的，语文也就呆滞了，变得毫无生气、毫无活力。为了语文也得人文，只有人文的渗透、滋养，语文才有自己鲜活的生命和无穷的魅力，语文才是真正的语文。削弱了人文，同时也就削弱了语文。而从另一角度看，即使仅仅为了人文，我们也得语文，因有人文在其中获得了感人的力量，才能够真正走进我们师生的心灵；削弱了语文，也就同时削弱了人文。这种渗透、洋溢于语文中的人文，跟在语文之外而被硬生生加进来的人文相比，我们宁要前者的一两，也不要后者的千斤。我们说语文，人文已经存活其中；我们说人文，指的不是抽象的人文教条，而就是人文在其中闪亮发光的语文。总之，为了语文也得人文，为了人文也得语文！

一篇作品，内容与形式是不可分割地联系在一起的，就像水是 H 和 O 的化合物，若 H 跟 O 说拜拜，或者 O 向 H 道再见，水就不是水了。当然这个比喻也有蹩脚之处，世间有单独存在的 H 和 O，却没有可以离开内容的言语形式，也没有可以离开形式的言语内容。但是读者阅读时却可以有不同的角度和侧重。其他课程的老师关注的往往只是课文内容，对怎么说的形式似乎根本没有兴趣，以至于造成在他们眼里只有内容的错觉或假象；而我们语文老师虽然在关注形式的同时不可能也不应该把内容撇在一边不管不顾，但关注的重点始终是课文如何表达某一内容的言语形式。正如“不是缺少美，而是缺少发现美的眼睛”，语文课文不是没有形式，并不缺乏运用语言文字的精确妥帖，而是我们有的语文老师缺乏一双“形式的眼睛”，没能引导学生学习课文怎么说以提高运用语言的能力。

任何语言活动都是表达某种意图的活动，都是对意图的某种实现方式，话语之所以具备交流能力，主要不仅在于它有意思，更在于它有意图。语言教学应当实现由意思本位向意图本位的转变，让学生学会准确理解对方的话语形式与话语意图，并精确妥帖地运用汉语言文字表情达意以进行最有效交流。

理解与运用语言文字，是一门大学问、一种大本领，我建议，我们应当建设一门新的语文学进行专门的研究。语文学古已有之，就是所谓音韵学、训诂学，也就是所谓“小学”。我所说的新的语文学，不是“小学”，而是基于语用学、语言美学、哲学解释学等的“言语学”。它不是语用学、语言美学、哲学解释学等的简单相加，而是数者的有机融合。新的语文学的建设，有待于语言学家、文学学家、哲学家、语文教育家的共同努力。这当然急不来，但我们必须努力，“千里之行，始于足下”。

语文课程负有语言教育和文学教育两重任务。它们各有独当之任，不可偏废，也不应混合。即使“语”“文”分科一时难以办到，“一课两本”（即设两种教材）或“一本两编”（即一本课本中分“汉语编”“文学编”）似应努力尝试。起码必须“分治”，即语文老师每上一堂课都应首先弄清它侧重于语言教育还是文学教育，不能眉毛胡子一把抓，更不能脚踏西瓜皮滑到哪里算哪里，上成不“语”不“文”的所谓“语文课”，也就是说，总要给学生无论是语言方面的还是文学方面的一点益处。分治，如果能有三年、一年、半年的通盘考虑，那就更好了。当然，这不是一件容易的事，但这是无可奈何的选择，只得多付出一些辛劳和努力。

文学以审美的方式作用于读者的全身心、全人格，文学教育的实质就是情育（情感教育）、美育，不仅能使我们认识外部世界，更重要的是能帮助人们认识自身，认识自己的思想、灵魂、自己的内部世界，从而反观自我，完善自我，并不断提升自我的情感，塑造自我的精神，从而成为真正意义上的人。文学教育要的是体贴、体验，要的是感动、感悟，和语言教育大异其趣。当然，由于文学是语言的艺术，文学教育也有助于达成语言教育之目的。

教师的角色，应由训诲者、传授者变成对话者，并成为其中的首席。以阅读教学为例，教师不是简单地将自己对文本的理解教给学生，而是教学生如何与文本对话。为了实现培养学生对话的态度和能力这一教学目的，“对话型”教学并不排斥教师的“教”，而是强调“教”的功能的转变；不是完全排斥训诲和传授，而是将其转变为学生学习对话、学会对话必要的辅助手段。因此，在“对话型”教学中教师要勇于教，善于教，否则就是严重的失职。

由于语文是人文学科，语文教师的专业水平、思想情感、个性修养等所起的作用，远远大于其他学科。相比之下，物理老师讲一个物理定律，自由发挥的空间要小得多，而语文老师上一篇课文则会大得多，甚至大得无法比拟。“语文”，教师不能仅仅以书教之，“照书请客”既不应该，也不可能，因为你一开口，无论是说天说地、说东说西、说红说绿、说七说八，都无不同时在说你自己，你的学问、水平、修养、情趣等都会表露无遗。“语文”即人，必须而且只能以人教之，语文教师所能教给学生的只有自我。

学生是接受教育的客体，又是生活的主体、阅读的主体、写作的主体、言语的主体、自我教育自我实现的主体。我发现：教师的人格未必比学生高贵，教师的心灵未必比学生高尚，教师的能力未必比学生高强——我称之为“三未必”现象。学生作为人的权利、责任，作为人的需要，作为人的个性，不但没有消融在“学生”这一概念之中，恰恰相反，这一切的一切都应该由于他们是学生而得到更多的满足、更多的尊重、更多的信任、更快的发展。

由于教育在本质上是自我教育，一位教师之所以是优秀的教师，最主要的标志就是看他能否让学生进入自我教育的状态。合格的教师永远不会安心于自己原先所在的那口井，他总是在努力跳向井口更大的井。学生学到的主要是跳的勇气、决心、毅力，是跳的途径、方法，如何跳得更高、更远的心得，如何着力，何处着力，等等。他是在教，但却是基于自己学的教，因自己学而不断给教注入新的动力、活力；学，不但在教之前，更在教之中，对他来说，教就是学，和学生一起学。他由衷地关爱学生，因而他能向学而教，为教而学。学校是学生的学校，更是教师的学校；教室是学生的教室，更是教师的教室。五十年的教学生涯，我最大的感悟是：把自己教成了一个学生。

“语文教师”这个词，虽由“语文”“教师”两部分组合而成，但却应该看成是一个有机整体，“语文”渗透到“教师”的整个心灵，“教师”

因教“语文”而使自己整个人有别于旁的教师。语文教师独特的魅力，是“语文”与“教师”相互映照、相互激发、相互成就的结果。目前，我们似有重“教师”而轻“语文”的倾向，这不利于提高语文教学的质量，也不利于学生的全面发展。

附录4　名家评价

尚文先生的《语文教育学导论》却从本体论的角度认识语言，以语言不仅仅只是工具，更是人的生命活动、精神活动为逻辑起点，探讨语文教育的价值、任务、内容、机制以及方法等，得出了一系列新的见解，并初步形成了自己的体系，应该说是向语文教育的客观规律趋近了一大步，不仅具有较高学术价值，而且对语文教育实践也具有一定的指导意义，值得向语文教育界的朋友们推荐。

（周有光《语文教育学导论·序》）

语言是社会现象，语言学是人文科学。着眼于语言本身，把它当作一种客观对象进行剖析，固然必要；而着眼于人与语言的关系，研究人对语言的感知、理解和运用，也是题中应有之义。两者原是相辅相成的，不可偏废。但语言学界历来偏重前一方面，有关论著汗牛充栋；而后一方面似乎就远为逊色了。即以语感而论，虽是一个极为重要的领域，可据我所知，迄今尚无专著出版。尚文先生筚路蓝缕，写成《语感论》一书，对语感的性质、类型、功能、心理因素、语感与美感的关系以及语感的形成与创造诸问题，进行了比较全面、系统、深入的探讨，是一本填补空白的著作，具有不容忽视的学术价值。书中独到的见解、精彩的论述，足资后来者参考，就是其中个别有待深化、完善之处，也能起到抛砖引玉的作用。

尚文先生原是一位研究语文教学法的专家，他说他从事语感的研究完全是为了建设新的语文教育学的需要。他做学问的这种认真求实、创新开拓的精神，非常值得称道。可以预期，他的语感研究成果将会引起广泛的重视，他的语文教育学的研究将会攀登上更高的峰巅。是为序。

（周有光《语感论·序》）

王尚文先生的语文教育思想初步形成了自己的体系，已经自成一家。在我的理解里，王尚文先生的语文教育思想体系，是由“一个基本逻辑起点、四大理论支柱”构成的。所谓“一个基本逻辑起点”，有两个侧面：一是语文和人的关系，即强调“语言不仅仅只是工具，更是人的生命活动、精神活动”；一是中学语文教育和人的关系。……王尚文的语文教育思想，有很强的人本主义的色彩，是以生命哲学为其根基的，我想把它概括为“人本主义的生命教育观基础上的新语文教育学”。

这里讲的“语文教育学”，有两个含义，一方面是“语文学”，用周有光先生的说法，就是“研究人对语言的感知、理解和运用”；另一方面是“教育学”，研究如何培育学生对语言的感知、理解和运用。正是在这样的语文教育学的研究目标下，王尚文先生提出了他的四大理论，即人文论、语感论、课程复合性论和对话论，实际是要处理语文教育与实践的四个关系，即语文教育价值论上的“语文与人文的关系”，语文本体论上的“语感与语识的关系”，课程论上的“语言与文学的关系”，教学论上的“对话与引导的关系”。这四大理论不仅有共同的逻辑起点，而且也有紧密相连的内在逻辑结构，因此，就成了体系。我把它称为“新语文教育学”，是要强调它是和在语文教育学中长期占据主导地位的“科学主义基础上的工具论、知识中心论和教师中心论”不同的另一种语文教育学的存在。因此，它一出现，周有光先生就发现了它的异质性，说它是“标新立异、独树一帜”的。

面对当下中国语文教育界的诸多问题，我们如何自处?

首先，在论争中坚守、调整、完善、发展自己的思想。王尚文先生一直是所谓人文论、工具论论战中处于风口浪尖上的人物。如何面对论争，对他以及我们自己都是一个问题。王尚文先生在《求同存异，致力于提高学生语文素养》一文中说：“我至今仍然认为语文属于人文课程，但我对工具论者却怀有真诚的敬意。”我体会，这里包含两层意思。一要“坚守”。不仅是因为自己的语文教育思想是严肃思考、认真研究的结果，自然不能轻易放弃，而且学术研究的健全发展，不仅需要创新，还需要保守，即对基本学术立场与观点的坚持。一个学者如果没有自己的基本学术立场和观点，或者有了而守不住，不断地变来变去，自我学术形象就会变得模糊，最后丧失了自己的学术个性，而且这还是个陷阱，弄不好，就会蜕变为“流氓文化与学术”。鲁迅早已警告：“无论古今，凡是没有一定的理论，或主张的变化并无线索可寻，而随时拿了各种各派的理论来作武器的人，都可以称之为流氓。”我们对学术流氓应保持高度警惕。

…………

其次，跳出名利场、权力场，多一点承担意识。

这也正是我们所要追问的：为什么王尚文先生在语文大论战中，既坚持了思想的独立，敢于对权威的观念挑战，大胆说出“我不同意”；又对自己的思想观念保持清醒，不断进行自我调整和自我超越？其实很简单：他摆脱了“名缰利锁”，淡泊名利，就能跳出名利场和权力场。而如我们前面所说，语文教育改革既已被利益化，语文教育界也就是一个名利场和权力场。沉溺其间，还是努力跳出，这实际上就是我们能不能坚守教育理想与理念的一个关键。于是，我们还要追问：不求名利，求什么？王尚文先生一再表示，只要一息尚存，就要“为语文教育事业略尽绵薄”，那么，这不息的动力来自哪里？王尚文先生回答说，是“出自内心的兴趣”和“作为一个语文教育工作者的责任感”[《语感论（修订本）·后记》]，以及“为了我们的下一代”的信念（《走进语文教学之门·后记》）。我想把它概括为“三承担”，即对自我的承担、对教育的承担以及对民族未来的承担。首先是语文教育对他自己生命的意义和价值，他对语文教育的无穷忧虑的另一面，是他享受着语文教育给他带来的无穷的快乐，他是“语文人”，离开了语文教育，他的存在就不再具有任何意义。他同时对语文教育事业负有使命，“天将降大任于斯人也”。

（钱理群《王尚文先生的教育思想及其命运——兼谈中国语文教育改革》）

王尚文先生的大作《语感论》，涉险“语言学范畴”，在弥漫的疆场，左突右冲，火光四射。但在王先生看来，《语感论（修订本）》洋洋洒洒的前七章，只是个“铺垫”，锣鼓敲了半天，是为了隆重地推出将要登台亮相的主角：“语文教学的‘语感中心说’就是本书的主角。”

那么，“语感中心说”要表达的是什么呢？“语感中心说”，是对“（语文）知识中心说”的反拨。那么，这两“说”主要是在语文教育的哪个层面中发生了对峙呢？上述方向的思考，引向这样两个问题：（1）“语感中心说”中所说的“语感”，说的是谁的“语感”？（2）“语感中心说”的“中心”，是在语文教育研究的什么含义上在语文教育的哪个层面中来谈论“中心”的？

毫无疑问，“语感中心说”中所说的“语感”，说的是学生的“语感”，指向学生的语文经验。换言之，指向语文课堂教学的实际结果，或语文课程及课堂教学预想的结果，即语文课程与教学目标。“语感中心说”所要表达的意思是：学生的语文经验，中心是“语感”。因此，语文课程与教学目标的中心也应该是“语感”。

“学”的问题，转变为“教”的问题，也就意味着学生的语文经验构成的问题，被推到了后台。《语感论（修订本）》前七章的研究，实际上就是钻入后台的研究，所以到了“语言学范畴”。

而在“语言学范畴”，“语感”和它所对举的“语文知识”（刘大为称为“语识”），与其说是不同的构成，不如说是同一种构成的不同表现。可以用概念化语言明确言说的表现状态和表现程度，叫“语文知识”（“语识”），难以用概念化语言准确表现的，或难以用语言来表现的，叫“语感”。也就是说，“语感中心说”和所对举的“（语文）知识中心说”，它们所说的“中心”，与其说是指学生的语文经验的构成，不如说是指学生的语文经验的表现的状态和程度。“语感中心说”的主张是，学生的语文经验，主要应该表现为“语感”的状态。

从上面的讨论，我们得出两个结论：

1.“语感中心说”中的“语感”，指学生的“语感”，指的是学生的语文经验的表现状态。

2.“语感中心说”，意思是说作为语文教学结果的学生的语文经验，其主要表现状态，是“语感”状态。

这，就是我所理解的“语感中心说”，或者说，是我所认同的“语感中心说”。

（王荣生《我所理解的“语感中心说”》）

下面我就具体说一说我们对浙江师大版教材的基本印象。

首先，我们三人（另两位是饶杰腾、刘占泉——编者）一致认为，这是一套很有新意、个性鲜明的教材。编者抓住“语感培养”这一核心的问题，力图依据母语学习的基本规律去构建教材体系，突破了近几十年来形成的教材结构模式，在现有的十余种（限于我们所见的）实验教材中，确实可以称得上“独树一帜”。

其次，教材的人文性、文学性、教育性都体现得比较鲜明，尤其是教材选文好，突破了已有教材选文的限制。新选课文典范生动，很耐读，对这一点，饶杰腾教授特别赞赏。他认为，能一下子选出这么多好课文，足见主编深厚的文学素养和丰厚的积累，能很好地改编历经时代筛选的韵语材料，也是这方面的一个明证。他还说，读了第一册的课文，觉得非常有意思，不仅典范、优美，而且很有趣味性，适合学生的心理水平，文化含量高，教育性强。相信这样的课文一定会受到师生们的喜爱。使用这套教材会有利于提高学生的语文素养，培养学生的语文情趣，激发学生语文学习的兴趣。

第三，整套教材着眼于指导学生的学，在指导学习方法、培养学习能力方面下了功夫，相信会有很好的效果。在讨论教材的过程中，大家都对教材在首页就明确提出语文学习的“十大习惯”这一做法十分赞赏，同时都认为，学法指导和语文实践活动的编写很有新意。学法指导的短文，大多都写得生动活泼，充满感情，读起来就像是教师和学生亲切交谈，而且所讲内容要言不烦，针对性强，相信对指导学生学习会大有帮助。另外，语文实践活动的编写不仅自成体系，富有新意，而且充分地吸取了众多优秀教师的成功经验，采用创设情境、指点启发思路的做法，激发学生积极参与语文实践活动的兴趣，引导学生将学语文和学做人自觉、自然地联系在一起。

总的来说，浙江师大版教材是一套很好的“学本”，而不是旧式的“教本”。它在解决如何激发学生语文学习的兴趣，培养学生语文学习的能力，提高学生的语文素养方面迈了一大步，相信使用这套教材的学生会变得真正爱学、会学、学好语文。

（王云峰《初中语文教材建设的重大突破》）

王尚文教授对语文的深刻洞见，始于《语文教改的第三浪潮》，所谓第三浪潮是指继政治性、工具性而来的人文性。他强调语言不仅是工具、载体，它本身就是人的生命活动、精神活动。人学习、掌握母语的过程就是人成为人的过程，语言化、社会化、人文化是三位一体的。

王教授从本体论的观点研究语文和语文教育，人文性是他的语文教育思想的精神内核，而其主体是语感和语感教学。

语感是指人对言语的感知、领悟和把握，涉及语言的发展和言语的生成与理解。如果说语言是把人和社会、文化联结起来的纽带，那么语感就是把人和语言联结起来的纽带；如果说语言是人之为人的直接源头，那么语感就是人之为人的基本特征。一个人的成长、发展过程，同时也就是他的语感不断变化、深化、美化、敏化的过程。

（林文宝《王尚文与〈新语文读本〉小学卷》）

进入新时期以后，王尚文先生有两次的呐喊最有震撼力，我认为这也是他对现代语文教育发展的主要贡献：一是在 20 世纪 80 年代后期，他旗帜鲜明地提出语文教改应当掀起以突出人文性为基本特征的第三浪潮，首开新时期语文人文教育思想的先河；二是在泛人文主义的倾向日益严重之时，他又义无反顾地提出语文教学应聚焦话语形式。两者看似对立，实际上是统一的。

先说第一条。王尚文先生早在 1989 年就在《浙江师范大学学报（社会科学版）》发表了《从“心”“言”关系看语文课的工具性》的著名论文（其后又发表了系列论文），批判了社会上流行的把语言看成仅仅是被动利用的工具的观点，指出语言“就是一种极其强大以致任何人也难以抵御它的影响的精神力量”，“言语是个体心理结构的外化，思维、认识、感情是言语的根本”，“一个人的精神世界总是和他的言语世界相连接、相吻合的，一个人的言语疆界在哪里，他的精神疆界也就会在哪里”。1990 年王尚文先生出版了《语文教改的第三浪潮》，反思中华人民共和国成立以来的语文教改，历经以片面强调政治性为基本特征的第一浪潮和以片面强调工具性为基本特征的第二浪潮，提出了为深化语文教改、提高语文教学质量，应当掀起以突出人文性为基本特征的第三浪潮。在新时期，语文教育界能如此深刻地反思语文教育，能如此及时并系统地阐述语文教育的人文精神，王尚文先生当属第一人。

…………

再说第二条。进入新世纪，当人文性的追求逐渐成为一种主流价值观以后，语文教学又出现了“离开语文谈人文，撇开语文找人文”的泛人文主义的倾向。此时的王尚文先生，诚如他自己所说，“作为人文性的‘始作俑者’忧心如焚”。于是，他从 2003 年开始就提出了“语文意识”这一概念，并先后发表近十篇论文，强调语文教学的聚焦点应该是话语形式，即“怎么说”而非“说什么”。这是因为一定的话语内容生成于一定的话语形式，一定的话语形式实现一定的话语内容，即“说什么”自然生成于“怎么说”中。他对时下“范围越来越大，负担越来越重，但学生语文水平越来越差”的语文教育忧心忡忡，质疑现在为什么不提语言文字了？他坚持语文教育的根本宗旨是培养学生“正确理解与运用祖国的语言文字”,“语言文字”连在一起使用，内涵非常清晰：语言指口语，文字指书面语，“语言文字”即口语和书面语，学校语文教育就是让学生学习如何正确理解、运用口语和书面语。他语重心长地引用英国语言学家帕默尔的话告诫国人：汉字是“中国的脊梁”。王尚文先生认为，学会说话是“人”的第一次诞生，“人”的第二次诞生就是学会阅读。教小学生学会3000个汉字，就是最深刻、最具体、最有效的爱国主义教育。他主张识字教学是小学语文教学最重要的任务，应由“之一”改为“第一”。这一系列的论述切中时弊，具有振聋发聩的效果。

如果仅仅停留在这一层面认识王尚文语文教育思想，那么我们很可能把“人文教育”等教条化、符号化，甚至空洞化。但是，假如我们把王尚文语文教育思想放在现代语文教育发展的宏观视野中去考察的话，其意义就更非同一般。

（倪文锦《守护语文教育生态平衡——王尚文语文教育思想宏观解读》）

王尚文老师20世纪60年代初毕业于杭州大学中文系，受教于夏承焘、姜亮夫、任铭善、蒋礼鸿等硕学名师，毕业后长期从事中学和中师的语文教学，有二十余年的教学实践活动。后来他进入浙江师范大学，从事中学语文教育理论与方法的研究和教学。他的理论根植于实践，而又汲取了中外哲学、语言学、教育学、心理学、文艺学等各门学科的最新成果，爬罗剔抉，融会贯通，形成了他自己的一套语文教育思想体系和教学方法体系。人们尽管可以不同意他的观点，却绝对不能忽视它的存在。他的观念是新的，却又与古今中外人文精神一脉相承；他的方法也是新的，却又充分吸取了传统教育中的精华。

（商友敬《王尚文平议》）

王先生从本体论的高度认识、研究语文和语文教育，人文性是他的语文教育思想的精神内核，其主体是语感和语感教学。众所周知，自“五四”迄今，人们普遍认为学生语文能力是由语文知识转化而来，因而语文教学必须致力于语文基础知识的传授并通过训练促成向能力的转化——王先生称之为“知识中心说”，这一观念至今在语文教育界仍占主导地位。与之针锋相对，王先生力主“语感中心说”，认为语感教学不只是一种教学内容或教学方法，而是全新的语文教学观。

（梅新林《王尚文语文教育思想述评》）

王尚文先生对自己做出的选择负责，这是他作为一名有独立意志的知识分子的可贵可爱之处。我们可以从王尚文的教育研究与教学实践中看到，他不唯上，不唯书，一生有自己的精神追求。作为一名研究者，他有勇气，也有智慧，无论是对语文教改第三次浪潮的预见，还是《语感论》《语文教学对话论》的提出，都在学科领域内形成重要影响，他的创新意识，在业内也广受赞誉。他有识有胆，敢于冲破各种障碍和精神禁锢。早在浙江师范大学版初中语文教材编写期间，他就观点鲜明地提出，从语文教育的需求出发，把所谓的“老三篇”请出教材。今天，我们已经能比较客观地看待这类问题了。可是在 20 世纪 90 年代初，作为一名教师，提出这样的观点需要何等的胆识！只有挣断锁链，才有可能出现真正的知识分子。王尚文先生是当下语文教育领域内最早挣断锁链的探索者。

他的《自赠》一诗中有“川上子何在？江边我独行”之句，他的确是这样一位沉潜在语文教育专业领域内的“独行者”，根本不管环境如何艰难，一直独立地走到今天。回想 20 年前王尚文先生提出语文学科的人文性问题时，他是多么的寂寞啊。正如他在《管窥筐举二十年——回顾我关于语文教育的若干思考》一文中所说的那样：“在很长一段时间里，尤其是 90 年代早期，我的呐喊几乎没有得到什么回应，而与我针锋相对的批驳文章则几乎没见到，真如面对鲁迅所说的无物之阵。整个中学语文教育理论界，对于这个话题整体上保持一种冷漠的态度。但是理论的沉默并不能掩盖，更不能阻止现实的演进。中学语文教学对工具性的偏执和对人文性的忽略，其弊端在实践中不断暴露，并呈累积性和全社会性的爆发，终于导致1997年语文大讨论，大反思，大批判。”先知先觉总是寂寞的，后知后觉总是得益的，不知不觉则永远是愉快的。中国的传统文化中最糟糕的莫过于把“没有思想”粉饰为“难得糊涂”，把“平庸”强说成是“中庸”。王尚文先生不是那样的人。王尚文的独立思考的精神影响过我。作为一名老教师，面对大是大非问题，他经常旗帜鲜明地喊出“我不同意！”“我反对！”——这样的精神，正是我们当前教育教学中所缺乏的。今天的语文教学深受应试教育干扰，遇到的困难也是前所未有的，我们也应当以王尚文先生那种坚忍不拔的精神去面对。同时，我们也应当注意到王尚文先生在不断地反思，所以他才会有严谨的学术研究态度。我记得2002年秋天的一件事，深夜钱理群和王尚文先生在讨论语文学科教育时，都不约而同地说道：“在目前的大趋势下，倒是可以考虑一下‘工具论’合理性了。”这种学术研究的胸襟，值得我们好好学习。

（王栋生《弦歌今日领风骚》）

“岂止求真更立人，半生寻梦亦多情。”几十年来，王尚文老师以极大的热情，追寻他的梦想，竭其力，竭其智，要把中国的语文教育引向正确的道路。

“岂止求真”的“真”字，指的是他求真理，说真话，抒真情，追求真善美。但，不仅如此，从根本上说，他的语文教学理念，在于“更立人”，也就是通过立言以立人。“立言”是手段，“立人”才是目的。

从1991年始，到今天，近20年来，王老师走过了艰难曲折的路，他焚膏继晷，孜孜以求，大声疾呼，正如他自己的诗中所说的：

素心历历难逃佛，昔梦翩翩怒若潮。

对于语文教学的研究，他有着一种宗教般的情怀。他如同追求佛的境界那样追求着他的理想。为此他热血沸腾，如怒潮奔涌。一个“怒”字，形象地写出了他把语文教改视若生命的激情。

1990年，他自觉地扛起了那面语文教育改革的大旗，发表了《语文教改的第三浪潮》一书。他高屋建瓴，反思了1949年以来语文只强调政治性、以政治为基础的第一浪潮和以片面强调工具性为基础的第二浪潮，这实际上是针对国家功利主义在语文教学中的表现进行了有力冲击，在此基础上，他提出把以人为本的“人文性”作为出发点的第三浪潮。这在当时，确实是振聋发聩。这面“人文性”大旗对语文学科的性质做了清晰的界定，这无疑有着扭转乾坤的气势。这需要何等的气魄，何等的胆识。

不久，即1994年到1995年期间，王尚文老师又提出了“语感论”，他指出了学习语文最本质的方法和最根本的途径。“语感论”强调语感的重要，强调诵读的重要，强调学生自己通过朗读体悟理解文本。这又是从本质上与琐碎分析的科学主义划清了界限。实际上是在强调返璞归真，强调语文学习在本质上是不断地积累：积累语言，积累思想，积累情感，并把这种积累转化为能力。

1997年“语文大讨论”后，王老师提出了“对话论”。“对话论”指出语文教学是一种对话，是师生对话，是书本与学习者的对话，是作者与读者的对话。“对话论”并非对“语感论”的否定，恰恰是补充完善了“语感论”。“对话论”强调师生之间，读者与作者之间，读者与编者之间的“互动”。“对话论”一提出，很快就被大多数教师所接受，其影响之大之速，真可谓：

恰似一夜春风来，千树万树梨花开。

上世纪90年代末期的“语文大讨论”之后，语文界出现了非语文、泛语文的现象，王老师又奔走呼号，连续在几家报刊发表文章，透辟地论证了“人文原在语文中”这一道理，起到了醒时纠偏的作用。此后，王老师又不失时机地提出了“语言文学复合论”，并于2007年出版了专著《走进语文教学之门》。其中关于应当“由基于自我付出的教转变为基于自我学习的教，由基于教师教的学转变为基于教自己的学”，其意义则已经远远超出了语文教学的范畴，而具有一般教育学的价值。

以上所说的四个阶段，不同于所谓的“与时俱进”。虽然每个阶段的提法不同，侧重点不同，但是“通过立言以立人”这一点是始终不变、始终坚守的。王老师是把语文教育与人的生命成长、发展联系起来。他的根本落脚点在人，在人的精神成长、精神成人，他要把失去的人找回来，在每一个阶段都体现了王老师对人性、人情、人道，对人的生命自由的追求，体现了他“路漫漫其修远兮，吾将上下而求索”的人生态度。

（黄玉峰《半生寻梦亦多情》）

我以为，语文教学，作为一门学科，不同于一般的学科，要在这个领域取得成功，必须具备三个优势或者条件：一、有思想，有信念；二、既是专才，又是通才；三、具有优秀语文教师的丰富实践经验。王尚文就具备这三方面的优势。

王尚文是一个有思想的学者，对“人的意识”和“教育立人”有他自己的思考和坚定的信念，对于一个理论和思想的探索者，这有多么重要，是不言而喻的。还在“文革”期间，他就开始探索思考人道主义、人文性和人的意识，并且有了自己的信念。90 年代初，他以语文的人文性勇敢挑战统治语文教学界近半个世纪的“工具论”，绝不是某一个晚上突发奇想，忽然勇气百倍了，而是他长期思想积累的一次爆发。

王尚文对陶渊明、李白和苏轼的学术探索，锻炼和提高了他探索复杂文学现象的能力，这是他成为优秀语文教学专家的重要准备。有自己学术专攻的同时，他不仅对古今中外的文学有深厚的兴趣和自己的理解，而且对哲学、语言学、教育学、心理学等学科的广泛涉猎，使得他具有跨学科的杂家的特点。只有两者兼具，才可能成为优秀的语文教学理论的探索者。他这种优势在编撰中学语文课本的时候更是显露无遗。

王尚文是优秀的语文教师，凡听过他讲课的，无不钦佩他课堂艺术的高超。语文教学思想既是一门学科、一种理论，有它的学术性，同时又有很强的实践性和操作性。他是位优秀的语文教师，在构建理论系统的时候，就十分重视方法论，并且很注重教学实践中的可操作性。例如，他的语文教学的对话性，当然吸收了西方现代教育理论，然而，在很大程度上，这种吸收，也是因为西方现代教育理论恰好是他的某些教学经验的理论升华。

（胡尹强《王尚文与语文教学思想漫谈》）

在当前我国语文教育界，他是一位德高望重、卓有建树的大家。他认为，人是向人的生成过程，教育是促进这一过程的努力，而语言和文学的教育对于青少年的成长发展不可或缺、不可替代，可以说是一切教育的基础。这是他关于语文教育的基本理念，也是他从事语文教育理论研究和教材建设的根本动力。早在 20 世纪 80 年代末，他就深刻反思了 1949 年以来我国语文教改的历程，并指出，其间曾有以片面强调政治性为基本特征的第一浪潮和以片面强调工具性为基本特征的第二浪潮；但他坚持认为语文学科必须努力书写一个堂堂正正的“人”字，它绝非工具学科，而属人文学科，因此，他提出应当掀起以突出人文性为基本特征的第三浪潮。为此，他著书撰文，奔走呼号，不遗余力。直至 90 年代末期，他的观点才逐渐得到广泛认同。《北京青年报》发表文章称其为“语文教改第三浪潮的引领者”。值得注意的是，他的人文性理论，是关于学科性质的规定，强调在语文教育中要以人文激活语文，在语文中渗透人文，必须以语文为本体，以人文为灵魂，而不是抛开语文来讲人文，把语文课上成不见“语文”的所谓“人文课”。但出乎意料的是，后来却出现了所谓非语文、泛语文的现象，于是他又在《中国教育报》《课程·教材·教法》《语文建设》《中学语文教学》《语文学习》《语文教学通讯》等报刊发表文章，多角度、全方位地论述了语文与人文的关系，指出人文原在语文之中，而不在语文之外。他的努力为语文教改的健康发展起到了巨大的推动作用。

关于语文课程与教学论的一系列根本问题，他都做过系统深入的研究，具有精辟独到的见解，并形成了自己独特的理论体系，产生了广泛而深远的影响。例如，他在夏丏尊、叶圣陶等前辈有关研究的基础上，富有创见地提出了“语感中心说”。上海师范大学王荣生教授认为，它彻底地扭转了研究语文教学问题的思考方向，因而“成为我国语文课程与教学改革的奠基石”。他那数十万字的《语感论》在上海教育出版社前后共出三版，足见他在学术上不断超越自我的坚定追求，也可见该书影响之大。又例如，他首先将对话理论引入语文教学，由此提出关于语文教学的“对话性”理论。它既非对话理论的克隆，也不是为语文教育穿上一件新的外衣，而是哲学解释学与语文教育对话的结晶，有很高的理论价值和很强的实践指导意义。

我还想特别提一下他关于文学教育的观点。他始终认为语文教育是语言（汉语）教育与文学教育的复合，复合不是混合，两者各自具有相对的独立性，就好比是田园和花园，不能相互取代。关于文学教育，他有一个流传很广的著名比喻：文学是青少年身上的“通灵宝玉”，不可须臾或离。他甚至认为，文学在一个国家中的地位，在一个国家教育中的地位，其实就是“人”在一个国家中、在一个国家教育中的地位的折射。马克思指出：“不仅是五官感觉，而且所谓的精神感觉、实践感觉（意志、爱，等等）——总之，人的感觉，感觉的人类性——都只是由于相应的对象的存在，由于存在着人化了的自然界，才产生出来的。”这里首先需要“对象”，需要具有“人的本质客观地展开的丰富性”的对象。王先生认为，由于文学是人学，文学就是使青少年成长为人的最佳对象。文学教育的任务就是让青少年和文学终生结缘。他给文学素养所下的定义是：以“文学情趣”和“文学感觉”为核心，同时也包括一定的作家作品、文学史、文学理论等方面的知识积淀，最终表现为对人之为人的人性、人情、人道的感受与感悟。我以为，特别值得引起我们重视的是，他区分了“文学的教育功能”和“文学教育的功能”这两个既有交集而又互不相同的概念，认为不能把两者简单地等同起来或混为一谈。他说，我们不能把文学教育单纯地当作发挥文学的教育功能的舞台，或者以实现文学的教育功能为文学教育的主要目的。由于中小学语文课程所占的时间本就不多，用于文学教育的课时更加有限，要让文学在这局促的时间里全面实现它的教育功能，势必捉襟见肘。古今中外优秀的文学作品浩如烟海，一周几个课时所能学的只是沧海一粟而已。着眼于这个角度，文学的教育功能实在小之又小。但文学教育的宗旨主要并不在于教学生读多少文学作品，而在于唤醒学生对于文学的渴望，点燃学生对于文学的热情，培养学生鉴赏文学的能力，这就是文学教育的功能。我是搞儿童文学的，近年来也非常关注儿童的文学教育，他的上述观点引起了我的深思，颇受教益。

（方卫平《青丝华发一灯红——王尚文语文教育思想研讨会有感》）

尚文先生曾建议“建设一门新的语文学”，并认为这门学问“是基于汉语语言学、语言美学、哲学解释学的‘言语学’”。尽管尚文先生没有着意去构拟这样一门“新语文学”，但是，在我看来，他的“语感论”和“语文品质论”，就是“新语文学”或说是“王氏新语文学”的两个重要支点。以“人的言语活动”为对象，语感立足于言语主体，语文品质对应于言语形式，这是语用研究的两个重要视角。它们互相联系、互为补充。当然，“新语文学”是一个大话题，内容自然也不止这些，尚文先生也有其他方面的论述，但本书的研究显然是其中重要的部分。

从语言学视角来看，尚文先生的语文教育研究有个显著的特点，即通过开拓语言研究的新领域来定位语文学科的对象范围与研究重点，从而解决当下最为关键也是急需解决的语文问题。而正是这种努力，使得他的语文教育研究更具引领的作用。

（傅惠钧《语文品质谈·序》）

……在先生的自诉里，我再一次感受到在先生的生命里一直洋溢着一个完整的“人”内在的坚定而美好的那些东西。知识易得，学问似乎也不是很难求，但一个真正温润而坚实的“人”并不好找，也不多见。2016年春节，在金华，有幸得以拜见先生。那次面晤，给我留下了一生都难以磨灭的印象与影响。先生不仅学识渊博，更重要的是从先生那里可以感受到中国文化中最隽永、最深情、最敦厚的部分还没有消失，它们正和谐完整地凝聚在一个学者一位老人身上。

（连中国《教育如天，语文是地——连中国老师与王尚文先生的语文对谈》）

后记

王尚文

由于童志斌先生的通力合作，这部口述实录总算完成了。但不知怎的，就在此时，一股茫然之情却突然涌上心头，几乎要把我整个人吞没——怎么？八十年竟就这么过去了？是的，过去了，永远过去了，这一点可以完全确定，也只有这一点是完全可以确定的；于是惋惜、无奈、忧伤、自责、遗憾、愧悔、庆幸、感激……全都在不停地翻腾，不能自已！站起来走了一会儿，我慢慢冷静下来，这时庆幸、感激之情明显占了上风。我不会游水，年轻时有一次在游泳池里沉了下去，一阵恐怖，终被人救了上来，这下沉的恐怖、被救的庆幸是我自己明确意识到的，一定还有别的我意识到和始终没有意识到的危难和幸运真是多了去了。我由衷庆幸命运的眷顾，由衷感激一路走来给我帮助、指教的亲人、朋友，我特别感恩祖父，特别感恩母亲，也感恩我的老师和学生，当然还有见面和没有见过面的同行老师。

此时此刻，我也难以抑制我的忧伤之情。年岁大了，疾病难免，而前年开始的晕眩确有日趋严重之势，一发作就根本无法动笔。往后，我和同行朋友接触交流的机会只会越来越少，最后甚至来不及握手道别就永远分手了。我必须对大家说一声：谢谢，谢谢你们多年来给我的鼓励、支持，诚祝大家不断精进，更上一层楼！

调到高校三十年来，当然也读书，但往往只是为“写”而读，往后，我要努力回到为“人”而读的本真状态，从源头上开始，使自己这个人有所长进；写，也要求自己能够自然而然地写出一点稍好的东西来，以答谢我所感激、感恩的人们。

读什么？现在我最想读的还是苏轼。好多年前，我有一首小诗：“前身原是一书童，煮酒烹茶明月中。六十年来长告假，踟蹰愧见老髯翁。”老朋友了，六十年了，应当去看望看望他了，不是吗？

2019年2月3日

图书在版编目（CIP）数据

王尚文口述：守望语文的星空 / 王尚文口述；童志斌整理. —南宁：广西教育出版社，2020.9（2022.1 重印）
（当代中国语文教育家口述实录 / 任彦钧，刘远主编. 第一辑）
ISBN 978-7-5435-8834-9

Ⅰ. ①王… Ⅱ. ①王… ②童… Ⅲ. ①语文教学—教育思想—思想史—中国 Ⅳ. ①H19

中国版本图书馆 CIP 数据核字(2020)第 166473 号

WANG SHANGWEN KOUSHU
王尚文口述——守望语文的星空

项目策划：陆思成　刘朝东
项目统筹：周　影
组稿编辑：王高阳
责任编辑：王高阳　司亚萍
装帧设计：璞　闾　杨　阳
责任校对：杨红斌　何　云
责任技编：蒋　媛

出 版 人：石立民
出版发行：广西教育出版社
地　　址：广西南宁市鲤湾路 8 号　　邮政编码：530022
电　　话：0771-5865797
本社网址：http://www.gxeph.com
电子信箱：gxeph@vip.163.com
印　　刷：广西民族印刷包装集团有限公司
开　　本：787mm×1092mm　1/16
印　　张：20
插　　页：4
字　　数：260 千字
版　　次：2020 年 9 月第 1 版
印　　次：2022 年 1 月第 2 次印刷
书　　号：ISBN 978-7-5435-8834-9
定　　价：50.00 元